# LÉGENDES ET ARCHIVES

## DE

# LA BASTILLE

PAR

## FRANTZ FUNCK-BRENTANO

AVEC UNE PRÉFACE DE

## M. VICTORIEN SARDOU

DE L'ACADÉMIE FRANÇAISE

LA VIE A LA BASTILLE
LE MASQUE DE FER
LES GENS DE LETTRES A LA BASTILLE
LATUDE
LE 14 JUILLET

DEUXIÈME ÉDITION

# PARIS

## LIBRAIRIE HACHETTE ET Cⁱᵉ

79, BOULEVARD SAINT-GERMAIN, 79

# LÉGENDES ET ARCHIVES

DE

# LA BASTILLE

# DU MÊME AUTEUR

**Les Origines de la Guerre de Cent Ans, Philippe le Bel en Flandre**. Ouvrage couronné par l'Académie des Inscriptions et Belles-Lettres. *Grand prix Gobert, 1897*. Paris (librairie Honoré Champion), 1897, in-8.

Coulommiers. — Imp. Paul BRODARD. — 506-98.

# LÉGENDES ET ARCHIVES

DE

# LA BASTILLE

PAR

## FRANTZ FUNCK-BRENTANO

AVEC UNE PRÉFACE DE

### M. VICTORIEN SARDOU

DE L'ACADÉMIE FRANÇAISE

LA VIE A LA BASTILLE
LE MASQUE DE FER
LES GENS DE LETTRES A LA BASTILLE
LATUDE
LE 14 JUILLET

DEUXIÈME ÉDITION

## PARIS

### LIBRAIRIE HACHETTE ET C<sup>ie</sup>

79, BOULEVARD SAINT-GERMAIN, 79

—

**1898**

# PRÉFACE

## I

Je visitais, avec quelques amis, à la grande
Exposition de 1889, cette réduction de la Bastille, que tout le monde a pu voir, et qui d'ailleurs était bien faite pour en donner l'idée la
plus fausse.

A peine avait-on franchi la porte d'entrée,
que l'on voyait, dans l'obscurité, un vieillard,
affublé d'une longue barbe blanche, couché sur
« la paille humide » traditionnelle, — agitant ses
chaînes, et poussant des *hou! hou!!* lamentables.

Et le guide des visiteurs disait, non sans émotion :

« Vous voyez ici l'infortuné Latude, qui est
resté dans cette position, les deux bras enchaînés derrière le dos, pendant trente-cinq ans! »

Je complétai ce renseignement en disant sur le même ton :

« C'est même dans cette attitude qu'il a eu l'adresse de fabriquer l'échelle de cent quatre-vingts pieds de long, qui lui a permis de s'évader. »

L'assistance me regarda avec surprise, le guide avec malveillance et je m'esquivai.

La pensée qui me soufflait cette phrase est précisément celle qui a dicté à M. Funck-Brentano ce livre sur la Bastille, où il remet les choses au point, et oppose, aux légendes que tout le monde connaît, les vérités que bien des gens ignorent.

Car, en dépit de tout ce qu'ont écrit à ce sujet M. Ravaisson, dans l'introduction à ses *Archives de la Bastille*, — Victor Fournel, dans ses *Hommes du 14 juillet*, MM. Gustave Bord, Biré, Bégis, etc., l'opinion publique sur le régime intérieur de la Bastille, en 1789, s'en tient à cette description de Louis Blanc :

« Des cages de fer, rappelant le Plessis-les-Tours et les tortures du cardinal de La Ballue !... des cachots souterrains, affreux repaires de crapauds, de lézards, de rats monstrueux, d'araignées,... dont tout l'ameublement consiste en une énorme pierre, recouverte d'un peu de paille ; où le prisonnier respire un air empesté !... Enveloppé des ombres du mystère, condamné à une ignorance absolue du délit qui lui est intenté, et du genre de supplice qui l'attend,... il cesse d'appartenir à la terre !... »

Si cette Bastille de mélodrame a jamais existé, celle du xviiie siècle n'y ressemble guère !... En 1789, ces cachots, situés au rez-de-chaussée de la Forteresse, avec fenêtres sur les fossés, ne sont même plus, comme sous Louis XV, réservés aux condamnés à morts, aux fous dangereux, aux détenus, pour injures, vacarme, voies de fait ; ni aux gardiens, pour infractions à la discipline ! — Lors du premier ministère de Necker, l'usage en a été « aboli » pour tous les cas....

Le prisonnier, interrogé, dès les premiers jours de son arrivée, n'ignore jamais de quel « délit » il est accusé, et n'a pas à se préoccuper du genre de supplice qui l'attend ; car, depuis un siècle, il n'y a ni torture ni supplice d'aucune sorte à la Bastille.

Tout prisonnier, au lieu d'une oubliette, ou

d'une cage de fer, occupe une chambre assez vaste, dont le plus grand défaut est d'être fort mal éclairée par une étroite fenêtre, munie de barreaux, dont quelques-uns font saillie à l'intérieur. — Elle est suffisamment meublée; mais il ne tient qu'à lui de faire venir des meubles du dehors. Il peut se procurer, de même, les vêtements et le linge qu'il désire, et, s'il n'en a pas les moyens, on les lui fournit. Latude se plaint de rhumatismes; on lui donne des fourrures. Il souhaite une robe de chambre « calemande à raies rouges ». — On court les magasins, pour satisfaire à ce désir. Le sieur Hugonnet se plaint qu'on ne lui donne pas les chemises qu'il a demandées, « avec des manchettes brodées ». La dame Sauvé voudrait une robe de soie blanche semée de fleurs vertes. On ne trouve dans tout Paris qu'une robe blanche à raies vertes et l'on espère qu'elle s'en contentera.

Toute chambre est munie d'une cheminée ou d'un poêle. — On fournit le bois de chauffage et le luminaire; le détenu peut se procurer des bougies à son gré. Il a papier, plumes, encre à sa disposition. On ne les supprime provisoirement que s'il en abuse, comme Latude, qui écrivaille tout le jour, pour injurier dans ses lettres le gouverneur et le lieutenant de police. — Il peut emprunter les livres de la Bibliothèque ; — libre à lui d'en faire venir du dehors. La Beaumelle avait six cents volumes dans sa chambre. — Il peut élever des oiseaux, des chats, des chiens, — sans en être réduit à apprivoiser l'araignée légendaire de Pellisson, qui fut aussi celle de Lauzun et de tous les prisonniers de tous les temps ! — Les instruments de musique sont autorisés. — Renneville joue du violon, Latude de la flûte. — Il y a concert dans les chambres, et chez M. le gouverneur.

Tout détenu peut broder, tourner, menuiser à l'aise. — Il est permis aux prisonniers, dont la conduite ne prête à aucun reproche, d'aller, venir, de se rendre visite, de jouer au trictrac, aux cartes, aux échecs dans les chambres ; aux quilles, aux boules, au tonneau, dans la cour. — La Rouarie réclame un billard pour lui et ses amis. — On le lui donne !

Les prisonniers sont autorisés à se promener sur la plate-forme du château, d'où ils voient les passants circuler dans la rue Saint-Antoine, le faubourg et affluer sur le boulevard, aux heures où il est de mode pour le beau monde de s'y promener en carrosse. — A l'aide de longues-vues et de grosses lettres écrites sur des pancartes, ils peuvent correspondre avec les gens du voisinage, et, comme Latude, entretenir des intelligences avec les grisettes du quartier! — Michelet, dans une intention trop visible, déclare que sous Louis XVI, le régime de la prison fut plus sévère que sous Louis XV, et que cette promenade de la plate-forme fut supprimée. — C'est d'une fausseté absolue. — Elle ne fut interdite qu'à ceux qui en profitaient, comme le marquis de Sade, pour ameuter les passants, et, dès l'avènement de Louis XVI et la visite de Malesherbes, le régime de la prison alla s'améliorant de jour en jour.

Certains prisonniers sont invités à dîner chez le gouverneur, à se promener dans ses jardins, en bonne compagnie. Il en est qui sont auto-risés à sortir, sauf à rentrer le soir! — d'autres ont même la permission de nuit.

Ceux qui ont des domestiques peuvent se faire servir par eux, si ces domestiques consentent à partager leur captivité. — Ou bien, ils ont des

compagnons de chambre; c'est le cas de Latude
et de d'Allègre.

Sur la nourriture, les détenus sont d'accord.
— Elle était abondante et bonne.

« J'avais, dit Dumouriez, cinq plats à dîner,
cinq à souper! sans compter le dessert. »

Le Prévôt de Beaumont avoue qu'il a quitté
à regret la Bastille, où il pouvait boire et manger
tout son saoul.

Poultier d'Elmotte dit : « M. de Launey
venait causer amicalement avec moi, et me
faisait servir les plats que je désirais ».

Le baron Hennequin, qui est hypocondriaque
et se plaint de tout, confesse néanmoins qu'on
lui donnait plus de viande qu'il n'en pouvait
manger.

L'abbé de Buquoy déclare qu'il faisait fort
bonne chère, et que l'intention du roi était que
les prisonniers fussent bien nourris.

Le fielleux Linguet, dans son pamphlet, avoue
qu'il faisait trois bons repas par jour, et qu'on
lui servait une telle quantité de viande, qu'il y
vit un piège : — C'était, disait-il, *pour l'empoisonner!* — Mais ce qu'il ne dit pas : c'est que
de Launey lui envoyait chaque matin le menu

du jour, où il marquait de sa propre main les plats à son gré, « choisissant toujours les plus friands, et en quantité suffisante pour contenter cinq ou six épicuriens ».

Sous Louis XIV, Renneville fait l'énumération suivante des plats qu'on lui sert :

« Huîtres, écrevisses, poulets, chapons, mouton, veau, pigeonneau, etc., — godiveaux, petits pâtés, — asperges, choux-fleurs, petits pois, artichauts, etc., — saumon, soles, brochets, truites, tout poisson de mer ou d'eau douce, et pâtisseries, fruits de saison, etc. »

Quant à Latude, il se plaint qu'on lui donne des poulets qui ne sont pas piqués !...

Il faut relire dans M. Funck-Brentano l'amusant récit de Marmontel mangeant, par erreur, le dîner de son domestique, qu'il trouve excellent.

Mlle de Launay, plus tard Mme de Staal, enfermée pour complicité dans la conspiration de Cellamare, raconte que le soir de son installation à la Bastille, avec sa femme de chambre, elles furent toutes deux effrayées par le bruit singulier, continu, sous leurs pieds, d'une machine mystérieuse qui les fit rêver à quelque instrument de torture.

Vérification faite, elles étaient logées au-dessus de la cuisine, et c'était le tourne-broche !...

Non seulement les prisonniers sont autorisés à recevoir les visites de leurs parents, de leurs amis ; mais ils peuvent les retenir à dîner, à jouer. — C'est ainsi que chez cette même Mme de Staal, il y a cercle l'après-midi, et le soir, grand jeu. — « Et ce temps, dit-elle, fut le plus heureux de ma vie. »

Bussy Rabutin reçoit toute la cour — ses amis et ses belles amies surtout.

M. de Bonrepos — nom de circonstance — se trouve si bien à la Bastille, qu'autorisé à prendre sa retraite aux Invalides, il ne quitte la Bastille que par force.

« J'y passai, dit Morellet, six semaines si agréablement, qu'à présent j'en ris encore ! » Et, en sortant, il s'écriait : « Dieu fasse paix à ces bons tyrans-là ! »

Voltaire y reste douze jours — avec recommandation du lieutenant de police, d'avoir pour lui tous les ménagements « dus à son génie ! »

Et qu'on n'objecte pas qu'il s'agit ici de grands seigneurs et de gens de lettres pour qui

l'ancien régime a des douceurs exception-
nelles. — (Encore faudrait-il lui savoir gré de
mettre écrivains et gentilshommes sur le même
pied.) — L'objection porte à faux.

J'ai cité Renneville et Latude, prisonniers
de très mince importance. — L'un est un espion ;
l'autre un chevalier d'industrie. — Dans la
relation, en trois volumes, que Renneville nous
a laissée, on ne voit que chambrées, où il fait
ripaille avec des camarades. — On joue, on
fume, on mange, on boit, on se grise, on se bat,
on cause avec les voisins et voisines, et l'on
se passe des pâtés et de bon vin, par les cheminées…. Les détenus de nos maisons centrales
s'accommoderaient volontiers de cette vie-là ! —
Sûrement, on n'a pas pour Renneville les mêmes
égards que pour Voltaire : mais, de bonne foi,
vous ne le voudriez pas ?

Quant à Latude — à qui l'on fournit des
robes de chambre à son gré, — on verra bien
par le récit de M. Funck-Brentano qu'il n'a
tenu qu'à lui de séjourner à Vincennes ou à la
Bastille dans les conditions les meilleures, — et
même d'en sortir à bref délai, par la grande
porte, le gousset bien garni.

Car c'est encore une des rigueurs de cette affreuse Bastille, que de renvoyer les pauvres diables qui ont fait leur temps, avec quelques centaines de livres dans leurs poches, et de payer une indemnité aux détenus reconnus innocents. — Voyez ce que dit M. Funck-Brentano du sieur Subé, qui, pour dix-huit jours de détention, reçoit trois mille livres (six de nos jours), — ou d'autres, qui, détenus pendant deux ans, sont gratifiés d'une pension annuelle de deux mille quatre cents francs, au taux actuel! — Voltaire passe douze jours à la Bastille. — On lui assure douze cents livres de pension viagère!

Parlez-moi de la justice contemporaine qui, après quelques mois de prison préventive, renvoie le détenu, arrêté par erreur, sans autre indemnité que ce conseil amical : « Allez! et qu'on ne vous y reprenne plus!... »

Quelque loustic ne manquera pas de dire que je fais de la Bastille un séjour de délices. Épargnons-lui cette plaisanterie trop facile. Une prison est toujours une prison, si douce qu'elle soit; — et la meilleure chère ne compense pas la perte de la liberté : — mais il y a loin, on en conviendra, de la réalité à l'idée que l'on se fait de celle-là, et de cet *hôtel des gens de lettres*, comme on l'appelait, aux affreux cabanons de notre système cellulaire. J'ai dit jadis que j'aimerais mieux trois ans de séjour à la Bastille que trois mois à Mazas. — Je ne m'en dédis pas!

## II

Linguet et Latude sont assurément les deux hâbleurs qui ont le plus contribué à propager sur la Bastille des fables, dont la fausseté est établie par les documents les moins contestables. L'esprit de parti n'a pas manqué de prendre au sérieux les calomnies intéressées de Linguet, qui se faisait une réclame de son faux martyre; et les mensonges de Latude, exploitant fructueusement une captivité dont il avait fait sa carrière!

Laissons Linguet, qui, après avoir tant poussé à la démolition de la Bastille, a dû la regretter à la Conciergerie, au moment de monter dans la charrette révolutionnaire; et parlons un peu de l'autre, ce captif aussi ingénieux à s'évader de prison, quand on l'y enferme, qu'à s'y cramponner, quand on lui offre le moyen d'en sortir!

Pour le commun des mortels, l'infortuné Latude a payé de trente-cinq ans de captivité une simple gaminerie : l'envoi à Mme de Pompadour d'une poudre inoffensive, donnée pour du poison!

On trouve ce châtiment épouvantable! — Je le crois!

Mais si, au lieu de s'en tenir aux gasconnades du personnage, on veut bien lire la biographie très documentée que lui consacre M. Funck-Brentano, on aura vite constaté que si Latude est resté emprisonné pendant trente-cinq ans, c'est qu'il l'a bien voulu; et que son pire ennemi, son persécuteur le plus acharné, l'auteur de toutes ses misères, — c'est lui-même.

Si, après la friponnerie qui l'a fait arrêter, il avait suivi les conseils de l'excellent Berryer, lui prêchant la patience et lui promettant sa délivrance prochaine, il en eût été quitte pour quelques mois de prison à Vincennes, où sa captivité était si rigoureuse, qu'il lui a suffi de pousser la porte du jardin, pour se trouver libre!

Première sottise qui gâte déjà son affaire; ce nouveau délit étant plus grave que le premier. — On le rattrape; on le coffre de la Bastille, au cachot; et cependant le bon Berryer l'en tire. Mais au lieu de se tenir coi, voici notre homme qui s'agite, pérore, insulte tout le monde, et, sur les livres qu'on lui prête, inscrit des vers injurieux pour la Pompadour. On lui donne pourtant une chambre; puis un domestique; puis un compagnon : d'Allègre. Et ici la fameuse évasion!... où l'on ne sait qu'admirer le plus : de l'ingéniosité des deux compères; de la bonhomie de cette prison « vieux jeu », qui leur permet de confectionner à l'aise une vrille, une scie, un compas, un moufle, quatorze cents pieds de cordes, une échelle de cent quatre-vingts pieds de long, avec deux cent dix-huit échelons de bois; de cacher le tout entre deux planchers, sans que nul s'avise d'y aller voir; et, après avoir percé un mur de quatre pieds et demi d'épaisseur, de gagner au large, sans avoir essuyé un coup de feu!...

Ils n'étaient pas les premiers à franchir ces vieilles murailles. — Renneville cite quelques évasions, dont la plus célèbre est celle de l'abbé de Buquoy. Mais on ne paraît pas y avoir attaché grande importance.

Avec d'Allègre et Latude, c'est une autre affaire. Les passants ont pu voir, de grand matin, l'échelle flotter au long des murs, et l'évasion n'est plus secrète. Elle discrédite la Bastille. On peut donc s'en échapper. — La police se pique au jeu. On va rire à ses dépens. Et puis, on connaît les deux fugitifs. — Ils ne manqueront pas de publier le récit de leur évasion, avec force diatribes contre le gouverneur, le lieutenant de police, les ministres, la favorite, le roi!... Il faut, à tout prix, empêcher ce scandale et les rattraper!

Et l'on prend en pitié ces deux malheureux qui, après une fuite si bien combinée, se font arrêter sottement, l'un, d'Allègre à Bruxelles, pour une lettre d'injures écrite à la Pompadour; l'autre en Hollande, pour une demande de secours à sa mère!

Latude est remis sous les verrous — et cette fois condamné à une détention plus sévère. Et le vacarme recommence : clameurs, exigences, violences, menaces! — Il exaspère et décourage les gens les plus résolus à lui venir en aide.

On l'expédie au donjon de Vincennes; on lui promet sa liberté, s'il veut bien rester tranquille. Sa délivrance, il en convient lui-même, n'est plus qu'une affaire de jours.... On lui accorde la promenade dans les fossés. — Il en profite pour s'évader encore!...

Il est repris, réinstallé à Vincennes et tout est à recommencer. Mais on daigne le considérer comme un peu fou, et après un séjour à Charenton, où il est fort bien traité, — on lui donne enfin congé, en l'invitant à s'en aller dans son pays, et sans bruit!...

Ah bien oui! — Il court tout Paris, déblatérant contre MM. de Sartine, de Marigny, colportant des mémoires; réclamant cent cinquante mille livres de dommages-intérêts!... et finalement extorquant de l'argent à une bonne dame, par la menace!

Pour le coup, on perd patience, et on l'enferme à Bicêtre, comme fou dangereux!... Mais dame!!...

Soyons justes! — Supposez, de nos jours, un chevalier d'industrie, qui, condamné à quelques mois de prison, insulte les agents de l'autorité, les magistrats, le tribunal, le président!... et recondamné de ce chef plus durement, s'évade une première fois, une seconde fois, une troisième!... et toujours rattrapé, recoffré, recondamné de plus belle : puis enfin relâché, après avoir fait son temps, répand des libelles injurieux contre le préfet de police, les ministres, les deux chambres, somme le Président de la République de lui payer cent cinquante mille francs à titre d'indemnité!... Et arrache de l'argent à une bonne femme par la peur!

Vous m'accorderez bien que ce gaillard-là n'aurait aucune peine à additionner trente-cinq ans de prison!

Seulement ses condamnations seraient publiques et ne donneraient prise à aucune de ces légendes qu'autorise toujours le huis-clos.

Mais quant aux motifs et à la durée de la détention, son cas serait exactement celui de Latude. Sauf qu'il n'y aurait pour lui ni fourrures, ni promenades dans les jardins, ni poulet piqué à ses repas!

Outre une cinquantaine de lettres autographes de Latude, adressées de Bicêtre à Mme Legros sa bienfaitrice, et où le personnage se révèle : intrigant, charlatan, vaniteux,

insolent, rodomont, insupportable!... j'en ai
une, écrite à **M.** de Sartine, que Latude a publiée à la suite du mémoire destiné à attendrir
Mme de Pompadour et dont chaque phrase est
une insulte....

Cette lettre ayant paru en vente publique, le
catalogue reproduisait ces premières lignes :

« Je supporte avec patience la perte de tous
mes beaux jours et de ma fortune (!!). Je supporte mes rhumatismes, la faiblesse de mon
bras et un cercle de fer autour de mon corps
pour toute ma vie!... »

Un journaliste, de ceux qui apprennent l'histoire dans Louis Blanc, vit Latude rivé pour
toujours, par un cercle de fer, à quelque pilier
de basse-fosse, et s'écria indigné :

« Un cercle de fer!... quelle horreur! »

Or, il s'agit d'un bandage!

Ce faux carcan, c'est toute la légende de
l'infortuné Latude!

### III

Tout ce qui a trait à la Bastille a pris un
caractère fabuleux!

Quelles glorieuses journées que celles du 13 et

du 14 Juillet, telles que l'imagination populaire se les figure sur la foi de Michelet, qui, dans un style imagé, passionné, pittoresque, dramatique, admirable, n'a pas écrit l'histoire, mais le roman de la Révolution française !

Voyez son récit de la journée du 13 ! — Il vous montre tout Paris révolté contre Versailles, et, d'un élan superbe, courant aux armes, pour tenir tête à l'armée royale. C'est de la très belle littérature ! — Historiquement, c'est pure fiction.

Les Parisiens étaient assurément partisans des « idées nouvelles », c'est-à-dire de la suppression des abus, des privilèges signalés dans les cahiers des États généraux, en un mot de toutes les réformes souhaitées par la France entière. Mais ils ne les concevaient pas sans le concours de la royauté, à laquelle ils étaient sincèrement attachés. Cette foule de gens effarés qui courent à l'Hôtel de Ville réclamer des armes, et que les écrivains révolutionnaires nous présentent comme exaspérés par le renvoi de Necker et prêts à saper le trône au profit de ce Genevois, sont bien moins effrayés de ce qui se trame à Versailles que de ce qui se passe à Paris. — S'ils veulent des armes, c'est pour leur propre sécurité. — La dissolution de l'Assemblée nationale, donnée comme certaine, échauffait tous les esprits et les malintentionnés mettaient à profit l'inquiétude, l'agitation générales, pour pousser au pire, en créant partout le désordre. La police avait disparu; la canaille était maîtresse de la rue. Des bandes de chenapans, parmi lesquels ces gens de mauvaise mine, qui, dès le mois de mai, affluaient à Paris, venus on ne sait d'où, comme à un mot d'ordre, et qu'on avait déjà vus à l'œuvre, au pillage de la maison Réveillon, s'en allaient partout, insultant les femmes, détroussant les passants, pillant les boutiques, ouvrant les prisons, brûlant les barrières!... Le 13 juillet, les électeurs de Paris décidèrent la formation d'une milice bourgeoise, pour la protection de la ville, et ce projet fut adopté le même jour par tous les districts, avec des considérants, cités par M. Funck-Brentano, et qui précisent l'intention des signataires. — C'est bien pour se défendre contre ceux que l'on appelle « les Brigands », que se forme la milice bourgeoise : « Protéger les citoyens, dit le procès-verbal du district du Petit-Saint-Antoine, contre les dangers qui les menacent *tous individuellement.* » « En un mot, le sentiment qui domine, dit M. Victor Fournel, c'est la peur! Jusqu'au 14 Juillet, la bourgeoisie parisienne se montrait beaucoup plus soucieuse des excès de tous genres commis par la populace après le renvoi de Necker, que des projets de la cour. » — Et M. Jacques Charavay, qui le premier a publié le texte du procès-verbal en question, ne dit rien d'excessif, quand il en tire cette conclusion : « Le mouvement qui le lendemain emporta la Bastille eût peut-être été réprimé par la garde nationale, si son organisation eût eu plus de consistance. »

Il n'a manqué à ce bon vouloir qu'une direction, un chef, et surtout l'appui de Besenval.

Mais celui-là est stupéfiant!

Il part de Versailles, avec trente-cinq mille hommes, — et l'ordre signé par le Roi — non sans peine, — qui lui enjoint de « repousser la force par la force ».

Et voici le bulletin de ses opérations militaires.

Le 13, vers quatre heures du soir, escarmouche du Royal-Allemand, sur la place Vendôme, où il se heurte à la « manifestation » — dirions-nous aujourd'hui, — qui promène les bustes de Necker et du duc d'Orléans, et la disperse.

A six heures, cavalcade des mêmes cavaliers au Pont-Tournant des Tuileries, où ils reçoivent cinq ou six chaises sur la tête, — et massacre, par M. de Lambesc, du vieillard légendaire, qui, une heure après, racontait sa triste fin au Palais-Royal....

A neuf heures, promenade militaire du même régiment sur les boulevards. Une décharge des gardes françaises lui tue deux hommes, et il bat en retraite, sans riposter, à la grande surprise de M. de Maleissye, officier aux gardes! Car de son propre aveu, si la cavalerie avait chargé, elle eût mis facilement en déroute les gardes françaises, « dans l'état d'ivresse où ils étaient ».

Et Besenval, terrifié d'une telle résistance, ramasse toutes ses troupes, s'enferme avec elles, au Champ de Mars, et ne bouge plus!...

On se demande :

« Est-ce un imbécile?... Est-ce un traître? » —

C'est un imbécile! — Car il croit avoir devant lui « trois cent mille hommes!! » prend tous les agités pour des rebelles, et ne comprend pas que, sur cent Parisiens, il y en a quatre-vingt-dix qui comptent sur lui, pour mettre les mutins à la raison.

« Il n'a pas, dit-il, confiance en ses troupes!... »

C'est bien à elles de n'avoir pas confiance en lui, et d'être découragées par tant de couardise! — Mais il les calomnie. Un seul régiment a fait défection. Et n'eût-il fait marcher que les Suisses, ils ont bien prouvé, au 10 août, que l'on pouvait compter sur eux!

« Et puis, dit-il encore, j'avais peur de déchaîner la guerre civile! »

Sûrement?... Un militaire qui va comprimer la révolte, ne doit pas s'exposer à la combattre!...

Et dernière raison : « Je réclamais des ordres à Versailles... et je n'en recevais pas! »

Et celui qu'il a dans sa poche?...

Enfin après avoir écrit à Flesselles, à de Launey de tenir bon jusqu'à son arrivée, et avoir laissé piller, sous ses yeux, les armes des Invalides, sans faire un pas pour s'y opposer, il attend que la Bastille soit prise pour se décider à sortir du Champ de Mars!... et à retourner tranquillement à Versailles, avec ses trente-cinq mille hommes, qui n'ont pas brûlé une amorce!

Ah! le bon temps pour une émeute!

## IV

« Le 13 juillet, dit Michelet, Paris se défend!... (contre qui?...) — le 14, il attaque!... Une voix le réveille et lui crie : « Va et prends « la Bastille! » Et ce jour-là est celui du Peuple entier!... »

C'est lyrique : mais archifaux!...

Écoutez Marat, qui n'est pas suspect, et qui a vu les choses de plus près.

« ... La Bastille, mal défendue, fut prise par quelques soldats et une troupe d'infortunés, la plupart Allemands et provinciaux. Les Parisiens, ces éternels badauds, venaient là par curiosité!... »

En réalité le peuple entier de Michelet se réduit à un millier d'assaillants, dont trois cents, au plus, ont pris part au combat : gardes françaises et déserteurs de toutes armes, clercs de la Basoche, et bourgeois exaltés ; braves gens qui croient faire œuvre méritoire, en se ruant sur ces murs inoffensifs ; bandits accourus à l'émeute qui leur promet l'impunité du vol et du meurtre!... Et quantité de curieux!... Des curieux surtout!...

« J'ai assisté, dit le chancelier Pasquier, à la prise de la Bastille. Ce que l'on appelle le combat ne fut pas sérieux. La résistance fut complètement nulle. La vérité est que ce grand combat n'a pas un instant effrayé *les spectateurs*, qui étaient accourus pour en voir le résultat. Parmi eux se trouvaient beaucoup de femmes, très élégantes. Elles avaient, afin de s'approcher plus aisément, laissé leurs voitures à distance. A côté de moi était Mlle Contat, de la Comédie-Française. Nous restâmes jusqu'au dénouement et je lui donnai le bras jusqu'à sa voiture qui était Place Royale.

« La Bastille ne fut pas prise, il faut le dire, elle se livra! »

Qui parle ainsi? Michelet lui-même, et il ajoute : « ce qui l'a perdue, c'est sa mauvaise conscience! »

Il serait trop simple d'avouer que c'est l'incapacité de son gouverneur!

Il n'est pas un amateur des vieilles images qui ne connaisse ces vues d'optique du siècle dernier, représentant la prise de la Bastille!

La plate-forme de la forteresse est hérissée de canons qui partent tous à la fois, « vomissant la mort », — sans que les assaillants y prennent garde, car tous les boulets de cette artillerie, passant sur leurs têtes, iraient tuer des passants inoffensifs, sans égratigner un seul des assiégeants!

Et la Bastille n'a pas tiré pour sa défense un seul coup de canon!

Dès le matin, à la requête de Thuriot de la Rozière, de Launey avait consenti, sans difficulté, à retirer des embrasures les quinze canons de la plate-forme, et avait masqué ces embrasures par des planches. — Des trois pièces qu'il mit plus tard en batterie, devant la porte d'entrée, aucune ne put servir; et la décharge attribuée à l'une d'elles était celle d'un fusil de rempart.

Il s'attendait si bien à être secouru par Besenval, qu'en évacuant l'arsenal et en ramassant toute sa garnison dans la Bastille, quatre-vingt-deux invalides et les trente-deux Suisses de M. de Flue, il avait oublié de renforcer ses vivres.

Or, la Bastille n'avait pas de provision de bouche. Elle recevait tous les matins, comme une bonne bourgeoise, ses commandes de la veille, apportées par les fournisseurs, et qui, ce jour-là, furent interceptées. Si bien qu'à trois heures de l'après-midi, la garnison n'avait pas sa pitance ordinaire, et les invalides, travaillés depuis huit jours dans tous les cabarets des alentours, et disposés à ouvrir les portes à leurs bons amis des faubourgs, prirent prétexte de leur ration insuffisante, pour se mutiner, refuser de se battre, et troubler la cervelle du malheureux de Launey qui n'était déjà pas très solide.

« Dès le jour de mon arrivée, dit de Flue, je pus connaître cet homme par les préparatifs qu'il faisait pour la défense de son poste, et qui ne rimaient à rien. Je vis clairement que nous serions bien mal commandés en cas d'attaque. Il était tellement frappé de terreur à cette idée, que, la nuit, il prenait pour des ennemis les ombres des arbres! Incapable, irrésolu, s'occupant de minuties, et négligeant les devoirs importants,... tel était le personnage. »

Abandonné par Besenval, au lieu d'en imposer à ses invalides par son énergie et de tenir bon, jusqu'à la famine, derrière ces murailles, où ricochent les projectiles des assiégeants qui ne lui ont tué qu'un homme, de Launey perd la tête, fait mine de mettre le feu à la poudrière, capitule et ouvre ses portes à des gens, dit Chateaubriand, « qui ne les eussent jamais franchies, s'il les avait tenues closes ».

Que ce malheureux eût fait son devoir et Besenval le sien, tout changeait de face.

Est-ce à dire que la Révolution eût avorté? — Loin de là ! — Elle était légitime, désirable et irrésistible, sous la poussée généreuse de tout un peuple. Mais elle eût pris une autre voie et eût triomphé à meilleur compte, avec moins de ruines et moins de sang! — Les conséquences du 14 Juillet sont désastreuses. Ces seuls mots : « La Bastille est prise! » sont, dans la France entière, le signal des plus affreux désordres. Il semble que ces vieux murs entraînent dans leur chute toute autorité, tout respect, toute discipline; et que ce soit la brèche ouverte à tous les excès. Les paysans s'en vont par bandes, ravager, piller, incendier les châteaux, les maisons bourgeoises, et brûler vifs ceux qui s'y laissent prendre. — Les soldats mutinés insultent leurs chefs et font ripaille avec les malfaiteurs qu'ils délivrent. Pas une ville, pas une bourgade, où la canaille ne hausse le ton, où les honnêtes gens ne soient molestés par les braillards de clubs et de carrefours! — La réaction s'autorise de ces violences et les défections sont nombreuses, de ceux qui, la veille encore, dans la magistrature, l'armée, le clergé, la noblesse, partisans des idées nouvelles, s'en détachent brusquement, comme le bon duc de la Rochefoucauld, qui s'écriait : « On n'entre pas dans la liberté par une telle porte! » — Balancé entre le désir et la crainte d'accorder les réformes promises, poussé d'une part à la résistance, de l'autre à la soumission, et plus que jamais dénué de tout sens politique et de toute volonté, le roi vient à Paris s'incliner devant la révolte, approuver l'assassinat de ses plus fidèles serviteurs!... et fait, ce jour-là, son premier pas vers l'échafaud! — Désormais, sous la pression de la populace, à

c

qui ce premier succès a donné la mesure de sa
force, et qui se fait chaque jour plus exigeante,
plus menaçante, la Révolution, dévoyée, ira
trébuchant à chaque pas, jusqu'à l'orgie de
93, qui n'est, à proprement parler, que l'organisation du brigandage ! — Malouet avait bien
raison : ce que nous fêtons symboliquement,
le 14 Juillet, ce n'est pas le soleil levant,
l'aurore de la Liberté ! — c'est le premier éclair
de la Terreur !

Le docteur Rigby, après s'être promené toute
l'après-midi dans le jardin Monceau, sans la
moindre idée de ce qui se passe au faubourg
Saint-Antoine, rentre le soir à son hôtel, voisin
du Palais-Royal. — Il voit la foule dans l'ivresse.
Hommes, femmes, rient, pleurent, s'embras-
sent : « La Bastille est prise ! — Enfin ! nous
sommes libres !! » — Et les moins enthousiastes
ne sont pas ceux de la milice bourgeoise, qui,
prêts hier à combattre l'émeute, acclament
aujourd'hui son triomphe ! — Le premier sabre
brandi par le premier garde national était déjà
celui de Joseph Prudhomme !...

Tout à coup, cette foule en délire frissonne,
— s'écarte, — avec des cris d'horreur....

Dans la rue Saint-Honoré, s'avance en hurlant une bande de malfaiteurs avinés, promenant sur deux piques les têtes de de Launey et de Flesselles fraîchement coupées!...

Et les naïfs si follement réjouis par la chute d'une prétendue tyrannie qui ne sait même pas se défendre, se dispersent, silencieux et consternés.

Car voici la véritable qui fait son entrée!...

## V

La Bastille ayant ouvert ses portes, ne croyez pas que les légendes qui la font si cruelle vont s'évanouir, comme les fantômes d'un vieux château où l'on introduit la lumière.

Tandis que le « tout Paris » de Michelet assomme les Invalides qui lui ont livré la place; coupe en morceaux celui qui l'a empêchée de sauter; égorge le major de Losme, l'ami, le bienfaiteur des prisonniers; torture le malheureux de Launey qui, de la Bastille à l'Hôtel de Ville, percé, tailladé, haché à coups de sabres, de piques, de baïonnettes, est finalement décapité à l'aide d'un petit couteau, — épisode sur lequel Michelet glisse avec art ; — tandis que tous les malfaiteurs du quartier, accourus à la suite des combattants, courent aux bâtiments de service, pillent, brisent, jettent dans les fossés, meubles, livres, dossiers, archives, dont on aura tant de peine à recueillir les épaves, quelques bonnes gens se disent : « Mais, au fait, il y a des prisonniers !... Si nous allions les délivrer?... »

Ici, laissons la parole à Louis Blanc.

« Cependant les portes des *cachots* (il y tient) se sont écroulées (!) sous un généreux effort ; les prisonniers sont libres ! Hélas ! pour trois d'entre eux, il était trop tard ! — Victime depuis sept ans des vengéances inexpliquées d'un père implacable, le premier, qui s'appelait le comte de Solages, ne retrouva, ni des parents qui consentissent à le reconnaître, ni ses biens devenus la proie de collatéraux avides !... Le second se nommait Whyte ! — De quel crime était-il coupable?... accusé, soupçonné du moins? — On ne l'a jamais su ! — Lui, on l'interrogea vainement. — A la Bastille, il avait perdu la raison ! — Le troisième, Tavernier, à l'aspect de ses libérateurs, avait cru voir entrer les bourreaux et s'était mis sur la défensive. On le détrompa en l'embrassant ; mais le lendemain il fut rencontré, errant par la ville, et prononçant des paroles étranges. — Il était fou ! »

Autant d'erreurs *volontaires* que de mots !

Le comte de Solages était un exécrable libertin, — enfermé à la requête de sa famille pour crimes « atroces et notoires ». — Ses parents eurent pourtant la bonté de le recueillir après sa délivrance, et c'est chez eux qu'il est mort en 1825.

De Whyte et Tavernier n'étaient pas devenus fous à la Bastille. — Ils étaient à la Bastille, parce qu'ils étaient fous ; et le second était, de plus, impliqué dans une affaire d'assassinat ! — Recueilli par un perruquier du quartier, il brisa tout chez son hôte, qui dut le faire interner à Charenton, où de Whyte vint le rejoindre. Ce n'était pas la peine de les changer de local !

Quatre autres prisonniers délivrés, Corrège, Bechade, Pujade et Laroche, — étaient détenus comme faussaires.

Aussi Louis Blanc a-t-il soin de les passer sous silence !

Dix jours avant, une autre victime de la

tyrannie gémissait dans les fers ! — le marquis de Sade, — qui, du haut de la plate-forme, ameutait les passants à l'aide d'un porte-voix. — De Launey dut le transférer à Vincennes, privant ainsi les vainqueurs de la gloire de délivrer le futur auteur de *Justine.* La République prit sa revanche, en le faisant plus tard secrétaire de la section des Piques !... fonction pour laquelle le désignaient ses vertus !

. Mais de tous ces prisonniers, le plus célèbre, le plus populaire, celui dont tout Paris déplora les infortunes — c'est le fameux comte de Lorges, — enfermé depuis trente-deux ans, dit la notice biographique que lui a consacrée l'auteur inconnu de sa délivrance.

C'est dans la brochure du citoyen Rousselet, vainqueur de la Bastille, qu'il faut en lire le récit.

« L'humanité pénètre dans des chemins rétrécis par la défiance. — Une porte de fer s'ouvre : que voit-elle ? — Est-ce un homme ? Ciel !... ce vieillard chargé de fers !... la splendeur de son front, la blancheur de sa barbe pendante sur sa poitrine !... quelle majesté !... le feu qui étincelle encore de ses paupières semble procurer une douce lueur dans ce lugubre séjour !... »

Surpris de voir tant d'hommes armés, il leur demande si Louis XV vit encore!... On le délivre, et on le conduit à l'Hôtel de Ville!

Pendant quinze jours, tout Paris alla visiter le noir cachot où ce malheureux était enfermé depuis tant d'années, sans autre clarté que celle qui s'échappait « de ses paupières »! Une pierre même de ce cachot figura au musée Curtius!... On publia son portrait!... Une estampe le représente, au moment où l'on brise ses chaînes, assis sur une chaise, dans sa chambre, à côté d'une cruche d'eau!

Et ce vieillard infortuné, personne ne l'a jamais vu!... Il n'a jamais existé!...

En réalité, le 14 Juillet, il n'y avait à la Bastille que sept prisonniers — deux fous, un sadique et quatre faussaires.

Mais, sur leur nombre, et leurs droits à la détention, Michelet reste muet; — cela nuirait à son épopée. — Et il excelle à mettre en valeur tout ce qui peut servir sa thèse, à ignorer ce qui la contredit! — Aussi se borne-t-il à parler des deux qui sont « devenus fous »! — Équivoque digne de Louis Blanc, — indigne de lui!

Les vainqueurs furent un peu surpris de ce petit nombre de victimes! — plus surpris encore de les voir installées dans des chambres, dont quelques-unes avaient pour meubles des fauteuils en velours d'Utrecht. L'auteur de la *Bastille dévoilée* s'écrie : « Quoi!… Pas de cadavres! Pas de squelettes! Pas d'hommes enchaînés!! » — « La prise de la Bastille, dit le cousin Jacques, a dessillé les yeux du public sur l'espèce de captivité que l'on y éprouvait! »

En quoi il se trompait bien! Les légendes ont la vie dure! — Une Bastille sans cachots, oubliettes, ni cages de fer!! — L'opinion publique n'admettait pas qu'elle se fût méprise à ce point!…

« Plusieurs prisonniers, dit l'*Histoire des événements remarquables*, etc., ont été mis en liberté; mais quelques-uns, et c'est peut-être le plus grand nombre, sont déjà morts de faim, parce qu'on ne connaît pas la disposition de cette monstrueuse prison. — Il y a de ces prisonniers enfermés entre quatre murailles, qui ne reçoivent à manger que par des trous pratiqués dans le mur. *On a trouvé une partie de ces prisonniers morts affamés, parce que leurs cachots n'avaient pu être découverts qu'après plusieurs jours!* »

Une autre brochure, *les Oubliettes retrouvées dans les souterrains de la Bastille*, rééditant une vieille fable qui avait déjà servi pour le cardinal de Richelieu, nous montre le prisonnier tiré de son cachot et conduit par le gouverneur dans « une chambre qui n'avait rien de sinistre. — Elle était éclairée par plus de cinquante bougies. Des fleurs odoriférantes y répandaient un parfum délicieux.... — Le tyran causait amicalement avec son prisonnier! — « ... Puis donnait l'affreux signal, et une bascule pratiquée dans le parquet s'ouvrait et faisait disparaître l'infortuné qui tombait sur une roue garnie de rasoirs, que des agents secrets faisaient mouvoir.... » — Et l'auteur termine par cette belle réflexion : — « Un tel châtiment, aussi lâchement combiné, n'est pas même croyable! — c'est cependant à Paris, dans cette ville si belle, si florissante que cela se trouve! »

Dorat-Cubières, qui fut une des hontes littéraires du xviii<sup>e</sup> siècle, va plus loin!... Il a vu, — de ses yeux vu : — un de ces trous où le captif enfermé avec du pain pour huit jours, n'avait plus après pour subsister que sa propre chair.... « Dans ce trou, dit-il, se trouvait un squelette horrible, dont la vue me fit reculer d'effroi! »

Et l'imagerie populaire ne manqua pas de propager ces insanités.... J'ai là une gravure du temps bien faite pour émouvoir les cœurs sensibles. — Sur les marches d'un sombre caveau, les vainqueurs entraînent un personnage que son uniforme désigne comme un défenseur de la Bastille, et lui montrent un vieillard que l'on emporte, un autre détaché du plafond où il est suspendu par les bras : d'autres encore couchés sur une roue garnie de crochets en fer, enchaînés, tordus dans des contorsions atroces par d'abominables engins, et dans un trou, derrière une grille, apparaît le squelette que Dorat-Cubières n'a jamais vu!...

L'absence réelle de ces trous à squelette et d'oubliettes, autres que les latrines, contrariait trop les idées acquises! — Cette Bastille devait cacher sous terre quelques caves inconnues, où gémissaient ses victimes! — Et naturellement en prêtant l'oreille, en entendit leurs appels désespérés!... Mais après avoir percé les voûtes, creusé des puits, pioché, sondé... il fallut bien renoncer à ses chimères! et — chose plaisante à dire — avec regret!...

On se rabattit alors sur les instruments de torture. — Car bien que la question fût abolie depuis cent ans, comment concevoir la Bastille sans quelques petits instruments de torture?

On les découvrit sans peine.

« Des chaînes, dit Louis Blanc, que les mains de beaucoup d'innocents peut-être avaient usées, des machines dont personne ne put deviner l'usage. — Un vieux corselet de fer qui paraissait inventé pour réduire l'homme à une immobilité éternelle!... »

Or, ces chaînes étaient celles des deux statues de captifs qui flanquaient la grosse horloge de la cour. — Les machines, dont personne ne devinait l'usage, les débris d'une imprimerie clandestine démontée, — et le corselet de fer, un fragment d'armure du xv$^e$ siècle!...

On manquait aussi de squelettes! — bien qu'on eût trouvé quelques ossements chez le chirurgien du château; mais la plus mauvaise foi était bien forcée d'avouer que c'étaient des pièces anatomiques. — Heureusement pour la légende, on fit une découverte plus sérieuse :

« Deux squelettes enchaînés par un boulet », affirmait le registre du district de Saint-Louis la Culture.

Ils sortaient tous deux du remblai dont était formé le bastion converti en jardin pour le gouverneur. « L'un, dit le rapport de Fourcroy, Vicq-d'Azyr, Sabatier, invités à les examiner, fut trouvé renversé, la tête en bas, sur les marches d'un escalier profond, entièrement couvert de terre, et paraît être celui d'un ouvrier tombé par accident dans cet escalier obscur, où il n'a pas été aperçu par ceux qui travaillaient à ce comblement ; — l'autre, enterré avec soin dans une espèce de fosse, y avait été déposé sans doute depuis longtemps, avant qu'on eût idée de remplir ce bastion. »

Quant au boulet, il devait dater de la Fronde.

Mais on avait besoin de squelettes ! — On tenait ceux-là. C'était le cas d'en profiter !

Le démolisseur de la Bastille, ce charlatan de Palloy, les exposa à la vénération des fidèles, dans un caveau à la lueur d'une lampe funéraire ; après quoi on leur fit de magnifiques obsèques avec tambours, clergé, cortège d'ouvriers, entre deux haies de gardes nationaux, de la Bastille à l'église Saint-Paul. — Et enfin, dans le cimetière attenant à l'église, on leur érigea, entre quatre peupliers, un monument dont une gravure contemporaine nous a conservé l'image.

Et, après une telle cérémonie, allez donc contester l'authenticité de ces reliques!...

## VI

Le souvenir de l'Homme au Masque de Fer est si intimement lié à celui de la Bastille, que M. Funck-Brentano ne pouvait pas négliger cette grande mystification, qui, depuis deux cents ans, a fait noircir tant de papier!

Il lève ce fameux masque, qui d'ailleurs était en velours, et nous montre la figure que l'on s'attendait bien à voir; celle de Mattioli, ce confident du duc de Mantoue, qui trahit à la fois Louis XIV et son maître.

La démonstration de M. Funck-Brentano est si convaincante, qu'elle ne laisse prise à aucun doute. Mais il ne faut pas espérer que le bon

public accepte ses conclusions comme défini-
tives. — Le mystérieux a pour lui plus d'attraits
que la vérité. Mattioli manque de prestige!
— Tandis qu'un frère jumeau de Louis XIV! —
Voilà qui parle à l'imagination!

Et puis il faut compter avec les ciceroni, gardiens fidèles de toute légende, et dont la propa-
gande est plus active que celle des érudits.

Pensez que chaque jour, à l'île Sainte-Marguerite, le cachot de l'homme au masque est ouvert
aux visiteurs, par une bonne femme qui leur dé-
bite toutes les fables traditionnelles, sur le luxe
du prisonnier, ses dentelles, sa vaisselle plate
et les égards de M. de Saint-Mars!... — Luttez
donc contre cette conférence quotidienne!...

D'ailleurs il vous en cuirait!

Je visitais le château d'If, avant les construc-
tions nouvelles.

La cicerone de l'endroit, autre bonne femme,
nous montrait les cachots écroulés de l'abbé
Faria et d'Edmond Dantès. — Et les spectateurs
contemplaient ces débris avec recueillement.

« Il me semble, dis-je, que ces cachots sont
bien rapprochés, et qu'Alexandre Dumas nous
les montre plus éloignés l'un de l'autre!...

— Oh! bien, répliqua la dame, me foudroyant d'un regard de mépris, si quand je parle histoire, monsieur me cite un romancier! »

N'allez pas si loin. — Suivez, un jour, à Versailles, les promeneurs de l'agence Cook, guidés par un cicerone anglais. Vous le verrez désigner la fénêtre par laquelle Louis XVI est sorti, sur un pont volant, pour gagner son échafaud, dressé dans la cour de Marbre!

Ce guide n'est point sot. — Il a compris que la place de la Concorde ne dirait rien à l'imagination de ses compatriotes; tandis que le rapprochement se fait tout naturellement, dans leur esprit, entre l'échafaud de Louis XVI, à Versailles, et celui de Charles I$^{er}$ à White-Hall!

Conclusion! — Quoi que l'on puisse écrire et dire, rien ne prévaudra contre la croyance populaire : que la Bastille était « l'enfer des vivants! » Et qu'on l'a prise d'assaut. — Les légendes sont l'histoire du peuple. Celles surtout qui flattent ses instincts, ses préjugés et ses passions! — On ne lui prouvera jamais leur fausseté.

M. Funck-Brentano doit aussi s'attendre à être traité de « réactionnaire! » Car c'est l'être pour bien des gens que de ne pas tout dénigrer de l'ancien régime! — Il avait, certes, ses vices et ses abus, que la Révolution a fait disparaître, pour les remplacer par d'autres, beaucoup plus supportables à coup sûr; mais ce n'est pas une raison pour calomnier le passé et le faire plus noir qu'il n'était. Les fanatiques de la Révolution ont fondé en son honneur, une sorte de culte dont l'intolérance est souvent agaçante. A les entendre, tout, avant sa naissance, n'était que ténébres, ignorance, iniquités et misère! — Il faut donc l'admirer sans réserves et pallier ses erreurs et ses crimes; jusqu'à dorer, disait Chateaubriand, le fer de sa guillotine! — Ces idolàtres de la Révolution sont bien maladroits! A vouloir forcer l'admiration pour tout ce qu'elle a fait, de bien et de mal, sans distinction, on provoque l'envie très injuste de la détester en bloc. — Elle se passerait bien de tant de zèle; car elle est de taille à souffrir la vérité, et son œuvre, en somme, est assez grande, pour qu'on n'ait pas à la justifier et à la glorifier par des légendes.

Victorien Sardou.

# LÉGENDES ET ARCHIVES

## DE

# LA BASTILLE

## I

## LES ARCHIVES [1]

« La Bastille, écrivait Sainte-Foix, est un château qui, sans être fort, est un des plus redoutables de l'Europe, et dont je ne dirai rien. » — « Il est plus sûr, répétait-on dans Paris, de s'en taire que d'en parler. »

1. Pour les sources et références de ce chapitre, voir *Catalogue des manuscrits de la Bibliothèque de l'Arsenal*, t. IX; *Archives de la Bastille* (Paris, 1892, in-8). Introduction. — *Notes additionnelles à l'introduction du Catalogue des Archives de la Bastille*, dans la *Correspondance historique et archéologique*, 1894, p. 97-100. — *Papiers du duc de Vendôme transportés de la Bastille à la Bibliothèque du Roi, le 24 mai 1787*, par Alf. Bégis, *ibid.*, p. 241-252. — *Nouveaux documents sur les dernières années de la Bastille*, article qui paraîtra prochainement dans la *Revue des questions historiques*.

On trouvera dans ces publications toutes les notes dont on n'a pas voulu surcharger les pages qui suivent; celles-ci ne portent que les références et renvois qui n'avaient pas encore été indiqués.

A l'extrémité de la rue Saint-Antoine, à l'entrée
du faubourg, apparaissaient les huit tours hautes,
sombres, massives, plongeant leurs pieds moussus
dans des flaques d'eau boueuse. De place en
place, elles étaient percées de fenêtres étroites,
barrées de fer. Le sommet était crénelé. Non
loin du Marais, le quartier riche et joyeux, auprès
du faubourg Saint-Antoine, le quartier industriel
et tout bourdonnant, la Bastille morne, chargée
de silence, faisait contraste.

Dans ses *Nuits de Paris*, Restif de la Bretonne
traduit l'impression commune : « C'était un épou-
vantail que cette Bastille redoutée, sur laquelle,
en allant chaque soir dans la rue Saint-Gilles, je
n'osais jeter les yeux ».

Les tours avaient un air de mystère dur et triste,
et le gouvernement du roi les entourait de mystère.
A la tombée du jour, les persiennes baissées, un
fiacre passait les ponts-levis, et, de temps à autre,
dans la nuit noire, des enterrements, vagues
ombres que la lueur d'une torche faisait vaciller
aux murailles, sortaient silencieusement. Combien
en avait-on revu de ceux qui étaient entrés là [1] ?

---

1. On peut se faire une idée de l'incroyable facilité avec
laquelle se forment les légendes par le passage suivant de
la *Gazette de la Régence* (p. 35-36) : « Je sais du commissaire au Châtelet qui était préposé pour la Bastille que,
l'un portant l'autre, il en entrait bien (des prisonniers) dix
ou douze par semaine et qu'il en sortait peu par comparaison ». Dix ou douze par semaine font environ 600 par

Et si, par hasard, on rencontrait un ancien prisonnier, à la première question, il répondait
qu'en sortant il avait signé la promesse de ne
rien révéler de ce qu'il avait vu. Cet ancien prisonnier n'avait d'ailleurs jamais vu grand'chose.
Un silence absolu était imposé aux gardiens.
« On ne s'explique point en ce lieu-là, écrit
Mme de Staal, et tous les gens qui vous abordent
ont une physionomie si resserrée qu'on ne s'avise
pas de leur faire la moindre question. » — « Le
premier article de leur code, dit Linguet, c'est le
mystère impénétrable qui enveloppe toutes leurs
opérations [1]. »

On sait comment se forment les légendes.
Tantôt on les voit éclore comme les fleurs qui
brillent sous l'éclat du soleil, on les voit éclore
sous l'éclat radieux qui illumine la vie des héros.
L'homme, déjà, est descendu dans la tombe, la
légende survit; elle traverse les temps, traçant
un sillon de météore; grandit, s'élargit, devient
plus éclatante, plus étincelante : Thémistocle,
Léonidas, Alexandre, César, Charlemagne, Napoléon.

an. Or il entrait à la Bastille, à cette époque, une moyenne
de 25 prisonniers chaque année, et la détention de la plupart d'entre eux était de courte durée. Ajoutez que l'auteur
de la *Gazette* dit tenir ces détails du commissaire même
« préposé pour la Bastille ».

1. Voir la promesse que signaient les officiers de la Bastille d'un silence absolu sur tout ce qu'ils pouvaient voir
ou entendre, *Bibl. de l'Arsenal*, Archives de la Bastille, 12609.

Ou bien, au contraire, la légende naît dans les coins écartés, couverts d'ombre et de silence. Là des hommes ont passé et ils ont dû souffrir. Leurs plaintes se sont fait entendre dans une solitude étroite, et les seules oreilles qui les ont recueillies étaient plus dures que les murs de pierre. Ces plaintes, qu'aucune âme humaine n'a entendues, l'âme populaire, vaste et sonore, les reçoit et les développe de toute sa puissance. Bientôt, dans la masse du peuple, passe un souffle d'une force irrésistible, comme la tempête qui soulève les flots mouvants. C'est la mer déchaînée; elle déferle tumultueuse, quel effroi! — toutes les digues sont renversées.

Dans une lettre que le major de la Bastille, Chevalier, adressait au lieutenant de police, Sartine, il parlait de tous ces propos généralement répandus sur la Bastille. « Quoique très faux, disait-il, je les crois dangereux par la répétition qui s'en fait depuis plusieurs années dans le royaume [1]. » Les conseils de Chevalier ne furent pas écoutés. Le mystère continua d'être de règle à la Bastille et dans tout ce qui y touchait. « La douceur des mœurs et du gouvernement, écrit La Harpe, avait fait disparaître en grande partie les rigueurs inutiles. Elles subsistaient dans l'imagination du peuple, accrues et fortifiées par les

1. Lettre en date du 25 juin 1760, publ. par Ravaisson, *Archives de la Bastille*, XVI, 62.

contes qu'adoptent la crédulité et la haine. »
Bientôt parurent les *Mémoires* de Latude et de
Linguet. Latude cachait ses torts si graves pour
peindre, en traits de feu, ses longues souffrances.
Linguet, avec son rare talent d'écrivain, faisait
de la Bastille le plus sombre tableau ; il résumait
son pamphlet dans cette phrase : « Si ce n'est en
enfer, peut-être, il n'y a pas de supplices qui
approchent de ceux de la Bastille ». En même
temps, le grand Mirabeau lançait son puissant
plaidoyer contre les lettres de cachet, les « ordres
arbitraires ». Ces livres eurent un prodigieux
retentissement. La Révolution éclata. La Bastille
fut éventrée. Les tours noires croulèrent pierre à
pierre sous la pioche des démolisseurs, et, comme
si elles eussent été le piédestal de l'ancien régime,
celui-ci tomba avec fracas.

Une des salles de la Bastille contenait, dans
des cartons soigneusement rangés, toute l'histoire de la célèbre forteresse depuis l'année 1659,
date où l'on avait commencé de former ce précieux dépôt d'archives. On y avait réuni les documents concernant, non seulement les prisonniers
de la Bastille, mais toutes les personnes qui
avaient été enfermées, ou frappées d'un ordre
d'exil, ou simplement poursuivies dans les limites
de la généralité de Paris, en vertu d'une lettre de
cachet.

Au dépôt de documents avaient été attachés

des archivistes. Durant tout le XVIIIe siècle, ils avaient travaillé avec zèle et intelligence à la mise en ordre des pièces qui, à la veille de la Révolution, se comptaient par centaines de milliers. Le tout était dans un ordre parfait, classé et étiqueté. Le major du château, Chevalier, avait même été chargé d'écrire d'après ces textes une histoire des prisonniers.

La Bastille fut prise. Quel fut, dans le désordre, le sort des archives? Le pillage des papiers continua pendant deux jours, écrit Dusaulx, l'un des commissaires nommés par l'Assemblée constituante pour la conservation des archives de la Bastille. « Lorsque, le jeudi 16, mes collègues et moi, nous descendîmes dans l'espèce de cachot où étaient les archives, nous trouvâmes sur les tablettes les cartons très bien rangés, mais ils étaient déjà vides. On en avait tiré les pièces les plus importantes; le reste était répandu sur le plancher, dispersé dans la cour et jusque dans les fossés. Cependant les curieux y trouvaient encore de quoi glaner. » Le témoignage de Dusaulx n'est que trop bien confirmé. « J'allai pour voir commencer le siège de la Bastille, écrit Restif de la Bretonne, et déjà tout était fini, la place était prise. Des forcenés jetaient les papiers, des papiers précieux pour l'histoire, du haut des tours, dans les fossés. » Parmi ces papiers, il y en eut de brûlés, d'autres furent déchirés, des registres furent mis

en pièces, traînés dans la boue. La foule avait
envahi l'enceinte du château : les curieux, les lettrés s'empressaient d'enlever le plus possible de
ces documents, où l'on croyait devoir trouver
des révélations saisissantes. « On cite le fils d'un
magistrat célèbre, écrit Gabriel Brizard, qui en a
emporté plein sa voiture. » Villenave, alors âgé
de vingt-sept ans, déjà collectionneur, y récolta
une riche moisson pour son cabinet, et Beaumarchais, dans une tournée patriotique à l'intérieur
de la Bastille conquise, eut soin de recueillir un
certain nombre de ces papiers.

Les pièces dérobées aux archives, le jour et le lendemain de la prise, allèrent se dispersant par toute
la France, par toute l'Europe. Pierre Lubrowski,
attaché à l'ambassade de Russie, put s'en procurer
un gros paquet. Vendues, en 1805, à l'empereur
Alexandre, avec toute la collection Lubrowski,
elles furent déposées au palais de l'Hermitage.
C'est ainsi qu'elles sont aujourd'hui conservées
à la Bibliothèque impériale de Saint-Pétersbourg.

Heureusement que, dès le 15 juillet, la garde
de la forteresse conquise fut confiée à la compagnie de l'Arquebuse, et que celle-ci reçut ordre
de veiller à ce que l'on n'emportât plus de papiers. Le 16 juillet, au sein de l'Assemblée des
électeurs, un des membres présents, s'élançant
au bureau, s'écria : « Ah! messieurs, sauvons les
papiers! On dit que les papiers de la Bastille sont

au pillage ; hâtons-nous de recueillir les restes de ces vieux titres d'un despotisme intolérable, afin d'en inspirer l'horreur à nos derniers neveux ! » Ce fut un magnifique brouhaha. Enfin, une commission fut nommée : Dusaulx, de Chamseru, Gorneau, Cailleau. Il faut suivre le style de l'époque : « Les commissaires reçurent, devant la Bastille, un accueil triomphal. Aux applaudissements du peuple, instruit de leur mission, dix gens de lettres distingués, les Brizard, les Cubières, les conjuraient de les introduire au sein de cette fameuse forteressse qu'ils détestaient de longue main. » Entrée dans la Bastille, la commission ne tarda pas à s'apercevoir qu'elle arrivait un peu tard : « Beaucoup de cartons étaient vides et un immense amas de papiers dans un complet désordre ».

L'affaire des papiers de la Bastille se mit, du jour au lendemain, extraordinairement à la mode. L'Assemblée des électeurs venait de nommer des commissaires pour les recueillir ; La Fayette, commandant de la garde nationale, chargeait le district de Sainte-Élisabeth de les recueillir également ; Bailly, maire de Paris, déléguait Dusaulx, toujours pour les recueillir. Dans l'Assemblée constituante, le comte de Châtenay-Lanty proposait d'inviter la municipalité parisienne à rassembler les papiers trouvés à la Bastille, pour être mis en ordre, extraits et rendus publics par l'impression, « pour nourrir à jamais, par cette lecture, dans le cœur des Français, l'horreur des ordres arbitraires et l'amour de la liberté »! Ce livre devait être la préface de la Constitution. Enfin, le district de Saint-Roch prenait l'initiative d'intervenir auprès des électeurs pour faire entrer dans le domaine national les papiers enlevés à la Bastille par Beaumarchais.

Dans la séance du 24 juillet, l'Assemblée des électeurs prit un arrêté invitant les citoyens, détenteurs de papiers de la Bastille, à les reporter à l'Hôtel de ville. L'appel fut entendu et les restitutions furent nombreuses.

Quand le pillage et la destruction eurent été arrêtés et que l'on fut rentré en possession d'une partie des documents enlevés, les papiers de la Bastille furent dirigés sur trois dépôts différents; mais ils ne tardèrent pas à être réunis au dépôt de Saint-Louis la Culture. Enfin, le 2 novembre 1791, la Commune de Paris résolut de faire ranger les précieux documents dans la Bibliothèque même de la Ville. La mesure était d'autant plus heureuse que ce transfert, qui allait placer la garde des papiers entre les mains d'hommes de science, de véritables bibliothécaires, ne nécessitait pas de déménagement. La Bibliothèque de la Ville occupait, à cette date, le même local que les archives de la Bastille, le couvent de Saint-Louis la Culture.

Aux temps révolutionnaires succèdent des temps plus calmes. Les archives de la Bastille, après avoir tant fait parler d'elles, occupé l'Assemblée constituante, l'Assemblée des électeurs, la Commune de Paris, la Presse, Mirabeau, La Fayette, Bailly, tout Paris, la France entière, tombent dans un oubli complet. Elles sont perdues de vue. Le souvenir même s'en efface. En 1840, un jeune bibliothécaire, François Ravaisson, les découvre à la Bibliothèque de l'Arsenal au fond d'une véritable oubliette! Comment avaient-elles échoué là?

Ameilhon, bibliothécaire de la Ville de Paris, avait été nommé, le 3 floréal an V (22 avril 1797), conservateur de la Bibliothèque de l'Arsenal. Jaloux d'enrichir le nouveau dépôt à la tête duquel il se trouvait placé, il obtint un arrêté [1] qui attribua les papiers de la Bastille à la Bibliothèque de l'Arsenal. Devant cette invasion de documents en désordre — plus de six cent mille pièces — les bibliothécaires reculèrent épouvantés. Puis, après réflexion, ils les firent entasser dans un entresol poudreux. De jour en jour, on différait de les en tirer. Quarante ans passèrent. Et s'il arrivait qu'un vieil amateur, curieux et importun, pour en avoir entendu parler dans sa jeunesse, demandât à les consulter, on répondait

---

1. Arrêté du 9 ventôse an VI (27 février 1798).

— sans doute de bonne foi — qu'on ne savait pas de quoi il s'agissait.

En 1840, à la Bibliothèque de l'Arsenal, François Ravaisson eut à faire réparer sa cuisine. Les dalles du parquet furent soulevées : par le trou béant apparut un amoncellement de vieux papiers. Le hasard fit, qu'en tirant une feuille de la masse, Ravaisson mit la main sur une lettre de cachet. Il comprit qu'il venait de retrouver le trésor perdu. Un travail de cinquante années a rétabli péniblement l'ordre que vainqueurs du 14 juillet et déménagements successifs avaient détruit. Les archives de la Bastille constituent, aujourd'hui encore, un ensemble imposant, malgré les lacunes créées par l'incendie et le pillage de 1789, à jamais regrettables. L'administration de la Bibliothèque de l'Arsenal a acquis la copie des documents provenant de la Bastille conservés à Saint-Pétersbourg. Chacun peut visiter les archives de la Bastille, à la Bibliothèque de l'Arsenal, dans les salles spécialement aménagées pour elles. Plusieurs registres ont été troués par les flammes le jour de la prise, la reliure en est toute noire, les feuillets sont jaunis. Dans les cartons les pièces sont à présent numérotées; elles sont journellement consultées par les lettrés. Le catalogue[1] en

---

1. *Catalogue des Archives de la Bastille* (formant le tome IX du *Catalogue des manuscrits de la Bibliothèque de l'Arsenal*). Paris, librairie Plon, 1892-1895, in-8.

a été rédigé et publié récemment par les soins du ministère de l'instruction publique.

C'est à la lumière de ces textes, d'une autorité et d'une authenticité indiscutables, qu'a été soulevée l'ombre si noire qui s'était appesantie sur la Bastille. Les légendes se sont dissipées à la clarté de l'histoire, comme les nappes de brume opaque, dont la nuit a recouvert la terre, sont enlevées par le soleil du matin, — et des énigmes que, las d'investigations vaines, on s'était résigné à déclarer insolubles, ont été résolues.

# II

# HISTOIRE DE LA BASTILLE [1]

Jules César décrit une construction, haute de trois étages, que ses légionnaires élevaient rapidement en face des villes assiégées. Telle est l'origine, lointaine, des « bastides » ou « bastilles », comme on appela au moyen âge ces forteresses volantes. Froissart, parlant d'une place assiégée, dit « que l'on mit *bastides* sur les champs et sur les chemins », en telle manière que la ville ne pouvait être approvisionnée. L'expression ne tarda pas à s'appliquer aux tours fixes, élevées sur les remparts pour la défense des villes, et, plus particulièrement, à celles qui étaient construites aux portes d'entrée.

1. Pour les sources et références de ce chapitre, voir *la Bastille d'après ses Archives*, dans la *Revue historique*, t. XLII (1890), p. 38-73; 278-316; — et l'important ouvrage de M. Fernand Bournon, *la Bastille*, dans la *Collection de l'histoire générale de Paris*, Paris, 1893, gr. in-4. Les pages qui suivent n'ont que les notes et références qui ne se trouvent pas dans ces deux publications.

En 1356, les chroniqueurs mentionnent des travaux importants faits à l'enceinte parisienne. C'étaient des bâtiments carrés interrompant, de place en place, la muraille, et disposés pour protéger, soit une entrée de la ville, soit la muraille elle-même. Les noms d'*eschiffles*, *guérites*, *barbacanes*, désignaient plus spécialement ceux de ces bâtiments qui s'élevaient entre deux portes de ville, et le nom de *bastilles* ou *bastides* ceux qui défendaient les entrées. La première pierre de l'édifice qui devait, pendant plus de quatre siècles, rester célèbre sous le nom de *Bastille*, fut posée, le 22 avril 1370, par le prévôt des marchands en personne, Hugues Aubriot. On accroissait la défense de Paris contre les Anglais. Reprocher au roi Charles V la construction d'une prison cruelle serait à peu près aussi raisonnable que reprocher à Louis-Philippe la construction du fort du Mont-Valérien. Nous empruntons ces détails au beau livre que M. Fernand Bournon a écrit sur la Bastille dans la collection de l'*Histoire générale de Paris*.

« La Bastille, écrit M. Bournon, était encore, lors de la prise, le 14 juillet 1789, à peu de chose près identique à ce que l'avaient faite les architectes du xiv<sup>e</sup> siècle. » La place actuelle de la Bastille ne correspond pas exactement à l'emplacement de la forteresse. Pour reconstituer par la pensée cet emplacement, il faut faire abstraction

des dernières maisons de la rue Saint-Antoine et
du boulevard Henri IV; le château fort et ses
glacis couvraient le terrain sur lequel elles ont
été construites. Les tours arrondies dépasseraient
cependant sensiblement l'alignement des maisons
et déborderaient sur les trottoirs. Le dessin,
reproduisant l'emplacement exact, est aujourd'hui
marqué par des lignes de pierres blanches, et
tous les Parisiens peuvent, de la sorte, aller place
de la Bastille s'en rendre compte.

M. Augé de Lassus, qui, pour sa conférence
sur la Bastille [1], a si largement puisé dans les travaux de M. Bournon et dans les nôtres, nous per-
mettra de lui emprunter, à notre tour, la description qu'il a donnée de la Bastille, au point de
vue du monument. Les estampes de l'imagerie
la plus vulgaire, répandues par milliers, récemment encore, en 1889, une reconstitution dont
Paris s'amusa beaucoup, nous ont familiarisés
avec l'aspect de la Bastille, dont les huit tours
rondes, reliées par des courtines d'égale hauteur,
se présentent à notre esprit, rappelant un grand
coffre tout d'une pièce, ou, si l'on veut, un
énorme sarcophage. Les huit tours furent appelées : tour du Coin, tour de la Chapelle, tour du
Puits (ces trois noms s'expliquent aisément par

1. Conférence faite à l'Association française pour l'avan-
cement des sciences, publiée au Secrétariat de l'Association
(Paris, 1895, in-8).

l'emplacement ou des détails de la construction).
Puis venaient les tours de la Bertaudière et de la
Bazinière (baptisées du nom de deux anciens
prisonniers). La tour du Trésor était ainsi dési-
gnée parce qu'elle avait reçu, en maintes circonstances, notamment sous Henri IV, la garde
des deniers publics. L'excellent poète Mathurin
Regnier y fait allusion dans ces vers souvent
cités :

> Prenez-moi ces abbés, ces fils de financiers,
> Dont, depuis cinquante ans, les pères usuriers,
> Volant à toutes mains, ont mis dans leur famille
> Plus d'argent que le roi n'en a dans la Bastille.

La septième tour de la Bastille s'appelait
tour de la Comté. Elle dut son nom, suppose
M. Bournon, à la dignité féodale que l'on appelait Comté de Paris. « L'hypothèse, ajoute-t-il, a
d'autant plus de poids que les prévôts de Paris
s'appelèrent, jusqu'à la fin de l'Ancien Régime,
*prévôts de la ville et vicomté de Paris.* » La huitième tour portait un nom qui, pour la tour d'une
prison, est bien surprenant. Elle s'appelait tour
de la Liberté. Cette dénomination bizarre lui était
venue de ce que, pendant longtemps, on y avait
enfermé les détenus qui, à la Bastille, jouissaient
d'un régime de faveur, ceux qui, durant le jour,
avaient la « liberté » de se promener dans les
cours du château. Ces prisonniers étaient « dans
la liberté de la cour »; les officiers du château

les appelaient les « prisonniers de la liberté », par opposition aux prisonniers « renfermés »; et celle des huit tours de la Bastille où ils étaient logés fut ainsi, tout naturellement, appelée « tour de la Liberté [1] ».

La tour de la Chapelle et la tour du Trésor, les plus anciennes, avaient encadré la porte primitive, bientôt murée, mais qui avait laissé dans la maçonnerie le dessin de son arc et même les statues de saints et princes couronnés, uniques ornements sur la nudité des murailles. « Selon l'usage, dit M. Augé de Lassus, l'entrée de la Bastille est unique et double cependant; la porte charretière, défendue de son pont-levis, est flanquée d'une porte plus petite, réservée aux piétons, elle aussi accessible seulement lorsqu'était abaissé un petit pont-levis. »

Dans la première des deux cours de la Bastille, d'Argenson avait fait placer une horloge monumentale que soutenaient de grandes figures sculptées représentant des prisonniers enchaînés. Les lourdes chaînes retombaient agréablement autour du cadran, en manière d'ornementation. D'Argenson et ses artistes avaient le goût féroce.

Au lendemain de la bataille perdue de Saint-Quentin, la crainte d'une invasion avait décidé Henri II, conseillé par Coligny, à renforcer la

---

1. Cf. *Nouveaux documents sur la Bastille* dans la *Revue Bleue* du 26 mars 1898.

Bastille. Ce fut alors que fut construit, en avant de la porte Saint-Antoine, le bastion qui devait plus tard s'orner d'un jardin pour la promenade des prisonniers.

Et voici qu'autour de la prison noire et massive, dans le courant des XVIIe et XVIIIe siècles, comme, au moyen âge, autour des cathédrales hautes et radieuses, toute une petite cité germe et prospère, barbiers, savetiers, débitants de boisson, regrattiers, coquetiers, marchands de fromages. Ces bâtiments nouveaux empiètent sur la rue Saint-Antoine[1]. Ils rejoignent le couvent de l'*Ave Maria*, dont la chapelle, devenue un temple protestant, subsiste encore.

« En son aspect dernier, écrit M. de Lassus, voici donc comment se présente la Bastille complétée de ses dépendances : sur la rue Saint-Antoine, un portail de grande tournure et qui affecte, avec ses trophées d'armes, des prétentions triomphales, donne accès dans une première cour bordée de boutiques et, du moins tout le jour, ouverte à tout venant. On peut y passer librement, non pas s'y attarder. Puis apparaît une seconde porte, double, porte charretière et porte de piétons, l'une et l'autre munies de leur pont-levis. L'accès en est plus malaisé, la consigne

1. Sur les échoppes de la Bastille, voir le livre de M. Bournon et les *Nouveaux Documents sur les dernières années de la Bastille*, qui seront prochainement imprimés dans la *Revue des questions historiques.*

plus sévère : c'est l'*avancée*. Cette seconde entrée à peine franchie, c'est la cour du gouverneur, qui reçoit le visiteur plus ou moins volontaire. Sur la droite, l'hôtel du gouvernement se développe, attenant au magasin d'armes. Puis ce sont les fossés primitivement visités par les eaux de la Seine — à cette époque les passants s'y noyaient fréquemment, les fossés n'étant protégés d'aucun garde-fou, — plus tard, le plus souvent à sec. Puis surgissent les hautes tours de la citadelle, ceignant, à près de cent pieds, leur couronne de créneaux ; et le dernier pont-levis est là, relevé le plus souvent, du moins devant la porte char- retière, la porte des piétons restant seule acces- sible sous la condition d'une consigne encore plus sévère. »

La consigne, si sévère pour les contemporains — le tsar Pierre le Grand lui-même la trouva inflexible [1], — est levée pour l'historien ; grâce aux nombreux mémoires laissés par les prison- niers — citons les mémoires de Laporte, de Bassompierre, de Gourville, de Bussy-Rabutin, de Fontaine, du baron Hennequin, de Renneville, de Mme de Staal, du duc de Richelieu, de l'abbé Roquette, de l'abbé Morellet, de Marmontel, de

-----

1. Il faut néanmoins, ici encore, se garder de toute exagération. En 1715, le comte de Lusace et le Palatin de Livonie furent autorisés à visiter la Bastille. Lettre de Pontchartrain au gouverneur de la Bastille, en date du 1ᵉʳ avril 1715. (Archives de la Bastille.)

Dumouriez, — auxquels s'ajoutera le journal rédigé à la Bastille par La Jonchère, que M. Albert Babeau a l'intention de publier prochainement, — grâce aux documents provenant de l'administration de la Bastille, conservés à la Bibliothèque de l'Arsenal, et à la correspondance des lieutenants de police, nous pénétrerons à l'intérieur de l'enceinte close et suivrons, au jour le jour, la vie des détenus.

La Bastille primitive n'était donc pas une prison. Elle le devint de bonne heure, dès le règne de Charles VI. Néanmoins la Bastille conserva, durant deux siècles, son caractère de citadelle militaire. Parfois les rois y logeaient les grands personnages de passage à Paris. Louis XI et François I$^{er}$ y donnèrent des fêtes éclatantes, dont les chroniqueurs ont parlé avec admiration.

C'est Richelieu qui doit être considéré comme le fondateur de la Bastille, de la Bastille prison royale, de la Bastille du xvii$^e$ et du xviii$^e$ siècle. Avant lui les emprisonnements dans la vieille forteresse étaient accidentels; c'est à lui que revient la conception de la prison d'État, moyen de gouvernement. Ici on nous arrêtera. Qu'entend-on par prison d'État? Le terme est vague et prête à la discussion. M. Bournon l'explique très bien. « Par prison d'État — et particulièrement si nous prenons la Bastille, — il faut entendre la prison de ceux qui ont commis un crime ou délit

autre que de droit commun, de ceux qui, à tort
ou à raison, ont paru dangereux à la sûreté de
l'État, qu'il s'agisse de la nation même, de son
chef ou d'un groupe plus ou moins important de
citoyens, groupe parfois restreint à celui que
forme la famille. Si l'on ajoute à ce genre de
prisonniers les personnages trop en vue pour
être punis d'un crime de droit commun à l'égal
du malfaiteur vulgaire, et à qui une prison
exceptionnelle paraissait devoir être réservée, on
aura passé en revue les différentes sortes de
délits qui furent expiés à la Bastille depuis Richelieu jusqu'à la Révolution. »

L'administration de la Bastille, confiée, jusqu'au
règne de Louis XIII, à de grands seigneurs : dûcs,
connétables, maréchaux de France — le maréchal de Bassompierre, le connétable de Luynes,
le maréchal de Vitry, le duc de Luxembourg,
pour ne citer que les derniers, — fut mise par
Richelieu entre les mains d'un véritable geôlier,
Leclerc du Tremblay, frère du Père Joseph [1].

1. La lettre suivante, écrite par Pontchartrain à Bernaville,
en lui faisant espérer sa nomination comme gouverneur de
la Bastille, est encore inédite. Nous la transcrivons, car elle
montre, d'une manière précise, ce que le gouvernement de
Louis XIV demandait au commandant de la grande prison
d'État.

*A. M. de Bernaville.*

Versailles, le 28 septembre 1707.

« J'ai reçu votre lettre d'hier, je ne puis que vous répéter
ce que je vous ai déjà écrit : d'avoir une attention conti-

Les documents jetant quelque lumière sur la Bastille, au temps où régnait l'Homme rouge, comme Victor Hugo a nommé Richelieu, sont encore très rares. Un avocat, Maton de la Varenne, a publié, en 1789, dans les *Révolutions de Paris*, une lettre qui aurait été écrite, le 1er décembre 1642, à Richelieu malade. Nous y lisons : « Moi, que vous faites pourir à la Bastille, pour avoir désobéi à votre mandement, qui aurait fait condamner mon âme à la géhenne éternelle et m'aurait fait comparoir en l'éternité les mains souillées de sang.... » Il nous est impossible de garantir l'authenticité de ce document. Elle nous paraît suspecte, le texte ayant été publié à une époque où l'on produisit beaucoup de pièces apocryphes, comme provenant des archives de la Bastille.

nuelle à tout ce qui se passera à la Bastille; de ne rien négliger de tous les devoirs d'un bon gouverneur; de maintenir l'ordre et la discipline parmi les soldats de la garnison, tenir la main à ce qu'ils fassent la garde avec toute l'exactitude nécessaire et que leur solde leur soit régulièrement payée; d'avoir soin que les prisonniers soient bien nourris et traités avec douceur, empêcher cependant qu'ils ne puissent avoir aucune correspondance au dehors, ni écrire des lettres; et enfin d'être vous-même fort exact à m'informer de tout ce qui pourra arriver de particulier à la Bastille. Vous comprenez bien qu'en observant une telle conduite vous ne pouvez que vous rendre agréable au Roi et l'engager peut-être à vous accorder la place de gouverneur; de mon côté, vous pouvez compter que je ne négligerai rien pour faire valoir vos services auprès de S. M.

    « Je suis, etc.

      « *Signé* : PONTCHARTRAIN. »

  *Bibl. de l'Arsenal*, Archives de la Bastille, ms. 12475, p. 158.

Plus digne d'arrêter notre attention est l' « estat des prisoniers qui sont au chasteau de la Bastille » du temps de Richelieu, que M. Bournon a trouvé dans les archives du ministère des Affaires étrangères. Ce tableau, de cinquante-trois noms, est la plus ancienne liste de prisonniers de la Bastille qui soit connue jusqu'ici. Parmi les détenus, plusieurs sont soupçonnés ou convaincus de mauvais desseins contre « M. le cardinal », quelques-uns sont accusés de vouloir « entreprendre », c'est-à-dire de conspirer contre le trône ou d'être espions. Il y a un prêtre « extravagant », et un moine qui s'est « opposé à l'élection de Cluni », trois ermites, trois faux monnayeurs, le marquis d'Assigny, condamné à mort et de qui la peine a été commuée en détention perpétuelle, une vingtaine de seigneurs qualifiés « fous, croquants, méchants diables », ou accusés d'un crime réel, vol ou assassinat ; enfin ceux de qui le nom est suivi de cette simple indication « Reine-mère » ou « Monsieur », d'où nous pouvons conclure que le rédacteur n'était bien informé que sur les prisonniers du cardinal. Nous donnerons plus loin la liste des prisonniers que la Bastille contenait le jour de la prise, le 14 juillet 1789. La comparaison entre les deux tableaux, aux deux époques, la plus ancienne et la plus récente que nous puissions choisir, sera instructive. Nous avons encore, pour juger la Bastille au temps de Richelieu, les mémoires de Bassompierre et ceux de Laporte, qui nous font entrer dans une prison d'État, prison élégante, nous dirions presque prison de grand luxe, réservée aux personnes de bonne compagnie, où celles-ci vivaient en relations mondaines, se rendant visite les unes aux autres [1]. Mais, bien des années encore, la Bastille conserve son caractère militaire, et nous trouvons surtout parmi les détenus, des officiers punis pour fautes de discipline. On y enferme des prisonniers de guerre et les personnages étrangers de haut rang arrêtés par représailles [2], les agents secrets et les espions entretenus en France par les nations ennemies, puis de puissants seigneurs dont le roi est mécontent. Les intrigues de cour, sous Richelieu et Mazarin, contribuent à faire dévier la Bastille de son but primitif : on y enferme des valets de chambre mêlés à des complots de souveraines.

Le gouvernement de Louis XIV réveilla la persécution religieuse, et bientôt l'on vit tout un monde

1. « Le 12 mai 1638, M. de Chavigny vint me faire signer la promesse d'aller à Saumur. Je signai et, le lendemain, je sortis de la Bastille après avoir pris congé de tous les prisonniers. » *Mémoires de Laporte*, p. 387.

2. « Du lundi 15 octobre (1703), M. Aumont le jeune et M. de Chantepie ont mené et remis un prisonnier, le nommé de Gromisse, Piémontais, lequel a été arrêté par représailles, le duc de Savoie nous ayant tourné casaque et surpris. » Journal du lieutenant de roi à la Bastille Du Junca, *Bibl. de l'Arsenal*, ms. 5133, f. 92 r°. — Ce texte est cité comme exemple d'autres cas semblables.

de gazetiers et nouvellistes, journalistes du temps, grouiller au soleil. Louis XIV n'était pas précisément partisan de la liberté de la presse, mais, d'autre part, il se refusa à enfermer des hommes de lettres, des jansénistes et des protestants convaincus de la vérité de leurs croyances, pêle-mêle avec les vagabonds et les voleurs détenus à Bicêtre, à Saint-Lazare et dans les autres prisons de Paris. Il leur ouvrit, trop généreusement sans doute, les portes de son château du faubourg Saint-Antoine, où ils se mêlèrent aux joyeux fils de famille, corrigés d'un peu de Bastille à la demande de leurs parents, et aux gentilshommes batailleurs que les maréchaux de France, pour éviter les duels, y envoyaient oublier leurs rancunes [1]. Enfin, le règne de Louis XIV fut marqué de quelques grands procès qui produisirent une impression étrange et effrayante et entourèrent les accusés d'une auréole mystérieuse, procès de magie et de sorcellerie, affaires de poison et de fausse monnaie. Les accusés furent gardés à la Bastille. Et nous rencontrons ici une nouvelle déviation au caractère primitif de l'ancien château fort : on y envoie des prisonniers de qui le procès est instruit par des juges régulièrement constitués. Depuis, on partagea entre la Bastille et le

1. Voir *Lettres de cachet données par les maréchaux de France*, dans le *Bulletin de la Soc. de l'Histoire de Paris*, mars-avril 1889, p. 56-58.

donjon de Vincennes les accusés qui comparaissaient devant la chambre de l'Arsenal.

C'est la grande époque de la Bastille ; elle est une vraie prison d'État. Les écrivains peuvent parler de sa « noblesse ». Elle nous apparaît tout à la fois charmante et redoutable, brillante, majestueuse, tout à la fois remplie d'un tapage joyeux et couverte d'un silence effrayant. De l'espace sombre, entre les murs massifs, vient à nous un bruit de chants et de rires où se mêlent des cris de désespoir avec des sanglots et des larmes. C'est l'époque du Masque de fer ; c'est l'époque où le gouverneur reçoit de la Cour des lettres mystérieuses. « Je vous supplie, Monsieur, de faire en sorte que si quelqu'un venait demander des nouvelles du prisonnier que le sieur Desgrez a conduit ce matin à la Bastille par ordre du roi, qu'on n'en parle point et, s'il se peut, suivant l'intention de Sa Majesté et les ordres ci-joints, que personne n'en ait connaissance ni même du nom [1]. » — « M. de Bernaville (c'est le nom d'un

---

1. Il était très rare qu'un prisonnier ne fût pas écroué à la Bastille sous son véritable nom ; sous Louis XIV le cas s'est cependant présenté plusieurs fois. François Esliard, jardinier normand, meurt à la Bastille, le 24 octobre 1701 ; il est « enterré dans le cimetière sous le nom de Pierre Navet, n'étant pas à propos de dire son nom, étant un criminel d'État, placardé pendant les guerres, surtout de l'année 1693 ». *Bibl. de l'Arsenal*, ms. 5134, f. 59.

Nous verrons plus loin que le Masque de fer lui-même fut enterré par les soins du gouverneur de la Bastille sous son nom véritable.

gouverneur de la Bastille), ayant donné ordre de
conduire dans les prisons de mon château de la
Bastille un prisonnier important, je vous fais
cette lettre pour vous dire que mon intention est
que vous l'y fassiez recevoir et exactement garder
jusqu'à nouvel ordre, vous avertissant de ne permettre, sous quelque prétexte que ce soit, qu'il
ait aucune communication avec personne, de vive
voix ni par écrit. » — Les prisonniers que l'on
entourait d'un silence aussi absolu appartenaient
presque tous à une même catégorie : les espions
de marque, qui semblent avoir été assez nombreux en France au plus fort des guerres de
Louis XIV, et que l'on poursuivait avec une
âpreté plus grande à mesure que la fortune tra-
hissait les armées du roi. Nous lisons dans le
journal qui était tenu par le lieutenant de roi Du
Junca : « Du mercredi 22 décembre, sur les dix
heures du matin, M. de la Coste, prévôt des
armées du roi, est venu, ayant amené et remis un
prisonnier qu'il a fait entrer par notre nouvelle
porte, qui nous donne la sortie et entrée à toute
heure dans le jardin de l'Arsenal pour un plus
grand secret, — lequel prisonnier, nommé
M. d'Estingen, Allemand, ayant été marié en
Angleterre, M. le gouverneur a reçu, par ordre
du roi, expédié par M. le marquis de Barbezieux,
et bien recommandé que le prisonnier soit secret
et qu'il n'ait aucune communication avec per-

sonne de vive voix ni par écrit ; lequel prisonnier est veuf, sans enfants, homme d'esprit et ayant de grands commerces de nouvelles de ce qui se passe en France, pour le mander en Allemagne, en Angleterre et en Hollande : un honnête espion. » Le 10 février 1710, Pontchartrain écrivait à Bernaville (gouverneur de la Bastille) : « Je ne puis m'empêcher de vous dire que vous et le chevalier de la Croix parlez beaucoup trop et trop clairement sur les prisonniers *étrangers* que vous avez. Le secret et le mystère est un de vos premiers devoirs, je vous prie de vous en souvenir. Ni M. d'Argenson, ni autre que ceux que je vous ai mandés ne doivent voir ces prisonniers. Avertissez bien précisément M. l'abbé Renaudot et de la Croix de la nécessité d'un secret inviolable et impénétrable. »

Il arrive encore, à cette époque, qu'un détenu demeure dans la complète ignorance du motif de son incarcération : « Le nommé J.-J. du Vacquay, prisonnier à la Bastille, écrit Louvois au gouverneur, s'est plaint au roi de ce qu'on l'y retient depuis treize ans sans qu'il en sache la raison ; je vous prie de me mander de qui est signé l'ordre sur lequel il est détenu, afin que j'en puisse rendre compte à Sa Majesté. »

Comme, l'incarcération opérée, la plus grande partie des papiers relatifs à l'arrestation étaient détruits, il arrivait parfois qu'au ministère même on ignorât les motifs de certaines détentions. Ainsi Seignelay écrit au gouverneur, M. de Besmaus : « Le roi m'a donné ordre de vous écrire pour vous demander qui est un nommé Dumesnil, prisonnier à la Bastille, combien il y a de temps qu'il y est et le sujet pour lequel il y a été mis. » — « La Dlle de Mirail, prisonnière à la Bastille, ayant demandé au roi sa liberté, Sa Majesté m'a ordonné de vous écrire pour vous demander le sujet pour lequel elle y a été mise; si vous le savez, je vous prie de me l'apprendre le plus tôt que vous pourrez. » Ou bien encore, c'est Louvois qui écrit au même : « Je vous adresse une lettre du sieur Coquet, sur laquelle le roi m'a commandé de vous demander de qui est signé l'ordre en vertu duquel il a été mis à la Bastille et si vous ne savez point le sujet sur lequel il y a été envoyé. » — « Monsieur, ce mot n'est que pour vous prier de me mander qui est Piat de la Fontaine, qu'il y a cinq ans qu'il est à la Bastille, et si vous ne vous souvenez point pourquoi il y a été mis. »

Les lettres dans le genre de celles que l'on vient de lire sont, il est vrai, très rares; cependant, si l'on met, en regard de l'état de choses qu'elles dévoilent, le luxe et le confort extraordinaires dont étaient alors entourés les prisonniers de la Bastille, elles aident à caractériser la célèbre prison à cette époque de son histoire, c'est-à-dire au xviiᵉ siècle.

En 1667 avait été créée la lieutenance de police. Le premier titulaire de la charge, Gabriel Nicolas de la Reynie, fut un homme de la plus grande valeur. Il est très important de remarquer que le lieutenant de police eut, dans l'ancien régime, un double caractère, étant à la fois subordonné du ministre de Paris et membre du Châtelet. Il jouait un double rôle : un rôle administratif et un rôle judiciaire. Or, la Bastille, prison d'État, était avant tout une institution administrative; mais, peu à peu, par le caractère des personnes qu'on était amené à y enfermer, il devint difficile de ne pas en faire également une institution judiciaire, et le ministre de Paris prit l'habitude de déléguer à la Bastille, pour les interrogatoires, son subordonné, le lieutenant de police. Bien que La Reynie prît la haute main sur l'administration de la Bastille [1], ses entrées dans la prison même furent encore relativement rares; une autorisation signée de Louis XIV et de Colbert lui était chaque fois nécessaire.

A La Reynie succéda d'Argenson. Celui-ci donna la plus grande extension à l'action de la lieutenance de police. Il fit comprendre la Bastille dans ses attributions. Désormais le lieute-

1. « Suivant le bon conseil de M. de la Reynie, que je suis exactement en tout ce qui passe à la Bastille, croyant ne pouvoir mieux faire.... » Lettre de M. de Besmaus, gouverneur de la Bastille, en date du 23 nov. 1680. *Bibl. nat.*, ms. 8123, f. 157.

nant de police pénétrera dans la prison d'État quand bon lui semblera, en maître et seigneur, accompagné de ses commissaires au Châtelet, greffiers et inspecteurs de police; les prisonniers seront en communication constante et directe avec lui ; il fera l'inspection de toutes les chambres au moins une fois par an [1]. Il suffira, à chaque changement dans la lieutenance de police, que le ministre de Paris envoie au gouverneur le nom du nouveau titulaire. A dater de cette époque la prison du faubourg Saint-Antoine resta placée sous l'autorité d'un magistrat.

La Régence fut une transition entre le règne de Louis XIV et celui de Louis XV. Dans l'histoire de la Bastille, ce fut également une époque de transition. Les incarcérations sont moins nombreuses, moins rigoureuses, mais le régime de la prison perd de cet air seigneurial qui l'avait caractérisé. L'épisode le plus important de l'histoire de la Bastille sous la Régence est l'incarcération des accusés compromis dans la conspiration de Cellamare. Parmi eux se trouvait Mlle de Launay, qui devait s'appeler plus tard Mme de Staal. Elle a laissé sur sa détention des pages charmantes, où nous trouvons raconté, d'une

---

1. Voir les nombreux rapports sur les prisonniers de la Bastille par d'Argenson, *Bibl. nat.*, ms. Clairambault, 283, f. 337 et suiv.

plume fine et rapide, le petit roman que nous allons résumer.

Mlle de Launay était secrétaire de la duchesse du Maine. Elle avait rédigé en partie le projet de complot de Cellamare, lequel, s'il avait réussi, eût élevé le roi d'Espagne au trône de France. Le régent l'envoya à la Bastille, avec plusieurs de ses complices, le 10 décembre 1718, moins encore pour la punir d'avoir agi contre l'État que pour obtenir d'elle des détails sur la conspiration. On eût pu la traiter avec rigueur; à ce moment de sa vie elle était de fortune et de condition médiocres. Elle trouva, au contraire, à la Bastille un confort et des égards inattendus. Dans ses *Mémoires*, elle écrit que son séjour à la Bastille a été le meilleur temps de sa vie. Sa femme de chambre, Rondel, fut autorisée à demeurer avec elle. On l'installa dans un véritable appartement. Elle s'y plaignit des souris : on lui donna une chatte pour les chasser et la distraire. La chatte fit des petits, et les jeux de la nombreuse petite famille l'égayaient beaucoup, dit-elle. Mlle de Launay était régulièrement invitée à dîner chez le gouverneur de la Bastille; elle passait ses journées à jouer et à écrire. Le lieutenant de roi, Maisonrouge, homme d'un certain âge, qui tenait dans le gouvernement du château la première place après le gouverneur, se prit pour la prisonnière d'une passion profonde et touchante. Il lui déclara qu'il n'aurait pas de plus grand bonheur que celui de l'épouser. L'appartement de Maisonrouge était voisin de celui de Mlle de Launay. Malheureusement pour le lieutenant de roi, il y avait dans le voisinage un troisième appartement et qui était occupé par un jeune et brillant gentilhomme, le chevalier de Ménil, également impliqué dans l'affaire Cellamare. La prisonnière ne le connaissait pas. Maisonrouge nous apparaît comme un caractère d'une grande élévation et d'une rare noblesse. Il parla aux deux jeunes prisonniers l'un de l'autre, espérant, en les mettant en rapport, leur procurer une distraction nouvelle, et particulièrement à la jeune fille, qu'il aimait. Le chevalier de Ménil et Mlle de Launay ne pouvaient se voir ; ils ne s'étaient jamais vus. Ils commencèrent par s'écrire des épîtres en vers. Comme tout ce qui sortait de sa plume, les vers de Mlle de Launay étaient vifs et charmants. Le bon Maisonrouge faisait le facteur, heureux de voir sa petite amie joyeuse de la distraction qu'il lui avait procurée. Les vers portés par Maisonrouge d'une chambre à l'autre ne tardèrent pas à parler d'amour, et — ce sentiment peut sembler surprenant, mais dans la réclusion de la Bastille il s'explique — cet amour ne tarda pas à devenir réel dans la pensée des deux jeunes gens, qui se représentaient à l'imagination l'un de l'autre sous les plus gracieuses couleurs. Maisonrouge fut bientôt amené à ménager une entrevue entre eux. Le moment est charmant. Les deux captifs ne s'étaient jamais vus, ils s'aimaient passionnément; quelle serait leur impression réciproque? L'impression de Mlle de Launay en voyant le brillant chevalier fut toute d'enthousiasme, celle du chevalier de Ménil fut peut-être plus modérée; mais, s'il est vrai, comme on l'a dit, que pour des religieuses un jardinier soit un homme, pour un prisonnier toute femme jeune doit être une femme exquise. Les entrevues continuèrent sous l'œil bienveillant de Maisonrouge, qui voyait se développer l'amour de Mlle de Launay pour Ménil, de Mlle de Launay qu'il aimait d'un amour intense, mais de qui il préférait le bonheur à son propre bonheur. Il y a là des détails délicieux que l'on trouvera adorablement écrits dans les *Mémoires* de Mlle de Launay (Mme de Staal). M. Bournon estime que, d'après le témoignage même de Mlle de Launay, cette idylle eut dans la Bastille « le dénouement que l'on devine ». Nous n'avons rien entrevu de semblable dans les *Mémoires* de Mme de Staal; après tout, M. Bournon est sans doute meilleur psychologue que nous. Cependant, le gouverneur de la Bastille fut informé du jeu des amoureux. Il y mit bon ordre. Ménil fut transféré dans une tour éloignée, Mlle de Launay pleura, et, qui le croirait? Maisonrouge compatit à son sort — tout en redoublant d'attention à lui plaire — jusqu'à lui ménager de nouvelles et plus difficiles entrevues avec le sémilllant chevalier. Mlle de Launay quitta la prison au printemps de 1720, après avoir adressé au régent, sur les faits de la conspiration, un mémoire détaillé qu'elle avait jusque-là refusé de fournir. Une fois libre, elle demanda vainement au chevalier de Ménil de tenir ses engagements et de l'épouser. Maisonrouge mourut l'année suivante, de chagrin, dit la coquette femme, de n'avoir pu obtenir d'elle, durant sa détention, cette promesse de mariage, promesse que, à présent, elle eût été disposée à remplir.

Reflet de l'époque, il semble que, sous la Régence, à la Bastille, tout soit amour. Le jeune duc de Richelieu y fut enfermé parce qu'il n'aimait pas sa femme. Le brillant gentilhomme fut gardé sous les verrous plusieurs semaines, « dans une solitude ténébreuse », dit-il, lorsque, tout à coup, la porte de sa chambre s'ouvrit et Mme de Richelieu lui apparut, parée avec grâce, brillante, charmante : « Le bel ange, écrit le duc, qui vola de ciel en terre pour délivrer Pierre n'était pas aussi radieux ».

Nous avons vu comment la Bastille de citadelle militaire était devenue prison d'État. Nous allons assister, sous le gouvernement du duc d'Orléans, à une nouvelle transformation. Un événement, qui paraît peu considérable, en est l'indice. Le duc de

Richelieu est enfermé à la Bastille une seconde fois à la suite d'un duel; un conseiller au Parlement va l'y interroger, et le Parlement instruit son affaire. Le Parlement à la Bastille, dans la prison du roi [1]! Depuis ce moment, celle-ci ne cessa de se rapprocher, d'année en année, de nos prisons modernes. « Sous le cardinal de Fleury, écrit La Harpe, ce fameux château ne fut presque habité que par les écrivains du jansénisme; il fut ensuite fréquenté par les champions de la philosophie et par les auteurs de satires clandestines, et donna du relief à leur obscurité et à leur abjection. » On y met, de plus en plus, des prévenus dont le procès s'instruit régulièrement au Châtelet ou bien au Parlement. Dans la seconde moitié du xviiie siècle le tribunal du Châtelet en arriva à faire incarcérer directement des accusés à la Bastille [2], ce qui eût semblé un fait incroyable à

1. « L'on doit tantôt juger au Parlement le procès du duc de Richelieu, prisonnier à la Bastille, d'où il résulte que le Parlement s'introduit peu à peu à la Bastille, où un conseiller a été interroger le duc.... » *Gazette de la Régence,* p. 87.

2. « La commission du Châtelet, établie pour l'instruction du s. Billard, ayant décrété de prise de corps l'abbé Grisel, je l'ai fait arrêter et conduire à la Bastille le 9 de ce mois. Pour autoriser sa détention et l'apposition des scellés mis sur ses papiers, le ministre est supplié de faire expédier trois ordres du roi, en forme, de la date du 9 mars 1770.... » Note au comte de Saint-Florentin, ministre de la maison du roi. En marge, de la main du ministre : « Bon pour l'ordre, 10 mars 1770 ». *Bibl. de l'Arsenal,* Archives de la Bastille, ms. 12379.

un contemporain de Louis XIV. L'huissier-audiencier se rend devant les tours, et là, tandis que le prisonnier colle sa tête aux barreaux de la fenêtre, il lui crie son assignation par-dessus les fossés. Les avocats défenseurs des accusés obtiennent l'autorisation de venir conférer avec leurs clients ; ce sont même les seules personnes qui ont permission d'entretenir les prisonniers en particulier. Au jour fixé, le prévenu est transféré au Palais, sans bruit, à la nuit, pour éviter la curiosité de la foule.

Sous Louis XVI, des conseillers au Parlement viennent visiter la Bastille comme les autres prisons [1] ; enfin le ministre Breteuil envoie des instructions aux intendants pour les informer que, désormais, il ne serait plus délivré de lettres de cachet si l'ordre ne faisait connaître la durée de la peine à laquelle le coupable pourrait être condamné et les motifs de la punition. La Bastille n'est plus qu'une prison comme les autres où les détenus sont mieux traités [2].

---

1. Alf. Bégis, *le Registre d'écrou de la Bastille*, p. 29.

2. Les témoignages établissant que la Bastille était de beaucoup la prison la plus douce du royaume sont innombrables. « La Bastille était la prison la plus douce et la plus humaine de l'État. » *Observations sur l'histoire de la Bastille* (Londres, 1783, in-8), p. 148. — « La veuve Gilbert et la Dlle de Bray (enfermées à la Bastille) sont fort chagrinées. Ces deux prisonnières s'imaginent que l'on a mené la Dlle Préval à l'Hôpital (la Salpêtrière) et qu'il leur en pend autant à l'oreille. » Lettre, en date du 6 sept. 1754, du

En 1713, le secrétaire d'État, Voysin, écrivait à d'Argenson : « Beaumanielle ne mérite pas assez de ménagements pour le tirer du Châtelet où il est et le mettre à la Bastille[1] ». La Harpe a bien caractérisé le mouvement de transformation

major de la Bastille, Chevalier, au lieutenant de police (Archives de la Bastille). — « Je crois, Monsieur, que la Bastille conviendrait mieux à M. Poirot que le For-l'Évêque. Il y sera mieux, il ne lui en coûtera rien, et M. le lieutenant de police pourra l'interroger lui-même. » Lettre d'un secrétaire de Sartine, à Malesherbe, en date du 21 août 1775 (Archives de la Bastille). — « Pour éviter l'éclat qu'il aurait pu faire, j'ai cru devoir lui laisser ignorer le lieu où j'allais le conduire, aussi, croyant n'aller qu'à la Bastille, il a soutenu courageusement son extraction; mais lorsqu'il s'est vu sur la route de Bicêtre, il s'est fait chez lui une révolution. » Rapport d'un officier de police cité par Manuel, *Police de Paris dévoilée*, I, 218. Un nommé Boctey, enfermé à Vincennes, demande en grâce d'être transféré à la Bastille. « J'espère, écrit-il au lieutenant de police, que votre humanité ne me le refusera pas. » Publié dans les *Révolutions de Paris*, XII, 39. Delort (II, 132) cite une prisonnière accusée d'assassinat et comme telle incarcérée au Châtelet. A cause de sa santé délicate elle est transférée à la Bastille. — M. de Cambenon est arrêté avec Alexis, son nègre. M. de Cambenon est mis à la Bastille, et le nègre à Bicêtre. Lettre de Sartine au major de la Bastille, Chevalier, en date du 23 mars 1767. (Archives de la Bastille.) On lit dans le *Journal d'un prêtre parisien (1789-1792)*, de l'abbé Rudemare, qui mourut pendant la Restauration, curé de la paroisse des Blancs-Manteaux à Paris : « Le 14 juillet, on prit la Bastille. Le 15, j'y fus promener ma curiosité. Un malotru vint me parler ainsi : « Mon chevalier, vous ne direz pas que c'est pour nous que nous travaillons (en démolissant la Bastille), c'est bien pour vous, car, nous autres, nous ne tâtions pas de la Bastille. On nous f... à Bicêtre. N'y a-t-il rien pour boire à votre santé? » Ces citations pourraient être multipliées.

1. Publ. par Ravaisson, *Archives de la Bastille*, XIII, 69.

auquel la grande prison d'État obéit depuis cette époque, en disant que, depuis le commencement du siècle, aucun des prisonniers qui y avaient été mis « n'en avait mérité les honneurs [1] ». Observation confirmée par Linguet : « Ce n'est pas, dans ces derniers temps surtout, aux criminels d'État que la Bastille est réservée; elle est devenue en quelque sorte l'antichambre de la Conciergerie ».

Si, en vieillissant, la Bastille avait perdu de son éclat, en revanche, la torture, qui, il est vrai, n'y avait jamais été appliquée que sur les arrêts des tribunaux, en avait complètement disparu. Depuis le commencement du XVIIIe siècle, les cachots et les chaînes n'étaient plus qu'une punition temporaire réservée aux prisonniers insubordonnés; depuis l'avènement de Louis XVI, ils sont hors d'usage. Breteuil interdit de mettre au cachot — on appelait ainsi les pièces de l'étage inférieur de chaque tour, sortes de caves sombres et humides — qui que ce fût. Le 11 septembre 1775, Malesherbes écrit : « Il ne faut refuser à aucun détenu de quoi lire et écrire. Le prétendu abus qu'ils en peuvent faire ne peut être dangereux, étant enfermés aussi étroitement qu'ils le sont. Il ne faut point se refuser non plus au désir de ceux qui voudraient se

1. Voir les pages curieuses de La Harpe sur la Bastille, publ. dans la *Revue rétrospective* du 1er juillet 1889.

livrer à d'autres genres d'occupations, pourvu qu'elles n'exigent pas qu'on laisse entre leurs mains des instruments dont ils pourraient se servir pour s'évader. S'il y en a quelqu'un qui veuille écrire à sa famille et à ses amis, il faut leur permettre de recevoir des réponses et les leur faire parvenir après les avoir lues; sur tout cela c'est à votre prudence et à votre humanité qu'il faut s'en rapporter [1]. » La lecture des gazettes, naguère interdite sévèrement, est autorisée.

Il faut dire, enfin, que le nombre des prisonniers qu'on enfermait à la Bastille n'était pas aussi considérable qu'on pourrait le croire. Pendant tout le règne de Louis XVI la Bastille n'a reçu que deux cent quarante prisonniers, une moyenne de seize par an. La Bastille pouvait contenir quarante-deux détenus logés séparément.

Sous Louis XIV, à l'époque où le gouvernement dispensa le plus libéralement des lettres de cachet, il n'y entrait pas plus de trente prisonniers en moyenne par année. Ajoutez que leur captivité était très souvent de courte durée. Dumouriez nous apprend dans ses *Mémoires* que, pendant sa détention, il n'eut jamais plus de dix-huit compagnons de prison, et que, plus d'une fois, il n'en eut que six. M. Alfred Bégis a dressé

---

1. *Arch. nat.*, O¹, 417.

un tableau des détenus à la Bastille de 1781 à
1789. En mai 1788, la Bastille contenait vingt-
sept prisonniers, c'est le chiffre le plus élevé qui
soit atteint pendant ces huit années; en septembre 1782, elle en contenait dix; en avril 1783,
sept; en juin de la même année, sept; en
décembre 1788, neuf; en février 1789, neuf; au
moment de la prise, le 14 juillet 1789, il y avait
à la Bastille sept détenus.

Il est vrai qu'on n'embastillait pas seulement
les hommes, mais également les livres lorsqu'ils
paraissaient dangereux. L'ordre du roi, qui les
y incarcérait, était même copié sur le modèle
des lettres de cachet. M. Bournon en a publié
un spécimen. Les livres étaient enfermés dans
un réduit situé entre les tours du Trésor et de
la Comté, au-dessus d'un ancien passage com-
muniquant avec le bastion. En 1733, le lieutenant de police invitait le gouverneur de la Bastille à recevoir au château « tous les ustensiles
d'une imprimerie clandestine qui a été saisie
dans une chambre de l'abbaye Saint-Victor, lesquels vous ferez mettre, s'il vous plaît, dans le
dépôt de la Bastille ». Quand les livres cessaient
de paraître dangereux, on les remettait en liberté.
C'est ainsi que l'*Encyclopédie* fut rendue libre
après quelques années de détention.

Nous venons de voir que, pendant le règne de
Louis XVI, la Bastille ne reçut pas plus d'une

moyenne de seize prisonniers par an. Plusieurs d'entre eux ne furent retenus que quelques jours. De 1783 à 1789, la Bastille demeura à peu près vide, et, si l'on ne s'était décidé à y loger des prisonniers dont la place était ailleurs, elle aurait été vide absolument. Déjà, en février 1784, venait-on de fermer le donjon de Vincennes, la succursale de la Bastille, faute de prisonniers. Le régime des lettres de cachet s'éboulait dans le passé. D'autre part, la Bastille coûtait fort cher au roi. Le gouverneur seul recevait annuellement soixante mille livres. Ajoutez les traitements et l'entretien des officiers de la garnison, des porte-clefs, des médecins, du chirurgien, de l'apothicaire, des aumôniers; ajoutez la nourriture — de ce seul fait, en 1774, plus de soixante-sept mille livres [1], — l'habillement des prisonniers, l'entretien des bâtiments : le total paraîtra exorbitant, car les chiffres ci-dessus doivent être triplés pour représenter la valeur actuelle. Aussi Necker, voyant que la Bastille ne servait plus à rien, songea-t-il à la supprimer « par économie [2] »,

1. Davy de Chevigné, p. 6. — Sous Louis XIII et Louis XIV, ces chiffres étaient encore plus élevés. Voir quittance d'une somme de 9297 liv. pour la nourriture des prisonniers de la Bastille pendant un mois, délivrée par le gouverneur (sous Louis XIII), Charles Leclerc du Tremblay. Cat. d'autographes vendus par Boulland et Charavay le 16 mai 1887, n° 62.

2. Linguet en est indigné : « La considération de cette énorme dépense a donné à quelques ministres, et, entre

et il n'a pas été le seul à parler en haut lieu de cette suppression. Le musée Carnavalet possède un plan dressé, en 1784, par l'architecte Corbet, architecte inspecteur de la ville de Paris, de qui le travail a un caractère officiel; c'est un projet de « place Louis XVI » à ouvrir sur l'emplacement de la vieille forteresse. Millin nous apprend que d'autres artistes encore « étaient occupés du projet d'un monument à élever sur l'emplacement de la Bastille ». L'un de ces projets mérite une mention spéciale. Des huit tours sept devaient être détruites, la huitième resterait debout, mais dans un état de délabrement significatif; sur l'emplacement des tours rasées un monument serait élevé à la gloire de Louis XVI. Ce monument se composerait d'un piédestal formé par l'amoncellement des chaînes et des verrous provenant de la prison d'État, au-dessus desquels se dresserait la statue du roi, étendant la main vers la tour en ruine, d'un geste libérateur. Il est regrettable, sinon pour la beauté, du moins pour le pittoresque de Paris, que ce projet n'ait pas été mis à exécution. Davy de Chavigné, conseiller du roi, auditeur à la Chambre

autres, à M. Necker, la velléité d'une réforme; si elle s'opérait jamais, il serait bien honteux qu'elle n'eût point d'autre motif. *Supprimer la Bastille par économie!* disait, il y a quelques jours, à ce sujet, l'un des plus jeunes et des plus éloquents orateurs de l'Angleterre ». *Mémoires sur la Bastille*, p. 108 de l'édition originale.

des comptes, fut admis à présenter à l'Académie royale d'architecture, dans la séance du 8 juin 1789, « un projet de monument sur l'emplacement de la Bastille, à décerner par les États généraux à Louis XVI, restaurateur de la liberté publique ». A ce sujet, l'illustre sculpteur Houdon écrit à Chevigné : « Je désire fort que ce projet ait lieu. L'idée d'élever un monument à la liberté, au même endroit où l'esclavage a régné jusqu'à présent, me paraît la chose la mieux sentie et bien capable d'animer le génie. Je m'estimerais trop heureux d'être du nombre des artistes qui célébreront l'époque de la régénération de la France. »

Nous avons vu des estampes, bien antérieures à 1789 — l'une d'elles en tête de l'édition des *Mémoires de Linguet*, parue en 1783, — qui représentent Louis XVI étendant la main vers les hautes tours que des ouvriers sont occupés à démolir.

Aux archives de la Bastille sont conservés deux rapports rédigés en 1788 par le lieutenant de roi du Puget, le personnage le plus important du château après le gouverneur. Il propose la suppression de la prison d'État, la démolition du vieux château et la vente des terrains au bénéfice de la couronne. On peut dire de ces projets, comme du plan de l'architecte Corbet, qu'ils n'auraient pas été faits s'ils n'avaient pas été approuvés en haut lieu.

Aussi, dès l'année 1784, un ardent partisan de l'ancien état de choses s'écriait-il : « Oh ! si jamais notre jeune monarque commettait une faute si grande, s'il démentait à ce point les plus antiques usages de ce gouvernement, s'il était possible qu'il fût un jour tenté de vous détruire — l'auteur s'adresse à la Bastille, — pour élever sur vos ruines un monument au roi libérateur.... » La démolition de la Bastille était décidée ; elle aurait été accomplie administrativement si la Révolution n'eût éclaté.

Du 1ᵉʳ janvier au 14 juillet 1789, c'est-à-dire durant plus de six mois, il n'entra à la Bastille qu'un seul prisonnier, et encore quel prisonnier ! — Réveillon, le fabricant de papiers peints du faubourg Saint-Antoine, qui fut enfermé, le 1ᵉʳ mai, sur sa propre demande, pour être soustrait aux fureurs de l'émeute. La même année, le lieutenant de police de Crosne vint faire une inspection de la Bastille, en compagnie d'un conseiller au Parlement ; c'était constater officiellement la ruine de la prison d'État.

Ainsi, à la veille de la Révolution, la Bastille n'existait plus, bien que les huit tours en fussent encore debout.

Les vainqueurs du 14 juillet délivrèrent sept prisonniers : quatre faussaires décrétés de prise de corps au Châtelet, de qui le procès s'instruisait régulièrement et de qui la place était dans

une prison ordinaire[1] ; deux fous de qui la place
était à Charenton[2], et le comte de Solages, jeune
gentilhomme qui s'était rendu coupable d'un
crime monstrueux, sur lequel on désirait jeter
un voile par égard pour sa famille ; il était gardé
sur une pension que payait son père[3]. Les vainqueurs de la Bastille détruisirent un vieux château
fort, la prison d'État n'existait plus. Ils « enfon-
cèrent une porte ouverte ». On le leur dit dès 1789.

1. C'étaient les nommés Jean La Corrège, Jean Béchade,
Bernard Laroche, dit Beausablon, et Jean-Antoine Pujade.
Ils avaient falsifié des lettres de change acceptées par la
maison Tourton et Ravel de Paris. Voir les documents
relatifs à cette affaire aux *Archives nationales*, Y 11442.

2. De Whyte et Aug.-Cl. Tavernier. Ce dernier, fils d'un
concierge de Pâris de Montmartel, avait imaginé, avec le
chevalier de Lussan, un complot pour assassiner le roi
dans la forêt de Sénart. De Whyte avait été mêlé à des
affaires d'espionnage. — On sait que la distinction entre
les prisons et les hôpitaux était très mal définie sous l'ancien régime et que l'on mettait des prisonniers à Bicêtre
et à la Salpêtrière comme on enfermait des fous à la Bastille. Voir, entre autres, une lettre, en date du 26 juin 1727,
du ministre Le Blanc au gouverneur de la Bastille. *Bibl.
de l'Arsenal*, Archives de la Bastille, 12476, f. 155.

3. Cf. Ph. Vander Haeghen, dans le *Messager des sciences
historiques de Belgique*, ann. 1881, p. 357.

# III

# LA VIE A LA BASTILLE [1]

Après avoir exposé rapidement, à grands traits, dans ses lignes générales, l'histoire de la Bastille, depuis sa fondation jusqu'à sa chute, nous voudrions montrer, avec son mouvement de transformation, parallèle à la transformation de la prison elle-même, le régime auquel furent soumis les détenus dans la forteresse du faubourg Saint-Antoine. Pour comprendre les faits qui suivent et qui sont de nature à dérouter tout esprit moderne, il faut se rappeler ce que nous avons dit précédemment du caractère de la Bastille. C'était la prison de luxe, la prison aristocratique de l'ancien régime [2], la prison de luxe

1. Pour les sources et références de ce chapitre, voir *la Bastille d'après ses Archives* dans la *Revue historique*, XLII (1890), p. 36-73 ; 278-316 ; et le livre de M. Fernand Bournon, *la Bastille*, Paris, 1893, gr. in-4. Les pages qui suivent n'ont que les notes et références qui ne se trouvent pas dans ces deux publications.

2. Citons ce trait parmi bien d'autres : « Le chirurgien

à une époque où ce n'était pas un déshonneur —
ainsi que nous le verrons plus loin — d'être
enfermé. Rappelons le mot du ministre de Paris
écrivant à d'Argenson, au sujet d'un personnage
de médiocre condition, que cet individu ne méritait pas assez de « considération » pour être mis à
la Bastille. Réfléchissons à cette observation de
Mercier dans ses excellents *Tableaux de Paris* :
« Le peuple craint plus le Châtelet que la Bastille. Il ne redoute pas cette dernière, parce qu'elle
lui est comme étrangère [1]. »

Nous avons dit comment la Bastille, tout
d'abord citadelle militaire, était devenue prison
d'État, puis, peu à peu, s'était rapprochée des
prisons ordinaires, jusqu'au jour où elle était
morte de mort naturelle avant qu'elle fût assas-
sinée. Même transformation dans le régime des
prisonniers. Au cœur du XVII<sup>e</sup> siècle, la Bastille
n'a pas du tout le caractère d'une prison, mais
d'un simple château où le roi fait séjourner, pour
telle cause ou telle autre, certains de ses sujets.
Ceux-ci y vivent comme ils l'entendent; ils se
meublent à leur fantaisie, avec leur propre mobi-

---

(barbier), écrit Renneville, qui était du temps de M. de
Besmaus (gouverneur de la Bastille, mort le 18 déc. 1697)
servait (les prisonniers) avec un équipage tout des plus
magnifiques : bassin et coquemar d'argent, savonnette par-
fumée, serviette à barbe garnie de dentelles, beau bonnet,
rien n'y manquait ». L'*Inquisition française*, I, p. 307.

1. Voir les citations rapportées ci-dessus, p. 37, note 2.

lier; ils se nourrissent comme ils le veulent, à
leurs propres dépens; ils se font servir par leurs
domestiques. Quand un prisonnier est riche, il
peut vivre à la Bastille d'une manière princière;
quand il est pauvre, il y vit très misérablement.
Quand le prisonnier n'a rien du tout, le roi ne le
meuble ni ne le nourrit pour cela; mais il lui
donne de l'argent dont le prisonnier devient
maître de se servir comme bon lui semble, pour
se meubler et se nourrir; argent dont il peut garder
une partie par devers lui, — nombre de prisonniers ne manquèrent pas de le faire, — et ces économies devenaient sa propriété. Ce régime, dont il
importe de comprendre le caractère, alla se modi-
fiant, dans le courant du xvii$^e$ et du xviii$^e$ siècle,
pour se rapprocher peu à peu — sans jamais,
cependant, y atteindre — du régime de nos prisons modernes. Ainsi le roi en arriva, au lieu de
faire personnellement des pensions aux prisonniers les plus pauvres, à doter la Bastille d'un
certain nombre de pensions, nombre fixe, pour
les prisonniers les moins fortunés. De ces pensions, les titulaires demeurèrent encore pendant
de longues années propriétaires, et s'ils ne voulaient pas que l'argent fût entièrement dépensé à
leur entretien, le surplus leur était remis. C'est
ainsi que l'on vit des particuliers se faire de
petites fortunes par cela seul qu'ils étaient prisonniers à la Bastille — fait qui a tant surpris les

historiens parce qu'ils n'en ont pas cherché la cause. Il arriva même que des prisonniers de la Bastille, auxquels on annonçait la mise en liberté, demandèrent à demeurer quelque temps encore, afin d'arrondir la somme, faveur qui leur a été accordée quelquefois. Dans le courant du xviiie siècle, l'argent destiné à l'entretien des prisonniers de la Bastille ne put plus être détourné de son but; les prisonniers ne purent plus en toucher une part; la somme devait être entièrement dépensée.

Ce n'est que dans la seconde moitié du xviie siècle que le roi fit meubler quelques chambres à la Bastille pour les détenus qui n'avaient pas les moyens de se meubler eux-mêmes. Et il est très intéressant de noter que ce n'est qu'à l'extrême fin du xviie siècle, sous l'administration de Saint-Mars, que certaines pièces de la Bastille furent arrangées en manière de prison avec des barreaux et des verrous [1]. Jusque-là, c'étaient simplement les salles d'un château fort [2].

---

1. Lettre de Saint-Mars au ministre en date du 11 juin 1700. *Bibl. nat.*, ms. franç. 8123, f. 126-27.

2. Observons que les diverses évasions contribuèrent beaucoup à resserrer graduellement le régime de la Bastille et à le rapprocher des prisons modernes. Après l'évasion du comte de Bucquoy, on renversa les ornements du château où l'on pouvait attacher des cordes et l'on ôta les couteaux aux prisonniers; après l'évasion d'Allègre et de Latude, on mit des barres de fer aux cheminées des chambres; et ainsi de suite.

Nous allons prendre le prisonnier à son entrée
à la Bastille et le suivre jusqu'à la sortie.

Quand la lettre de cachet était signée, c'était
généralement un exempt de robe courte qui opérait l'arrestation. Il apparaissait en compagnie de
cinq ou six hoquetons ; il touchait d'une baguette
blanche le prévenu ; celui-ci était arrêté. Un carrosse attendait. Avec politesse, l'officier de police
priait d'y monter la personne qu'il était chargé
d'embastiller, et prenait place à côté d'elle. Et,
comme en témoignent différents mémoires, tandis
que la voiture roulait, les persiennes baissées, la
conversation s'échangeait des plus courtoises
jusqu'au moment où le prisonnier se trouvait
entre les murs de la Bastille. Un nommé Lefort
vivait en chambre garnie avec une Anglaise, jeune
et jolie, qu'il avait enlevée. Voilà qu'un soir, à la
tombée de la nuit, arrive un exempt de police. Le
carrosse était à la porte. Les choses se passèrent
de part et d'autre avec autant de politesse que
s'il se fût agi d'aller en visite ou en partie de
plaisir. Tous montent dans la voiture, jusqu'au
laquais du jeune homme, qui, trompé par les apparences, monte derrière. Arrivé à la Bastille, le
laquais s'empresse de descendre, d'ouvrir la por-
tière : étonnement de tous, mais surtout du pauvre
domestique, auquel on apprit que, puisqu'il était
entré dans la Bastille avec son maître, il y devait
demeurer avec lui.

Le plus souvent, l'exempt et ses compagnons vous surprenaient de grand matin, au saut du lit. Voici donc le carrosse, contenant l'officier de police et le prisonnier, qui arrive devant la Bastille, dans la première cour précédant le donjon. « Qui va là? » crie la sentinelle. « Ordre du roi! » répond l'exempt. Immédiatement doivent se fermer les boutiques que nous avons vues accrochées aux flancs du château. Les soldats de garde doivent se retourner face contre muraille ou bien rabattre leur coiffure sur les yeux. Le carrosse dépasse l'avancée, un coup de cloche retentit. « On y va! » crie l'officier de service. Le pont-levis s'abaisse, et le carrosse roule avec bruit sur les grosses planches lamées de fer. Pour un plus grand secret, les espions et les prisonniers de guerre étaient introduits par une porte dérobée donnant sur les jardins de l'Arsenal.

Les seigneurs de condition et les officiers se présentaient devant la Bastille seuls, s'ils n'y venaient pas en compagnie de parents ou d'amis. « Mon intention, leur avait écrit le roi, est que vous vous rendiez dans mon château de la Bastille. » Et nul ne songeait à décliner l'invitation souveraine. Bien plus, quand le gouverneur désirait transférer l'un d'eux d'une prison dans une autre, il se contentait de le lui faire savoir. Nous trouvons dans le Journal de Du Junca, lieutenant de roi à la Bastille, plusieurs notes comme celle-ci : « Du lundi, 26ᵉ de décembre (1695), sur les dix heures du matin, M. de Villars, lieutenant-colonel du régiment de Vosges-infanterie, est venu se remettre prisonnier, en ayant l'ordre par M. Barbezieux, quoiqu'il fût prisonnier dans la citadelle de Grenoble, d'où il vient en droiture sans avoir été mené par personne[1] ». A l'arrivée du prisonnier, le lieutenant de roi, accompagné du capitaine des portes, venait le recevoir à la descente de voiture. Les officiers du château menaient immédiatement le nouveau venu en présence du gouverneur, qui le recevait civilement, l'invitait à s'asseoir et, après avoir mis son accusé de réception au bas de la lettre de cachet, s'entretenait quelque temps avec lui. Sous Louis XIV, le gouverneur retenait même, le plus souvent, son nouvel hôte, ainsi que les personnes qui l'avaient accompagné, amis ou officiers de police, à déjeuner ou à dîner. Pendant ce temps on préparait le logement. Nous lisons dans le Journal de Du Junca que, le 26 janvier 1695, un nommé

1. L'exemple le plus surprenant est celui d'un Anglais, qui vient d'Angleterre en toute liberté, se constituer prisonnier à la Bastille. « Du jeudi, 22 mai (1693), à l'entrée de la nuit, M. de Jones, Anglais, est de retour d'Angleterre, lequel s'est remis prisonnier pour des raisons qui regardent le service du roi. Lequel on a mis dans le dehors du château, dans une petite chambre où M. de Besmaus tient sa bibliothèque, au-dessus de son office, lequel ne doit pas paraître de quelques jours pour raison, et duquel on doit avoir un grand soin. » Journal de Du Junca, *Bibl. de l'Arsenal*, ms. 6133, f. 16 v°.

de Courlandon, colonel de cavalerie, se présenta à la Bastille pour y être enfermé. Faute de chambre prête pour le recevoir, le gouverneur le pria d'aller passer la nuit dans un cabaret voisin à l'enseigne de la *Couronne*, et de revenir le lendemain. « A quoi M. de Courlandon n'a pas manqué de revenir sur les onze heures du matin, ayant dîné avec M. de Besmaus — le gouverneur, — et, l'après-midi, il est entré dans le château. »

On ne sera pas surpris que la perspective d'une incarcération à la Bastille ne produisît pas toujours une impression terrifiante. Nous lisons dans les *Mémoires* du duc de Lauzun [1] : « Grondé en deux heures de temps par tous les gens qui avaient quelques droits sur moi, je crus n'avoir rien de mieux à faire que d'aller à Paris, attendre les suites de l'événement. Quelques heures après y être arrivé, je reçus une lettre de mon père, qui me mandait qu'il était décidé qu'on nous mettrait tous à la Bastille et que je serais probablement arrêté pendant la nuit. Je voulus du moins finir gaiement et je priai quelques jolies filles de l'Opéra pour attendre l'exempt sans impatience. Voyant qu'il n'arrivait pas, je pris courageusement le parti d'aller à Fontainebleau chasser avec le roi. Il ne me parla pas pendant toute la chasse;

---

1. Édition de 1822, p. 30-31.

ce qui établit tellement notre disgrâce qu'on nous refusa la révérence au retour. Je ne me rebutai pas; je fus le soir à l'ordre, le roi vint à moi. « Vous êtes tous, me dit-il, de bien mauvaises « têtes, mais de bien drôles de corps; venez-vous- « en souper et amenez M. de Guéméné et le che- « valier de Luxembourg. »

Avant d'installer le nouveau venu dans la chambre qu'on lui avait préparée, on le menait dans la grande salle du conseil où il était invité à vider ses poches. On ne fouillait que les vauriens. Si le prisonnier avait sur lui de l'argent, des bijoux, ou d'autres objets tels que couteaux et ciseaux, dont les règlements ne permettaient pas de lui laisser l'usage, on en faisait un paquet que le prisonnier cachetait lui-même, de son cachet s'il en avait un, et, s'il n'en avait pas, du cachet de la Bastille [1]. Enfin, le nouveau venu était mené dans la chambre qui lui était réservée.

Chacune des huit tours de la Bastille contenait quatre ou cinq étages de chambres ou de prisons. Les plus mauvaises de ces chambres étaient celles de l'étage inférieur. C'était ce qu'on appelait les cachots : caves, de forme octogonale, humides et froides, en partie creusées sous terre; les murailles, où grisonnait le salpêtre, étaient toutes

---

1. Le cachet de la Bastille portait un écusson à trois fleurs de lys, surmonté d'une couronne royale; avec, en exergue, ces mots : « Château royal de la Bastille ».

nues jusqu'au plafond, qui était formé par une voûte en arête. Un banc, un lit de paille recouvert d'une méchante couverture, composaient l'ameublement. Le jour glissait, très faible, par le soupirail qui prenait air dans les fossés du château. A l'époque des crues de la Seine, l'eau traversait les murs, inondait les cachots; alors on en retirait les malheureux qui pouvaient s'y trouver. Sous le règne de Louis XIV, on y enfermait parfois les prisonniers de la plus basse classe et les « criminels de mort ». Plus tard, sous Louis XV, ces cachots ne furent plus qu'un lieu de punition pour les prisonniers insubordonnés qui assommaient leurs gardiens ou leurs compagnons de chambre, ou bien encore pour les porte-clefs et sentinelles du château qui avaient manqué aux règles de la discipline. Ils y demeuraient quelque temps, chargés de fers. Ces cachots étaient hors d'usage lorsqu'arriva la Révolution : depuis le premier ministère de Necker, il était interdit d'y enfermer qui que ce fût, et aucun des porte-clefs, interrogés le 1ᵉ juillet, ne se rappela d'y avoir jamais vu mettre quelqu'un. Les deux prisonniers, Tavernier et Béchade, que les vainqueurs du 14 juillet trouvèrent dans une de ces basses-fosses, y avaient été placés, au moment de l'attaque, par les officiers du château, de crainte que, au milieu des balles que faisait pleuvoir la fusillade, il leur arrivât malheur.

Les chambres les plus mauvaises, après les cachots, étaient les *calottes*, ou chambres de l'étage supérieur. En été la chaleur y était extrême, et, en hiver, le froid, malgré les poêles. C'étaient des chambres octogones dont le plafond, comme leur nom l'indique, était en forme de calotte. Assez élevées dans la partie centrale, elles allaient se réduisant vers les bords. On ne pouvait se tenir debout qu'au milieu de la pièce.

Les détenus n'étaient placés dans les cachots et les calottes qu'exceptionnellement. Chaque tour avait deux ou trois étages de chambres hautes et aérées, où vivaient les prisonniers. C'étaient des octogones de quinze à seize pieds de diamètre et de quinze à vingt pieds de haut. La lumière entrait par de grandes fenêtres où l'on accédait par trois marches. Nous avons dit que ce n'est que vers la fin du règne de Louis XIV que ces pièces furent arrangées en prisons, avec des barreaux et des verrous. Ces chambres se chauffaient par des cheminées ou des poêles. Le plafond était blanchi à la chaux, le plancher était en briques. Sur les murailles les prisonniers avaient crayonné des vers, des devises, des dessins.

Un prisonnier artiste s'était amusé à décorer de peintures les murailles nues : le gouverneur de la Bastille, ravi de le voir se distraire, promena son logement de chambre en chambre : quand il avait achevé d'en remplir une de ses dessins et arabesques, il était placé dans une autre. Quelques-unes de ces chambres étaient décorées de portraits de Louis XIV posés au-dessus de la cheminée. Détail caractéristique et qui contribue à montrer ce que la Bastille était à cette époque : le château du roi, où le roi recevait un certain nombre de ses sujets, bon gré, mal gré, chez lui.

Les meilleures chambres de la Bastille étaient celles qu'on aménagea au XVIIIᵉ siècle pour le logement de l'état-major. C'étaient ce que l'on appelait les « appartements ». On y mettait les prisonniers de distinction et les malades.

Au commencement du XVIIIᵉ siècle, l'ameublement de ces pièces était encore extrêmement simple; elles étaient absolument vides. Nous en avons indiqué plus haut la raison. « J'arrivai, dit Mme de Staal, dans une chambre où il n'y avait que les quatre murailles, fort sales et toutes charbonnées par le désœuvrement de mes prédécesseurs. Elle était si dégarnie de meubles qu'on alla chercher une petite chaise de paille pour m'asseoir, deux pierres pour soutenir un fagot qu'on alluma, et on attacha proprement un petit bout de chandelle au mur pour m'éclairer. »

Les prisonniers faisaient venir de chez eux table, lit et fauteuil, ou bien les louaient au tapissier de la Bastille. Lorsqu'ils ne possédaient ni

sou ni maille, le gouvernement, avons-nous dit,
ne les meublait pas pour cela. Il leur donnait de
l'argent, quelquefois des sommes assez importantes, qui leur permettaient d'orner leur chambre
à leur gré. Il en fut ainsi pour tous les détenus
jusqu'en 1684. A cette date le Roi ordonna que
l'administration fournirait le mobilier à ceux des
prisonniers dont la détention devait demeurer
secrète, car, en faisant venir leur literie de chez
eux, ou de chez leurs amis, ils faisaient connaître leur arrestation [1]. D'Argenson fit garnir
définitivement une demi-douzaine de chambres
à la Bastille, d'autres furent meublées sous
Louis XV ; sous Louis XVI, elles le furent presque
toutes. Cet ameublement était très modeste : un
lit de serge verte avec rideaux, une ou deux
tables, plusieurs chaises, des chenets, une pelle
et de petites pincettes. Mais, après avoir subi
son interrogatoire, le prisonnier conservait le

1. « A Versailles, le 15 octobre 1684. — Le roi a été informé
que lorsque Sa Majesté fait conduire quelques prisonniers
à la Bastille on lui laisse la liberté de faire venir un lit de
chez lui ou de ses amis, en sorte que son emprisonnement
devient public, ce qui est fort préjudiciable au service de
Sa Majesté. C'est pourquoi elle m'ordonne de vous écrire
que son intention est que vous fournissiez un lit à tout
prisonnier qui y sera conduit par ses ordres, lorsqu'ils portent défense de le laisser parler ou communiquer à personne, afin que l'on ne puisse être informé de leur emprisonnement jusqu'à ce qu'ils aient été interrogés. »
Lettre de Seignelay au gouverneur de la Bastille, *Bibl. de
l'Arsenal*, ms. 12474, f. 340.

droit de faire venir des meubles du dehors. Et,
de la sorte, les chambres des prisonniers de la
Bastille étaient parfois très élégamment parées.
Mme de Staal raconte qu'elle avait fait tendre la
sienne de tapisseries ; le marquis de Sade accrocha
aux murailles nues de longues et brillantes tentures ; d'autres détenus ornaient leur prison de
tableaux de famille : commodes, pupitres, guéridons, nécessaires, fauteuils, coussins en velours
d'Utrecht ; les inventaires des objets appartenant
aux prisonniers montrent que ceux-ci parvenaient
à se procurer tout ce qui leur paraissait nécessaire. L'abbé Brigault, qui avait été incarcéré en
même temps que Mme de Staal, et pour la même
affaire, avait fait venir à la Bastille cinq fauteuils,
deux pièces de tapisserie, onze tentures de serge,
huit chaises, un bureau, une petite table, trois
tableaux, etc. L'état des effets emportés de la
Bastille par le comte de Belle-Isle, quand il fut
remis en liberté, porte une bibliothèque composée
de trois cent trente-trois volumes et dix atlas, un
service complet de linge fin et d'argenterie pour
la table, un lit garni de damas rouge bordé d'or,
quatre tapisseries à sujets antiques, deux glaces,
un écran de damas rouge bordé d'or, pareil au
lit, deux paravents, deux fauteuils à carreaux,
un fauteuil de cuir, trois chaises de tapisserie,
une garniture de cheminée en cuivre doré, tables, commodes, guéridons, flambeaux de cuivre

argenté [1], etc. Nous pourrions multiplier les exemples, et les demander aux détenus de condition médiocre.

La règle voulait que les prisonniers nouvellement entrés à la Bastille fussent interrogés dans les vingt-quatre heures [2]. Il arriva cependant que l'un ou l'autre demeura deux ou trois semaines avant de comparaître devant le magistrat. Le commissaire au Châtelet, spécialement délégué à la Bastille pour les interrogatoires, dirigeait ses questions d'après les notes que lui avait remises le lieutenant de police; souvent celui-ci se rendait lui-même auprès des prisonniers. Une commission spéciale était instituée pour les affaires d'importance. Dumouriez dit qu'il fut interrogé après neuf jours de détention, par trois commissaires : « Le président était un vieux conseiller d'État nommé Marville, homme d'esprit, mais grossier et goguenard. Le second était M. de Sartine, lieutenant de police et conseiller d'État, homme fin et très poli. Le troisième était un maître des requêtes nommé Villevaux, homme très faux et grand chicaneur. Le greffier, qui avait plus d'esprit qu'eux, était un avocat aux conseils nommé Beaumont. »

Nous avons trouvé bien des témoignages de

1. *Bibl. de l'Arsenal*, Archives de la Bastille, ms. 12521
2. *Bastille dévoilée*, fasc. IV, p. 91,

prisonniers se louant de leurs juges [1]. Aussi ne doit-on pas dire que les prisonniers de la Bastille fussent soustraits à tout jugement. Un commissaire au Châtelet venait les interroger et envoyait le procès-verbal de l'interrogatoire, avec opinion motivée, au lieutenant de police. Celui-ci décidait si l'arrestation serait maintenue. Ce serait, d'ailleurs, erreur de comparer le lieutenant de police de l'ancien régime à notre préfet de police actuel : les lieutenants généraux de police, choisis parmi les anciens maîtres des requêtes, avaient un caractère judiciaire; les documents de l'époque les appellent « magistrats »; ils rendaient des arrêts sans appel, prononçaient des sentences pénales s'étendant jusqu'aux galères; ils étaient en même temps des juges de paix dont le tribunal avait une compétence étendue. Outre l'interrogatoire d'entrée, les lieutenants de police, au cours de leurs visites fréquentes, adressaient aux ministres de Paris des rapports motivés sur les détenus, rapports qui constituaient de véritables jugements.

Quand le prévenu était reconnu innocent, une nouvelle lettre de cachet le faisait aussitôt mettre en liberté. L'ordonnance de non-lieu arrivait sou-

---

1. Dans sa *Bastille dévoilée*, rédigée avec des sentiments très hostiles à l'ancien régime, Charpentier lui-même rend justice à l'impartialité que le commissaire Chesnon apportait à ses interrogatoires (fasc. III, p. 134, note 1).

vent avec une rapidité que ne laisseraient pas d'envier les justiciables de nos juges d'instruction. Un nommé Barbier, entré à la Bastille le 15 février 1753, reconnu innocent, est mis en liberté le 16 février [1]. Sur les 279 personnes embastillées pendant les quinze dernières années de l'ancien régime, 38 bénéficièrent d'une ordonnance de non-lieu.

Enfin — et voici un point où le nouveau régime aurait à se régler sur celui de la Bastille — quand une détention était reconnue injuste, la victime en était indemnisée. On peut citer un grand nombre d'exemples. Un avocat, nommé Subé, sort de la Bastille le 18 juin 1767, après une détention de dix-huit jours; il avait été faussement accusé d'être l'auteur d'un ouvrage contre le roi; il reçoit une indemnité de trois mille livres, plus de .six mille francs d'aujourd'hui [2]. Le nommé Pereyra, détenu à la Bastille du 7 novembre au 12 avril 1772, puis du 1er juillet au 26 septembre 1774, ayant été reconnu innocent, fut réintégré dans tous ses biens et reçut du roi une pension viagère de douze cents livres (plus de deux mille quatre cents francs d'aujourd'hui) [3], Un certain nombre des accusés dans l'affaire

1. Documents publiés par Ravaisson, *Archives de la Bastille*, XVI, 277.

2. *Bibl. de l'Arsenal*, Archives de la Bastille, 12317, dossier Subé.

3. *Ibid.*, 12397.

du Canada, ayant été déchargés de l'accusation, reçurent, à leur sortie de la Bastille, une pension viagère [1]. D'autres fois, la détention d'un particulier met sa famille dans la gêne. On le maintient à la Bastille, si l'on estime qu'il le mérite, mais on donne des secours aux siens. Le duc de Choiseul écrit, en date du 3 septembre 1763, au lieutenant de police : « J'ai reçu la lettre que vous m'avez fait l'honneur de m'écrire en faveur des enfants du sieur Joncaire-Chabert. Je vous préviens avec plaisir que je leur ai procuré un nouveau secours de trois cents livres (sept cents francs d'aujourd'hui) en considération de la situation fâcheuse où vous m'avez marqué qu'ils se trouvaient [2]. » Louis XIV assura à Pellisson, rendu libre, une pension de deux mille écus. Le régent accorda à Voltaire, après sa sortie de la Bastille, une pension de douze cents livres. Louis XVI fit à Latude une rente de quatre cents livres, à La Rocheguérault une rente de quatre cents écus. Le ministre Breteuil pensionna tous les prisonniers qu'il fit mettre en liberté [3]. Brun de Condamine, enfermé de 1779 à 1783, reçut à sa sortie une somme de six cents livres [4]. Ren-

---

1. *Bibl. de l'Arsenal,* Archives de la Bastille, 12144.
2. *Ibid.,* 12143.
3. *Bibl. de la ville de Paris,* mémoire ms. de Latude, 10731.
4. Voici d'autres exemples encore. La Salaville, cantatrice, sort de la Bastille par ordre du 27 oct. 1745 avec un don, que lui fait le gouvernement, de 1 000 lb. (Ravaisson, *Archives*

neville parle d'un prisonnier auquel Seignelay
donna un emploi considérable pour le dédom-
mager de sa détention à la Bastille. Et voici un
commissaire au Châtelet, un commissaire de
police, Toussaint Socquart, qui, sortant de la
Bastille, est réintégré dans ses fonctions [1]. Contrairement, en effet, à la détention dans nos prisons modernes, l'incarcération à la Bastille ne portait pas la moindre atteinte à la considération du
prisonnier, aux yeux mêmes de ceux qui l'avaient
fait arrêter, et l'on vit, à leur sortie de la Bastille,
des particuliers, non seulement réintégrés dans
des fonctions publiques, mais arriver aux plus
hauts emplois.

Jusqu'à complet achèvement des interrogatoires, le prisonnier était tenu au secret. Seuls,
les officiers du château avaient autorisation de
communiquer avec lui. Et, pendant ce temps, il
vivait seul, à moins qu'il n'eût amené à la Bastille
un domestique. L'administration accordait assez
facilement aux détenus de se faire servir par des
valets dont elle prenait l'entretien à sa charge. Il
arriva même que le gouvernement mit auprès de

de la Bastille, XV, 286.) — Charles Henry est mis en liberté
par ordre du 24 nov. 1753 avec un don de 300 lb. (Bibl. nat.,
ms. 4058, f. 124); N.-L. Cochart sort le même jour avec un
don de 150 lb. (ibid., f. 125). La Dlle Bonafous est transférée
aux Bernardines de Moulins, le 13 janv. 1759, avec 300 lb.
de pension. Ravaisson, XV, 260-69.

1. Archives de la Préfecture de Police, Bastille III, p. 50.

ses prisonniers des valets de chambre dont il payait non seulement l'entretien, mais les gages à raison de neuf cents livres par an. On peut citer des prisonniers de condition inférieure qui eurent, à la Bastille, un domestique ainsi attaché à leur service. L'administration réunissait deux ou trois prisonniers dans la même chambre. Ce qu'il y a de plus terrible en prison, c'est la solitude. Dans la solitude absolue, bien des prisonniers devinrent fous. En compagnie, les heures de captivité paraissaient moins lourdes, moins longues. Père et fils, mère et fille, tante et nièce, vivàient ensemble. Nous en pouvons nommer beaucoup. Le 7 septembre 1693, une dame de la Fontaine fut conduite à la Bastille pour la seconde fois. La première, elle avait été emprisonnée toute seule; mais cette nouvelle détention émut de compassion le lieutenant de police, qui, pour obliger la pauvre dame, envoya son mari à la Bastille, l'enferma avec elle, et leur donna un laquais pour les servir.

Les interrogatoires terminés, les prisonniers jouissaient d'une liberté plus grande. Ils pouvaient alors entrer en communication avec les personnes de la ville. Ils obtenaient la permission de voir leurs parents et amis. Ceux-ci venaient quelquefois leur rendre visite jusque dans leur chambre; mais, ordinairement, les entrevues se passaient dans la salle du conseil, en présence de

l'un des officiers du château. Il n'était, en général,
permis de s'entretenir que d'affaires de famille et
de questions d'intérêt. Toute conversation sur
la Bastille et les motifs de l'incarcération était
interdite. Les règles de la prison d'État allèrent
se resserrant. Vers la fin du règne de Louis XV, le
lieutenant de police en vint à déterminer les sujets
de conversation qui, seuls, seraient autorisés au
cours des visites que recevaient les prisonniers.
« Il entretiendra le prisonnier des récoltes que
donneront cette année ses vignobles, — d'un
bail à résilier, — d'un parti pour sa nièce, — de
la santé de ses parents. » Mais il faut lire les
*Mémoires* de Gourville, de Fontaine, de Bussy-
Rabutin, de Hennequin, de Mme de Staal, du
duc de Richelieu, pour se faire une idée générale
de la vie à la Bastille, sous Louis XIV et sous le
Régent. Plusieurs prisonniers étaient libres de se
promener par tout le château où bon leur semblait; ils entraient dans les chambres de leurs
compagnons à toute heure du jour. On se contentait de les enfermer chez eux la nuit. Les
détenus qui avaient la *liberté de la cour* y avaient
organisé des jeux de boule et de tonneau; ils
frayaient avec les officiers de la garnison. Fontaine raconte qu'on les voyait du haut des tours,
réunis dans la cour intérieure jusque cinquante à
la fois. La chambre de Bussy-Rabutin est ouverte
à tout venant : sa femme, ses amis lui rendent

visite; il y donne des dîners à des personnes de la Cour, il y noue des intrigues galantes, il correspond librement avec parents et amis. Plusieurs prisonniers avaient même la permission d'aller se promener en ville, sous la condition de rentrer le soir au château. Deux frères furent mis à la Bastille ensemble. Ils en sortaient quand bon leur semblait, mais alternativement; il suffisait que l'un d'eux fût toujours présent au château [1]. Les officiers de l'état-major venaient s'entretenir avec les prisonniers, leur donnaient des conseils sur les meilleurs moyens d'obtenir leur liberté.

Cette vie animée, courtoise et élégante, est décrite avec infiniment de charme par Mme de Staal, que nous avons déjà citée. « Nous passions tous une partie de la journée chez le gouverneur. Nous y allions dîner, et, après le dîner, je jouais une reprise d'hombre avec MM. de Pompadour et de Boisdavis, et Ménil me conseillait. Quand elle était finie, nous retournions chez nous. La compagnie se rassemblait chez moi avant le souper que nous retournions faire chez le gouverneur, après lequel chacun s'allait coucher. »

Quant à la manière dont les prisonniers de la Bastille étaient nourris et soignés, elle est vraiment surprenante, et ce que nous en dirons, bien

1. *Bibl. de l'Arsenal*, Archives de la Bastille, 10492, dossier Klingel.

que rigoureusement exact, sera, par tous peut-
être, traité d'exagération. Le gouverneur touchait
pour l'entretien d'un homme de condition inférieure trois livres par jour ; pour l'entretien d'un
bourgeois cinq livres ; d'un financier, d'un juge,
d'un homme de lettres, dix livres ; d'un conseiller
au Parlement, quinze livres ; d'un maréchal de
France, trente-six livres. Le cardinal de Rohan y
faisait une dépense de cent vingt francs par jour.
Le prince de Courlande, pendant un séjour de
cinq mois à la Bastille, dépensa vingt-deux mille
francs [1]. Ces chiffres doivent être doublés et
triplés pour donner la valeur qu'ils représente-
raient aujourd'hui.

Aussi lisons-nous avec le plus grand étonnement
la description des repas que faisaient les prisonniers. Renneville, de qui le témoignage est d'autant plus important que son livre est un pamphlet
contre le régime de la Bastille, parle en ces termes
de son premier repas : « Le porte-clés mit une
de mes serviettes sur la table et y plaça mon dîner
qui consistait en une soupe aux pois verts, garnie
de laitue, bien mitonnée et de bonne mine, avec
un quartier de volaille dessus; dans une assiette,
il y avait une tranche de bœuf succulent, avec
du jus et une couronne de persil, dans une autre
un quartier de godiveau bien garni de ris de veau,

1. *Bibl. de l'Arsenal*, Archives de la Bastille, 12347.

de crêtes de coq, d'asperges, de champignons, de truffes, et, dans une autre, une langue de mouton en ragoût, tout cela fort bien apprêté, et, pour le dessert, un biscuit et deux pommes reinettes. Le porte-clés voulut me verser du vin. C'était de très bon vin de Bourgogne, et le pain était excellent. Je le priai de boire, mais il m'affirma qu'il ne lui était pas permis. Je lui demandai si je payerais ma nourriture ou si j'en étais redevable au roi. Il me dit que je n'avais qu'à demander ce qui, naturellement, pourrait me faire plaisir, qu'on tâcherait de me satisfaire, et que Sa Majesté payait tout. » Le roi « très chrétien » désirait que les vendredis et jours de carême ses « hôtes » fissent maigre, mais il ne les traitait pas moins bien pour cela. « J'avais, dit Renneville, six plats et une soupe d'écrevisses admirable. Parmi mon poisson, il y avait une vive fort belle, une grande sole frite et une perche, le tout très bien assaisonné, avec trois autres plats. » A cette époque, la pension de Renneville était de dix francs par jour; plus tard, elle fut ramenée au taux des prisonniers de la catégorie inférieure. « L'on avait, dit-il, beaucoup retranché de mon ordinaire : j'avais cependant une bonne soupe aux croûtes, un morceau de bœuf passable, une langue de mouton en ragoût et deux échaudés pour mon dessert. Je fus servi à peu près de la même manière pendant tout le temps que je fus dans ce triste lieu; quelquefois on ajoutait sur ma soupe une aile ou une cuisse de volaille, ou, quelquefois, on mettait sur le bord de l'assiette deux petits pâtés. »

Vers la fin du règne de Louis XV, Dumouriez fait, en termes semblables, l'éloge des cuisines de la Bastille. Le jour de son entrée, se voyant servir un repas maigre, il demanda qu'on lui fît venir un poulet de chez le traiteur voisin. « Un poulet, dit le major, savez-vous que c'est aujourd'hui vendredi? — Vous êtes chargé de ma garde et non de ma conscience. Je suis malade, car la Bastille est une maladie », répond le prisonnier. Dans l'espace d'une heure le poulet était sur la table. Dans la suite il demanda que son dîner et son souper lui fussent servis en même temps, entre trois et quatre heures. Son valet de chambre, bon cuisinier, faisait les ragoûts. « On était fort bien nourri à la Bastille; il y avait toujours cinq plats pour le dîner, trois pour le souper, sans le dessert, ce qui, servi en ambigu, paraissait magnifique. » Voici une lettre du major de la Bastille adressée en 1764 au lieutenant de police. Il y est question d'un prisonnier nommé Vieilh, qui ne mange pas du tout de viande de boucherie : on doit le nourrir exclusivement de gibier et de volaille [1]. Sous Louis XVI, il en était encore de

1. *Bibl. de l'Arsenal*, Archives de la Bastille, 12220.

même, au témoignage de Poultier d'Elmotte. « De Launey, le gouverneur, venait causer amicalement avec moi; il me faisait demander mon goût pour la nourriture et me faisait servir ce que je désirais. » Le libraire Hardy, transféré, en 1766, à la Bastille, avec des parlementaires bretons, déclare nettement qu'ils y furent tous on ne peut mieux traités[1]. Enfin Linguet lui-même, malgré son désir de présenter le sort des victimes de la Bastille sous le jour le plus sombre, est obligé d'avouer que la nourriture y était abondante. Tous les matins le cuisinier lui faisait présenter un menu sur lequel il notait les plats de son goût.

Les pièces de comptabilité de la Bastille confirment les mémoires des anciens prisonniers. Voici, d'après ces documents, les repas que fit La Bourdonnais durant le mois de juillet 1750. Chaque jour, le menu porte : bouillon, bœuf, veau, fèves, haricots verts, deux œufs, pain, fraises, cerises, groseilles, oranges, deux bouteilles de vin rouge et deux bouteilles de bière. Outre ce menu coutumier, nous notons, le 2 juillet, un poulet et une bouteille de muscat; le 4, une bouteille de muscat; le 7, du thé; le 12, une bouteille d'eau-de-vie; le 13, des fleurs; le 14, des cailles; le 15, un dindon; le 16, un melon; le 17, un poulet; le 18, un lape-

---

1. H. Carré, *La Chalotais et le duc d'Aiguillon*, p. 40.

rcau; le 19, une bouteille d'eau-de-vie; le 20, du boudin blanc et deux melons; et ainsi de suite [1].

Tavernier était un prisonnier de basse condition, fils d'un concierge de Pâris de Montmartel. Il fut mêlé à un complot contre la vie du roi. Il fut l'un des sept prisonniers délivrés le 14 juillet. On le trouva dans sa chambre la tête dérangée. Après qu'on l'eut promené en triomphe dans les rues de Paris, on l'enferma à Charenton. C'était, criait-on, un martyr. Il fut certainement moins bien dans sa nouvelle demeure qu'il l'avait été à la Bastille. Nous avons le tableau de ce qui lui fut servi à la Bastille, en supplément, c'est-à-dire en dehors des repas ordinaires, en novembre 1788, en mars et en mai 1789, trois mois parmi les derniers de sa détention. En novembre nous trouvons : du tabac, quatre bouteilles d'eau-de-vie, soixante bouteilles de vin, trente bouteilles de bière, deux livres de café, trois livres de sucre, une dinde, des huîtres, des châtaignes, des pommes et des poires; — en mars : du tabac, quatre bouteilles d'eau-de-vie, quarante-cinq bouteilles de vin, soixante bouteilles de bière, café, sucre, poulet, fromage; en mai : tabac, quatre bouteilles d'eau-de-vie, soixante-deux bouteilles de vin, trente et une bouteilles de bière, pigeons, café, sucre, fromage [2], etc. On a les menus du marquis

---

1. *Bibl. de l'Arsenal*, Archives de la Bastille, 12522.
2. *Ibid.*, 12523.

de Sade pour janvier 1789 : crème au chocolat, poulet gras aux marrons, poulardes aux truffes, pâté de jambon, marmelade d'abricots [1], etc.

Les faits que nous signalons étaient la règle. Les détenus traités avec le moins d'égards mangeaient fort bien. Seuls, ceux qu'on descendait au cachot étaient, parfois, mis au pain et à l'eau ; mais c'était une punition temporaire.

Lorsqu'une plainte était formulée par quelque prisonnier au sujet de sa nourriture, la réprimande au gouverneur ne tardait pas. Puis le lieutenant de police faisait demander à l'intéressé s'il était mieux traité que par le passé. « Sa Majesté m'a dit, écrit Pontchartrain à Launey, qu'on avait soulevé des plaintes sur la mauvaise nourriture des prisonniers ; elle m'ordonne de vous écrire d'y avoir grande attention. » Et Sartine écrivait en plaisantant au major de Losmes : « Je consens à ce que vous fassiez rélargir les vêtements du sieur Dubois, et je désire que tous vos prisonniers jouissent d'une aussi bonne santé ».

Enfin le roi habillait ceux des prisonniers qui étaient trop pauvres pour payer leurs vêtements. Il ne leur donnait pas un uniforme de prison, mais des robes de chambre ouatées ou fourrées de peau de lapin, des culottes de couleur, des vestes

---

1. *Bibl. de l'Arsenal*, Archives de la Bastille, 12456.

doublées de peluche de soie et des habits de fantaisie [1]. Le commissaire à la Bastille, chargé du soin des fournitures, faisait prendre mesure aux détenus, s'informant de leurs goûts, des couleurs et de la façon qui leur convenaient le mieux. Une dame Sauvé, enfermée à la Bastille, désirait qu'on lui fît une robe de soie blanche, semée de fleurs vertes. La femme du commissaire de Rochebrune courut plusieurs jours les magasins de Paris, puis écrivit, désolée : nulle faiseuse ne possède cette étoffe ; ce qui s'en rapproche le plus est une soie blanche avec des lignes vertes ; si la dame Sauvé veut bien s'en contenter, on viendra prendre mesure. « Monsieur le major, écrit [2] un prisonnier nommé Hugonnet, les chemises que l'on m'a apportées hier ne sont point celles que j'ai demandées, car il me ressouvient d'avoir écrit fines et avec manchettes brodées ; au lieu que celles qui sont ici sont grosses, d'une très mauvaise toile et avec des manchettes tout au plus

1. « 1751, 2 mars. — J'ai reçu une lettre de M. Duval (secrétaire du lieutenant de police) par laquelle il me mande que M. Berryer (lieutenant de police) est frappé de la dépense des hardes fournies aux prisonniers depuis quelque temps ; mais, comme vous le savez, je ne fais les fournitures que lorsque M. Berryer me l'ordonne, et je tâche que les hardes soient bien conditionnées afin qu'elles durent et que les prisonniers soient contents. » Lettre du commissaire à la Bastille, Rochebrune, au major Chevalier. *Bibl. de l'Arsenal*, Archives de la Bastille, 12518, f. 50.
2. En févr. 1767. *Bibl. de l'Arsenal*, Archives de la Bastille.

propres pour un porte-clés; c'est pourquoi je vous prie de les renvoyer à M. le commissaire (de la Bastille), qu'il les garde, pour moi je n'en veux pas. »

Le gouverneur voulait aussi que les détenus eussent de quoi se distraire. Aux plus pauvres il fournissait quelque argent de poche ; il leur donnait du tabac [1].

Vers le commencement du xviie siècle, un Napolitain, nommé Vinache, mourut à la Bastille, après y avoir fondé une bibliothèque à l'usage de ceux qui avaient été ses compagnons de captivité. Cette bibliothèque s'accrut, peu à peu, par les deniers du gouvernement [2], par les dons de divers détenus, et même, par la générosité d'un bourgeois de Paris qui avait pris en compassion le sort des prisonniers [3]. Les livres étaient des romans, des ouvrages de science, de philosophie, des livres de piété. La littérature légère dominait. Le lieutenant de police

1. « 1753, 2 févr. — M. Berryer permet que vous donniez à Guidet du tabac sans toucher au peu d'argent qu'il a. » Lettre de Duval au major Chevalier, *Bibl. de l'Arsenal*, Archives de la Bastille, 12519, f. 53. — « Il est d'usage à la Bastille de donner aux prisonniers, qui veulent du tabac et qui n'ont pas le moyen de s'en fournir, deux onces par semaine; il y en a même à qui j'en donne davantage.... » Lettre du major Chevalier au lieutenant de police, en date du 24 août 1755. (Archives de la Bastille.)

2. Nous voyons ainsi qu'en 1788 l'administration de la Bastille acheta pour 1 200 fr. (3 600 fr. aujourd'hui) de livres pour les prisonniers.

3. Ce brave homme s'appelait Lottin; son don parvint à la Bastille le 12 févr. 1772.

Berryer raye de la liste des livres envoyés, un jour, à la reliure, un « poème sur la grandeur de Dieu », comme étant d'un sujet « trop mélancolique pour des prisonniers [1] ». Les détenus faisaient aussi venir des livres de l'extérieur. Nous avons cité le comte de Belle-Isle qui eut à la Bastille plus de trois cents livres et atlas [2]. La Beaumelle y monta une bibliothèque de plus de six cents volumes. L'administration, d'ailleurs, ne se refusait pas à procurer aux détenus, sur l'argent du roi, pour des sommes parfois assez fortes, les ouvrages qu'ils disaient nécessaires à leurs études [3]. Voltaire et Puffendorf étaient, sans difficulté, mis entre leurs mains. Enfin, sous Louis XVI, on permit la lecture des gazettes.

Après l'autorisation d'avoir des livres et d'écrire, la faveur la plus recherchée était la promenade. Il était rare qu'elle fût refusée. Les prisonniers pouvaient se promener, soit sur les tours de la Bastille, soit dans l'intérieur des cours, soit, enfin, au bastion, transformé en jardin. La plate-forme des tours joignait, à l'air très vif, l'agrément de la vue la plus belle. Fontaine raconte que Sacy montait au haut des tours tous les jours après son dîner. Il s'y

1. Lettre du 27 mars 1753, aux Archives de la Bastille.
2. *Bibl. de l'Arsenal*, Archives de la Bastille, 12521.
3. « Les livres qu'Allègre demande coûtent 53 lb.; écrit le 2 juin 1752 de les lui acheter. » Note de Duval, secrétaire de la lieutenance de police (Archives de la Bastille). Allègre était un personnage de condition médiocre.

promenait en compagnie des officiers qui lui donnaient des nouvelles de la ville et des prisonniers.

Dans leurs chambres les détenus s'amusaient à nourrir des animaux de tout genre, des chats, des oiseaux; ils dressaient des chiens au manège. Quelques-uns eurent la permission d'avoir un violon ou un clavecin. Pellisson était enfermé avec un Basque qui lui jouait de la musette. Le duc de Richelieu vante les airs d'opéra qu'il chantait, en parties, avec ses voisins de Bastille, entre autres Mlle de Launay, la tête aux barreaux de la fenêtre; « cela faisait des sortes de chœurs d'un bel effet ».

D'autres prisonniers se désennuyaient à broder, à tisser, à tricoter; quelques-uns firent des ornements pour la chapelle du château. D'aucuns se livraient à des travaux de menuiserie, tournaient du bois, faisaient de petits meubles. Les artistes peignaient et dessinaient. « L'occupation de M. de Villeroi était assez singulière : il avait de fort beaux habits, il les décousait incessamment et les recousait avec beaucoup d'adresse. » Les détenus qui vivaient à plusieurs dans une chambre jouaient aux cartes, aux échecs, au tric-trac. En 1788, lors des affaires de Bretagne, douze gentilshommes du pays furent enfermés à la Bastille. Ils y vivaient ensemble et demandèrent un billard pour s'amuser; le billard fut dressé dans la chambre du major où ces messieurs allaient faire leur partie.

Les prisonniers, qui mouraient à la Bastille, étaient enterrés dans le cimetière Saint-Paul; le service funèbre était célébré dans l'église Saint-Paul, et l'acte mortuaire, portant le nom de famille de la personne morte, était dressé à la sacristie. Il est faux que les noms des défunts fussent altérés sur le registre mortuaire, afin que le public ignorât leur identité. L'homme au masque de fer lui-même fut inscrit à la sacristie de Saint-Paul sous son véritable nom. Les juifs, les protestants et les suicidés étaient enterrés dans le jardin du château, les idées de l'époque ne permettant pas de placer leur dépouille dans la terre bénite du cimetière [1].

Plus heureux étaient ceux qui sortaient. La mise en liberté était commandée par une lettre de cachet comme l'avait été l'incarcération. Ces ordres de liberté, tant attendus, étaient apportés par le « distributeur des paquets de la cour » ou par l' « ordinaire de la poste »; d'autres fois les parents, les amis venaient remettre eux-mêmes le pli cacheté pour avoir la joie d'emmener immédiatement ceux de qui ils apportaient la délivrance.

---

1. « Le nommé d'Ham est décédé le 3 déc. 1730. Il a été enterré au jardin le lendemain, n'ayant donné aucune marque de la religion catholique. » *Bibl. de l'Arsenal*, Archives de la Bastille, 12581. « Le nommé abbé Brennert est décédé le 26 septembre 1721. Il a été enterré au jardin, à cause qu'il s'est défait. » *Ibid.*

Le gouverneur ou, en son absence, le lieutenant de roi, venait dans la chambre du prisonnier lui annoncer qu'il était libre. Les effets et papiers dont celui-ci avait été dépouillé lors de son entrée lui étaient rendus sur un reçu qu'il donnait au major, puis il signait une promesse de ne rien révéler de ce qu'il avait vu dans le château. Bien des détenus refusèrent de se soumettre à cette formalité et n'en furent pas moins libérés; d'autres, après avoir signé, racontèrent de tous côtés ce qu'ils savaient de la prison, et ne furent pas inquiétés. Enfin, lorsque le prisonnier ne recouvrait sa liberté que sous certaines conditions, on exigeait de lui l'engagement de se soumettre à la volonté du roi.

Toutes ces formalités remplies, le gouverneur de la Bastille, avec ce sentiment des belles formes qui caractérisa les hommes de l'ancien régime, faisait servir une dernière fois, à celui qui avait été son hôte, un excellent dîner. Il allait même, si le prisonnier était homme de bonne compagnie, jusqu'à le prier de prendre place à sa table, puis, le repas terminé, les adieux faits, il mettait à la disposition du prisonnier son carrosse et, souvent, y montait avec lui pour l'accompagner jusqu'où il désirait aller.

Plus d'un prisonnier rendu au grand air, du jour au lendemain, dut se trouver embarrassé et ne savoir où aller ni que faire. Il arriva que le gouvernement de la Bastille donna de l'argent à l'un ou à l'autre pour l'aider à vivre quelque temps. En décembre 1783, un nommé Dubu de la Tagnerette, après avoir été mis en liberté, fut logé dans le palais du gouverneur pendant quinze jours, jusqu'à ce qu'il eût trouvé un appartement qui lui convînt. Aussi, bien des détenus furent-ils fâchés d'être mis dehors; nous pouvons citer des exemples de personnes qui cherchèrent à se faire mettre à la Bastille [1], d'autres refusèrent leur liberté, d'autres s'efforcèrent de faire prolonger leur détention [2].

« Beaucoup, dit Renneville, sortaient de là fort tristes de leur départ. » Le Maistre de Sacy et Fontaine assurent que les années passées à la Bastille ont été les meilleures de leur vie. « La vie innocente que nous menions, dit encore Renneville, MM. d'Hamilton, Schrader et moi, semblait

1. « Des gens se faisaient mettre en prison (à la Bastille) pour faire bonne chère et gagner de l'argent. » Renneville, I, LXXV.

2. Entre autres Etter de Sybourg, qui obtient du roi une prolongation de sa détention à la Bastille. *Bibl. de l'Arsenal*, Archives de la Bastille, 12057. Leguay, le fameux Latude, bien d'autres, refusèrent la liberté qui leur fut offerte.

On lit dans le registre de Du Junca : « Le mardi 29 oct. 1697, à dix heures du matin, M. le comte de Morlot est sorti de la Bastille dans une entière liberté, lequel ordre, que M. de Besmaus avait reçu il y avait quelques jours, a été tenu secret pour faire plaisir à M. de Morlot, qui comptait avoir assez de crédit auprès de M. de Pomponne pour rester partie de l'hiver encore à la Bastille ». *Bibl. de l'Arsenal*, ms. 5134, f. 35 v°.

si douce à M. d'Halmilton qu'il me pria d'en faire la description en vers. » Les *Mémoires* de Mme de Staal nous présentent ses années de Bastille comme les plus heureuses qu'elle ait connues. « Au fond de mon cœur, j'étais fort éloignée de désirer ma liberté. » « Je demeurai à la Bastille six semaines, observe l'abbé Morellet, qui s'écoulèrent, j'en ris encore en y pensant, fort agréablement pour moi. » Et, plus tard, Dumouriez répète qu'à la Bastille il fut heureux et ne s'ennuya pas.

Tel a été le régime de la célèbre prison d'État. Il n'y avait pas, au siècle dernier, un lieu de détention en Europe où les prisonniers fussent entourés d'autant d'égards et de confort; il n'y en a pas aujourd'hui.

Mais il serait absurde, malgré ces adoucissements très réels, de prétendre que les captifs fussent généralement satisfaits de leur incarcération. Rien n'est une consolation à la perte de la liberté. Combien de malheureux se sont frappé, désespérés, la tête aux épaisses murailles, tandis que femme et enfants et les intérêts les plus graves les appelaient au dehors! La Bastille a été la cause de bien des ruines, entre ses murs ont été versées des larmes qui n'ont pas été séchées.

Au XVIII$^e$ siècle, un écrivain a défini la prison d'État : « Une Bastille est toute maison solidement bâtie, hermétiquement fermée et diligemment gardée, où toute personne, quels que soient son rang, son âge, son sexe, peut entrer, sans savoir pourquoi, rester sans savoir combien, en attendant d'en sortir sans savoir comment [1] ». Ces lignes, écrites par un défenseur de la vieille prison d'État, en contiennent la condamnation, sans appel, devant l'esprit moderne.

1. *Apologie de la Bastille* (ouvrage anonyme, par Servan), p. 54.

# IV

# LE MASQUE DE FER [1]

Depuis deux siècles, il n'est pas de question qui ait passionné davantage l'opinion publique que celle du Masque de fer. Des livres écrits sur ce sujet se remplirait une bibliothèque. On désespéra de lever le voile. « L'histoire du Masque de fer, dit Michelet, restera probablement à jamais obscure », et Henri Martin ajoute : « L'histoire n'a pas le droit de se prononcer sur ce qui ne sortira jamais du domaine des conjectures ». Aujourd'hui, le doute n'existe plus. Le problème est résolu. Avant d'exposer la solution que la critique, d'une voix unanime, a déclaré exacte, nous allons transcrire les rares documents authentiques que nous possédons sur l'homme au masque, puis exposer les principales solutions qui

1. Pour les notes et références qui ne sont pas indiquées ci-après, voir *l'Homme au masque de velours noir*, dans la *Revue historique*, LVI (1894), 253-303, et *Nouveaux Documents sur la Bastille* dans la *Revue Bleue* du 26 mars 1898.

ont été proposées, avant d'arriver à la solution véritable.

### 1° LES DOCUMENTS.

*Le livre d'écrou de la Bastille.* — Dès le début, citons le texte qui est l'origine et le fondement de tous les travaux publiés sur la question du Masque de fer.

Étienne Du Junca, lieutenant de roi à la Bastille, dans un journal dont il commença la rédaction le 2 octobre 1690, quand il entra en possession de sa charge — sorte de livre d'écrou où il consignait au jour le jour les détails concernant l'arrivée des prisonniers [1], — écrit, à la date du 18 septembre 1698, ces lignes que la légende populaire a rendues mémorables :

« Du jeudi, 18 septembre (1698), à trois heures après midi, M. de Saint-Mars, gouverneur du château de la Bastille, est arrivé pour sa première entrée, venant de son gouvernement des îles Sainte-Marguerite-Honorat, ayant mené avec lui, dans sa litière, un ancien prisonnier qu'il avait à Pignerol, lequel il fait tenir toujours masqué, dont le nom ne se dit pas, et l'ayant fait mettre, en descendant de la litière, dans la première chambre de la tour de la Bazinnière, en attendant

1. Ce Journal de Du Junca, qui est un trésor d'informations sur la vie à la Bastille sous Louis XIV est, comme on l'a vu, souvent cité dans les notes ci-dessus.

la nuit pour le mettre et mener moi-même, à neuf heures du soir, avec M. de Rosarges, un des sergents que M. le gouverneur a menés, dans la troisième chambre, seul, de la tour de la Bertaudière, que j'avais fait meubler de toutes choses, quelques jours avant son arrivée, en ayant reçu l'ordre de M. de Saint-Mars; lequel prisonnier sera servi et soigné par M. de Rosarges, que M. le gouverneur nourrira (c'est-à-dire : et nourri par le gouverneur)[1]. »

Dans un second registre, qui fait pendant au premier, registre où Du Junca consignait les détails de la mise en liberté ou de la mort des prisonniers, nous lisons, à la date du 19 novembre 1703 :

« Du même jour, 19e de novembre 1703, le prisonnier inconnu, toujours masqué d'un masque de velours noir, que M. de Saint-Mars, gouverneur, a mené avec lui en venant des îles Sainte-Marguerite, qu'il gardait depuis longtemps, lequel s'étant trouvé un peu mal hier en sortant de la messe, il est mort ce jourd'hui, sur les dix heures du soir, sans avoir eu une grande maladie, il ne se peut pas moins. M. Giraut, notre aumônier, le confessa hier, surpris de sa mort. Il n'a point reçu les sacrements, et notre aumônier l'a exhorté un

---

1. Nous avons ci-dessus corrigé l'orthographe grossière de Du Junca. Le lecteur trouve à la fin du volume le fac-similé de ce document.

moment avant que de mourir. Et ce prisonnier inconnu, gardé depuis si longtemps, a été enterré le mardi, à quatre heures de l'après-midi, 20ᵉ novembre, dans le cimetière Saint-Paul, notre paroisse; sur le registre mortuel on a donné un nom aussi inconnu. M. de Rosarges, major, et Arreil, chirurgien, ont signé sur le registre. »

Et en marge :

« J'ai appris depuis qu'on l'avait nommé sur le registre M. de Marchiel, qu'on a payé 40 livres d'enterrement [1]. »

Les registres de Du Junca étaient conservés dans les anciennes archives de la Bastille, d'où ils ont passé à la Bibliothèque de l'Arsenal, où ils sont conservés aujourd'hui [2]. Ils sont rédigés d'une grosse écriture de soldat peu habile à manier la plume. L'orthographe en est grossière. Mais les faits y sont rapportés avec précision et se sont toujours trouvés exacts quand ils ont été contrôlés.

On vient de voir, par l'extrait du registre des sorties, que le mystérieux prisonnier ne portait pas un masque de fer, mais un masque de velours noir.

Quant à l'inscription dans le registre de l'église Saint-Paul, on l'a retrouvée. La voici :

1. L'orthographe de Du Junca est rectifiée ci-dessus; le fac-similé du texte se trouve à la fin de ce volume.
2. Mss. 5133-5134.

« Le 19ᵉ (1703), Marchioly, âgé de quarante-cinq ans, ou environ, est décédé dans la Bastille, duquel le corps a été inhumé dans le cimetière de Saint-Paul, sa paroisse, le 20ᵉ du présent, en présence de M. Rosage (*sic*), majeur de la Bastille, et de M. Reglhe (*sic*) chirurgien majeur de la Bastille, qui ont signé. — *Signé* : ROSARGES, REILHE [1]. »

Tels sont les documents fondamentaux de l'histoire de l'homme au masque; nous verrons plus loin qu'ils suffisent à faire connaître la vérité.

*La lettre du gouverneur de Sainte-Marguerite.* — Nous venons de voir, par le registre de Du Junca, que l'homme au masque avait été aux îles Sainte-Marguerite, sous la surveillance de Saint-Mars, qui, nommé gouverneur de la Bastille, l'avait amené avec lui. Dans la correspondance échangée entre Saint-Mars, gouverneur du château des îles Sainte-Marguerite, et le ministre Barbezieux, on trouve, à la date du 6 janvier 1696, la lettre suivante, où Saint-Mars expose la manière dont il agit avec ses prisonniers, et où il est question de l'homme au masque sous le terme « mon ancien prisonnier » :

1. Cet acte était conservé dans les Archives de la Ville de Paris; il a été détruit dans l'incendie de 1871; le fac-similé en avait été, heureusement, reproduit dans la traduction anglaise par Vizetelly (Londres, 1870, in-8), et dans la 5ᵉ édition française (Paris, librairie Didier, 1878, in-8) du livre de Marius Topin, *l'Homme au masque de fer*. C'est ce fac-similé qui est reproduit à la fin de ce livre.

« Monseigneur,

« Vous me commandez de vous dire comment l'on en use, quand je suis absent ou malade, pour les visites et précautions qui se font journellement aux prisonniers qui sont commis à ma garde. Mes deux lieutenants servent à manger aux heures réglées, ainsi qu'ils me l'ont vu pratiquer et que je le fais encore très souvent lorsque je me porte bien. Le premier venu de mes lieutenants, qui prend les clefs de la prison de mon *ancien prisonnier*, par où l'on commence, ouvre les trois portes et entre dans la chambre du prisonnier, qui lui remet honnêtement les plats et assiettes qu'il a mises les unes sur les autres, pour les donner entre les mains du lieutenant qui ne fait que de sortir deux portes pour les remettre à un de mes sergents, qui les reçoit pour les porter sur une table à deux pas de là, où le second lieutenant, qui visite tout ce qui entre et sort de la prison et voit s'il n'y a rien d'écrit sur la vaisselle; et après que l'on lui a donné le nécessaire, l'on fait la visite dedans et dessous le lit, et, de là, aux grilles et aux fenêtres de sa chambre, et, fort souvent, sur lui; après lui avoir demandé fort civilement s'il n'a pas besoin d'autre chose, l'on ferme les portes pour en aller faire tout autant aux autres prisonniers. »

*La lettre de M. de Palteau.* — Le 19 juin 1768,

M. de Formanoir de Palteau adressa, du château de Palteau, près de Villeneuve-le-Roi, au célèbre Fréron, directeur de *l'Année littéraire*, une lettre qui fut insérée dans le numéro du 30 juin 1768. L'auteur de cette lettre était le petit-neveu de Saint-Mars. A l'époque où celui-ci fut nommé gouverneur de la Bastille, le château de Palteau lui appartenait, et il s'y arrêta avec son prisonnier masqué, en allant des îles Sainte-Marguerite à Paris.

« En 1698, écrit M. de Palteau, M. de Saint-Mars passa du gouvernement des îles Sainte-Marguerite à celui de la Bastille. En venant en prendre possession, il séjourna avec son prisonnier à sa terre de Palteau. L'homme au masque arriva dans une litière qui précédait celle de M. de Saint-Mars; ils étaient accompagnés de plusieurs gens à cheval. Les paysans allèrent au-devant de leur seigneur, M. de Saint-Mars mangea avec son prisonnier, qui avait le dos opposé aux croisées de la salle à manger qui donnent sur la cour. Les paysans que j'ai interrogés ne purent voir s'il mangeait avec son masque; mais ils observèrent très bien que M. de Saint-Mars, qui était à table vis-à-vis de lui, avait deux pistolets à côté de son assiette. Ils n'avaient pour les servir qu'un seul valet de chambre, qui allait chercher les plats qu'on lui apportait dans l'antichambre, fermant soigneusement sur lui la porte de la salle à manger. Lorsque le prisonnier traversait la cour, il avait toujours son masque noir sur le visage; les paysans remarquèrent qu'on lui voyait les dents et les lèvres, qu'il était grand et avait les cheveux blancs. M. de Saint-Mars coucha dans un lit qu'on lui avait dressé auprès de celui de l'homme au masque. »

Ce récit est tout entier marqué au coin de la vérité. M. de Palteau, qui l'écrit, ne cherche à en tirer aucune conclusion. Il ne prend parti ni pour l'une ni pour l'autre des hypothèses alors discutées pour expliquer l'identité du mystérieux inconnu. Il se contente de rapporter le témoignage de ceux de ses paysans qui virent l'homme masqué lors de son passage dans ses terres. Le seul détail de ce récit que nous puissions contrôler — ce détail est, il est vrai, caractéristique — est celui du masque noir, dont parle M. de Palteau; il correspond exactement au masque de velours noir dont il est question dans le registre de Du Junca.

Le château de Palteau existe encore aujourd'hui. Dans son ouvrage sur le surintendant Fouquet, M. Jules Lair en donne la description. « Le château de Palteau, situé sur la hauteur, entre les bois et les vignes, présentait en ce temps-là, comme encore aujourd'hui, l'aspect d'une grande demeure seigneuriale dans le style

du temps de Henri IV et de Louis XIII. D'abord
une vaste cour d'honneur, puis deux ailes; au
fond, le bâtiment principal et la chapelle. Des
arcades cintrées supportent un premier étage
dont les hautes fenêtres traversent le toit et éclai-
rent jusqu'au grenier. » Depuis le XVIII° siècle,
le château a cependant subi quelques modifica-
tions. La pièce où dînèrent Saint-Mars et son
prisonnier sert actuellement de cuisine.

*Les notes du major Chevalier.* — A côté des
notices du journal de Du Junca, que nous venons
de transcrire, les érudits ont coutume d'invoquer,
comme étant également dignes de foi, bien que
d'une époque postérieure, le témoignage du Père
Griffet, aumônier de la Bastille, et celui du major
Chevalier.

Les extraits de Du Junca, cités ci-dessus, ont
été publiés, pour la première fois, en 1769, par
le Père Griffet, qui y joignait le commentaire
suivant : « Le souvenir du prisonnier masqué
se conservait encore parmi les officiers, les soldats et les domestiques de la Bastille, lorsque
M. de Launey, qui en a été longtemps gouverneur, y arriva pour occuper une place dans
l'état-major de la garnison, et que ceux qui
l'avaient vu avec son masque, lorsqu'il passait
dans la cour pour se rendre à la messe, disaient
qu'il y eut ordre, après sa mort, de brûler généralement tout ce qui avait été à son usage, comme

linge, habits, matelas, couvertures, etc.; que l'on fit même regratter et reblanchir les murailles de la chambre où il était logé, et que l'on en défit tous les carreaux pour y en mettre de nouveaux, tant on y craignait qu'il n'eût trouvé moyen de cacher quelques billets ou quelque marque dont la découverte aurait pu faire connaître son nom. »

Le témoignage du Père Griffet se trouve confirmé par des notes, dont l'auteur est un major de la Bastille, nommé Chevalier. Le major était, dans l'administration de la Bastille, non le personnage le plus élevé en grade, puisque, au-dessus de lui, étaient placés le gouverneur et le lieutenant de roi, mais le personnage le plus important. Toute l'administration intérieure, en ce qui concernait les prisonniers, reposait sur lui. Chevalier remplit ces fonctions près de trente-huit ans, de 1749 à 1787. M. Fernand Bournon l'apprécie ainsi : « Chevalier est le type du fonctionnaire dévoué, laborieux, et qui n'ambitionne pas de sortir d'un rang un peu subalterne. On ne saurait dire ce que l'administration de la Bastille a dû à son zèle et à sa parfaite connaissance d'un service difficile entre tous. »

Parmi des notes réunies pour servir à l'histoire de la Bastille, Chevalier résume les indications que fournit le registre de Du Junca, et il ajoute : « C'est le fameux homme au masque que personne n'a jamais connu. Il était traité avec une grande distinction par M. le gouverneur et n'était vu que par M. de Rosarges, major dudit château, qui seul en avait soin; il n'a point été malade, que quelques heures, mort comme subitement. Enterré à Saint-Paul, le mardi vingtième novembre 1703, à quatre heures après midi, sous le nom de Marchiergues. Il a été enseveli dans un drap blanc neuf qu'a donné le gouverneur, et généralement tout ce qui s'est trouvé dans sa chambre a été brûlé, comme son lit tout entier, chaises, tables et autres ustensiles, ou fondu, et le tout jeté dans les latrines. »

Ces observations du Père Griffet et du major Chevalier ont tiré une grande force, aux yeux des historiens, de leur exacte concordance; mais en les examinant avec attention on voit que le témoignage de Chevalier est la source de celui du Père Griffet; aussi bien Chevalier était-il major de la Bastille quand le Jésuite rédigea son ouvrage et c'est son autorité, sans aucun doute, qui est par lui invoquée.

Des documents récemment publiés dans la *Revue Bleue* renversent ces affirmations, qui paraissaient fondées sur la base la plus ferme.

Dans le journal de Du Junca, dont nous venons de parler, on lit à la date du 30 avril 1701 : « Du samedi, 30 avril, sur les neuf heures du soir, M. Aumont le jeune est venu, ayant mené et remis un prisonnier, le nommé M. Maranville, sous le nom de Ricarville, qui a été officier de guerre, mécontent, parlant trop et mauvais sujet; lequel j'ai reçu, suivant les ordres du roi, expédiés par M. le comte de Pontchartrain; lequel j'ai fait mettre en compagnie, avec le nommé Tirmon, dans la seconde chambre de la tour de la Bertaudière, avec l'*ancien prisonnier*, tous les deux bien renfermés [1]. »

L' « ancien prisonnier », dont il s'agit ici, n'est autre que l'homme au masque. Lorsque celui-ci était entré à la Bastille, ainsi que nous l'avons vu, le 18 septembre 1698, il avait été mis dans la troisième chambre de la tour de la Bertaudière. En 1701, la Bastille se trouva encombrée de prisonniers; on dut en réunir plusieurs dans une même chambre et l'homme au masque fut mis avec deux compagnons. L'un d'eux, Jean-Alexandre de Ricarville, dit de Maranville, avait été dénoncé comme « débiteur de mauvais discours contre l'État, blâmant la conduite de la France et louant celle des étrangers, surtout celle des Hollandais ». Les rapports de police le peignent comme très gueux, vêtu de mauvais habits, âgé d'environ soixante ans. C'était, comme dit Du Junca, un ancien officier dans les troupes du roi. Maranville sortit de la Bastille le 19 octobre 1708 [2]. Il fut transféré à Charenton, où il

1. *Bibl. de l'Arsenal*, ms. 5133, f. 60 r°.
2. *Bibl. de l'Arsenal*, Archives de la Bastille, 12475, f. 164.

mourut en février 1709. Il faut faire observer que Charenton était alors une prison « ouverte », où les détenus frayaient entre eux et avaient de nombreux rapports avec l'extérieur [1].

Le second des compagnons de captivité de l'homme au masque, Dominique-François Tirmont, était un domestique. Lorsqu'il fut embastillé, le 30 juillet 1700, il avait dix-neuf ans. Il était accusé de sortilèges et de débaucher des jeunes filles. Il fut mis dans la deuxième chambre de la tour de la Bertaudière, où l'homme au masque et Maranville vinrent le rejoindre. Il fut transféré à Bicêtre, le 14 décembre 1701. Sa raison s'égara en 1703. Il mourut vers 1708.

Lors de son entrée à la Bastille, le 18 septembre 1698, l'homme au masque avait été placé, comme nous l'avons vu, dans la troisième chambre de la tour de la Bertaudière. Il en fut tiré, le 6 mars 1701, pour faire place, dans la « troisième Bertaudière », à une nommée Anne Randon, « devineresse et diseuse de bonne aventure », qui y fut enfermée toute seule. Le prisonnier masqué fut alors mis dans la « deuxième Bertaudière »

---

1. « Le roi envoie à la Bastille le s. Blache, qui avait été mis au couvent de la Charité à Charenton, et ce changement se fait parce que la maison de Charenton est une maison ouverte où il recevait des visites et écrivait sans qu'il fût possible de l'en empêcher. » Lettre de Pontchartrain à Bernaville, en date du 10 févr. 1710, *Bibl. de l'Arsenal*, Archives de la Bastille, 12476, p. 246.

avec Tirmont qui s'y trouvait, ainsi que nous venons de le voir, depuis le 30 juillet 1700. Maranville vint les y rejoindre le 30 avril 1701. Peu de temps après, l'homme masqué fut encore transféré dans une autre chambre, avec ou sans Maranville. Tirmont avait été conduit à Bicêtre en 1701. Nous voyons que, le 26 février 1703, l'abbé Gonzel, prêtre franc-comtois, accusé d'espionnage, fut enfermé « seul » dans la « deuxième Bertaudière ».

Ces faits sont d'une authenticité indiscutable et l'on aperçoit, d'un coup d'œil, les conséquences qui en découlent. Au moment même où le prisonnier masqué était réuni à des compagnons de captivité, partageant avec eux une même chambre, d'autres prisonniers, à la Bastille, étaient maintenus rigoureusement isolés, malgré l'encombrement de la prison, tant les motifs de leur incarcération semblaient de plus grande conséquence! L'homme au masque est mis avec des individus de la plus basse classe, qui sortiront, peu après, pour se mêler à la foule des prisonniers de Charenton et de Bicêtre. Nous lisons dans un rapport de d'Argenson, qu'il fut même question de faire entrer l'un d'eux, Tirmont, dans l'armée. Voilà donc ce personnage détenteur d'un secret terrible dont Madame Palatine parle déjà en termes mystérieux [1], et qui intrigua les rois,

1. Voir les extraits de la correspondance de la Princesse Palatine cités par M. Guillaume Depping dans la *Revue Bleue*

Louis XV, Louis XVI! qui intrigua les propres officiers de la Bastille et leur fit écrire les contes les plus éloignés de la réalité!

## 2° LA LÉGENDE.

Si les officiers mêmes de la Bastille tombaient dans de pareils écarts d'imagination, dans quels rêves ne devait pas s'envoler la pensée du public! Le mouvement est curieux à suivre. Voici, tout d'abord, le léger masque vénitien qui se transforme en un masque de fer avec des articulations

du 18 juillet 1896, p. 71. Ce témoignage étant le premier témoignage public, connu jusqu'à ce jour, relatif au mystérieux prisonnier de la Bastille, il paraît utile de le reproduire ici. On verra comment, dès cette époque, dans un milieu qui aurait pu être bien informé — Madame Palatine était belle-sœur de Louis XIV, — la légende s'emparait des imaginations.

Madame Palatine écrit à l'Électrice de Hanovre :

« Marly, 10 octobre 1711. — Un homme est resté de longues années à la Bastille et y est mort masqué. Il avait à ses côtés deux mousquetaires pour le tuer, s'il ôtait son masque. Il a mangé et dormi masqué. Il fallait sans doute que ce fût ainsi, car on l'a d'ailleurs très bien traité, bien logé, et on lui a donné tout ce qu'il désirait. Il a communié masqué; il était très dévot et lisait continuellement. On n'a jamais pu apprendre qui il était. »

« Versailles, 22 octobre 1711. — Je viens d'apprendre quel était l'homme masqué qui est mort à la Bastille. S'il a porté un masque, ce n'était point par barbarie; c'était un mylord anglais qui avait été mêlé à l'affaire du duc de Berwick (fils naturel de Jacques II détrôné par son gendre le prince d'Orange, qui devint roi sous le nom de Guillaume III) contre le roi Guillaume. Il est mort ainsi afin que ce roi ne pût jamais apprendre ce qu'il était devenu. »

d'acier, que le prisonnier ne quitte jamais. Les égards — imaginaires, comme on l'a vu — dont le captif aurait été entouré et dont il est question dans les notes du major Chevalier, se transforment en marques d'une déférence sans limite que les geôliers témoignent à leur captif. On racontait que le gouverneur Saint-Mars, chevalier de Saint-Louis, n'avait jamais parlé à son prisonnier que debout, la tête découverte, qu'il le servait lui-même à table, dans de la vaisselle d'argent, et qu'il lui fournissait, à sa fantaisie, les vêtements les plus beaux du monde. Chevalier dit qu'après le décès du prisonnier, à la Bastille, sa chambre fut remise à neuf, pour éviter que son successeur trouvât dans quelque coin des indications révélatrices. Parlant de l'époque où l'homme au masque était aux îles Sainte-Marguerite, Voltaire raconte : « Un jour le prisonnier écrivit avec un couteau sur une assiette d'argent et jeta l'assiette par la fenêtre vers un bateau qui était au rivage, presque au pied de la tour. Un pêcheur, à qui ce bateau appartenait, ramassa l'assiette et la porta au gouverneur. Celui-ci, étonné, demanda au pêcheur : « Avez-vous lu ce qui est écrit sur « cette assiette, et quelqu'un l'a-t-il vue entre « vos mains? — Je ne sais pas lire, répondit le « pêcheur, je viens de la trouver, et personne ne l'a vue. » Ce paysan fut retenu jusqu'à ce que le gouverneur se fût assuré qu'il n'avait jamais su

lire et que l'assiette n'avait été vue de personne.
« Allez, lui dit-il, vous êtes bien heureux de ne
« pas savoir lire. »

Dans l'*Histoire de Provence* du Père Papon,
il s'agit d'un linge. Le dénouement est plus tra-
gique : « J'ai trouvé dans la citadelle un officier
de la compagnie franche, âgé de soixante-dix-
neuf ans. Il m'a plusieurs fois raconté qu'un
*frater* de cette compagnie aperçut un jour, sous
la fenêtre du prisonnier, quelque chose de blanc
qui flottait sur l'eau ; il l'alla prendre et l'apporta
à M. de Saint-Mars. C'était une chemise très fine,
pliée avec assez de négligence et sur laquelle le
prisonnier avait écrit d'un bout à l'autre. M. de
Saint-Mars, après l'avoir dépliée et avoir lu quelques lignes, demanda au *frater*, d'un air fort
embarrassé, s'il n'avait pas eu la curiosité de lire
ce qu'il y avait. Le *frater* protesta plusieurs fois
qu'il n'avait rien lu ; mais, deux jours après, il
fut trouvé mort dans son lit. »

Enfin, le trait du drap blanc dans lequel Saint-
Mars fit envelopper le corps du prisonnier, quand
celui-ci fut mort à la Bastille, frappa l'imagination et fut développé à son tour en un goût
extraordinaire que le prisonnier aurait eu pour
le linge de la plus grande finesse et pour les dentelles de prix, — ce qui devait prouver que
l'homme au masque était un fils d'Anne d'Autriche, laquelle aimait d'une manière particu-

lière, affirmait-on, les dentelles précieuses et le linge fin.

*Un frère de Louis XIV.* — Nous pouvons fixer, avec précision, croyons-nous, l'origine de la légende qui fit du Masque de fer un frère de Louis XIV. C'est d'ailleurs à cette direction, qui lui fut donnée dès l'origine, que l'histoire du prisonnier inconnu dut son grand retentissement. La gloire en appartient au plus célèbre écrivain du xviii<sup>e</sup> siècle. Avec une hardiesse d'imagination, que lui envierait aujourd'hui le journaliste le plus habile à forger des nouvelles retentissantes, Voltaire donna le jour et l'essor à cet énorme — excusez l'expression — canard.

En 1745, venait de paraître une manière de roman, intitulé *Mémoires pour servir à l'histoire de Perse*, et attribué, non sans vraisemblance, à Mme de Vieux-Maisons. Le livre contenait un récit à clés, où le mystérieux prisonnier, dont on commençait à parler un peu partout, était identifié avec le duc de Vermandois. Grâce à ce détail, l'ouvrage fit sensation. Voltaire vit immédiatement le parti qu'il pourrait tirer de l'aventure. Il avait été enfermé naguère à la Bastille, ce qui était une raison d'en parler ; mais il n'osa pas mettre en circulation brusquement, sans préparation, la formidable histoire qu'il venait d'imaginer, et, avec un sentiment très fin de l'opinion publique, il se contenta d'imprimer

dans la première édition du *Siècle de Louis XIV* :
« Quelques mois après la mort de Mazarin, il
arriva un événement qui n'a point d'exemple, et,
ce qui est non moins étrange, c'est que tous les
historiens l'ont ignoré. On envoya dans le plus
grand secret au château de l'île Sainte-Marguerite, dans la mer de Provence, un prisonnier
inconnu, d'une taille au-dessus de l'ordinaire,
jeune et de la figure la plus belle et la plus noble.
Ce prisonnier, dans la route, portait un masque
dont la mentonnière avait des ressorts d'acier,
qui lui laissaient la liberté de manger avec le
masque sur son visage. On avait ordre de le tuer
s'il se découvrait. Il resta dans l'île jusqu'à ce
qu'un officier de confiance, nommé Saint-Mars,
gouverneur de Pignerol, ayant été fait gouverneur de la Bastille, l'alla prendre à l'île Sainte-
Marguerite et le conduisit à la Bastille, toujours
masqué. Le marquis de Louvois alla le voir dans
cette île, avant la translation, et lui parla debout
avec une considération qui tenait du respect. »
Voltaire ne dit d'ailleurs pas quel était ce prisonnier extraordinaire. Il observa l'impression
produite par son récit sur le public. Alors il
s'enhardit, et, dans la première édition de ses
*Questions sur l'Encyclopédie*, insinua que, si le
visage du prisonnier était recouvert d'un masque,
c'était de peur qu'on reconnût quelque ressemblance trop frappante. Il ne donnait toujours pas

le nom, mais déjà chacun s'attendait à quelque étonnante nouvelle. Enfin, dans la deuxième édition des *Questions sur l'Encyclopédie*, Voltaire ajouta bravement que l'homme au masque avait été un frère utérin de Louis XIV, fils de Mazarin et d'Anne d'Autriche, et aîné du roi. On sait quels incomparables agitateurs d'opinion furent les encyclopédistes.

Une fois dans l'étang, la carpe ne tarda pas à faire des petits, qui grandirent à leur tour et prirent un monstrueux développement.

On lit dans les *Mémoires* du duc de Richelieu, rédigés par son secrétaire, l'abbé Soulavie, que Mlle de Valois, fille du Régent et, à cette date, maîtresse de Richelieu, sur les instances de celui-ci, aurait consenti à se prostituer à son père — la tradition voulait que le Régent eût été amoureux de sa fille, — pour avoir communication d'une notice rédigée par Saint-Mars sur le Masque de fer. D'après ce récit, que l'auteur des *Mémoires* imprime en entier, Louis XIV serait né à midi, et le soir, à huit heures et demie, pendant le souper du roi, la reine serait accouchée d'un second fils, qu'on aurait fait disparaître pour éviter les dissensions ultérieures dans l'État.

Le baron de Gleichen fait mieux. Il s'efforce de démontrer que ce serait le véritable héritier de la couronne qui aurait été enfermé au profit d'un enfant de la reine et du cardinal. Ceux-ci, devenus

les maîtres, après la mort du roi, auraient sub-
stitué leur fils au Dauphin, ce qu'aurait facilité
une ressemblance extrême entre les enfants. On
voit, d'un coup d'œil, les conséquences de ce
système, qui annule la légitimité des derniers
Bourbons.

L'imagination ne devait plus s'arrêter. Le bouquet s'épanouit sous le premier Empire. L'on vit
alors paraître des brochures où la version du
baron de Gleichen était reprise. Louis XIV n'avait
été qu'un bâtard, fils d'étrangers ; l'héritier légitime avait été enfermé aux îles Sainte-Marguerite,
où il s'était marié à la fille de l'un de ses gardiens.
De ce mariage était né un enfant qu'on fit, dès
qu'il fut sevré, passer en Corse, en le confiant à
une personne sûre, comme un enfant venant de
bonne part, en italien *Buona-parte*. C'est de cet
enfant que l'Emperenr aurait été le rejeton direct.
La légitimité de Napoléon I<sup>er</sup> sur le trône de
France établie par le Masque de fer ! le grand
Dumas n'a pas trouvé cela. Mais ce qui paraîtra
inouï, c'est qu'il s'est trouvé des hommes pour
prendre ces histoires au sérieux. On lit dans un
manifeste vendéen répandu parmi les Chouans
en nivôse an IX : « Il ne faut pas que le parti
royaliste se fie aux assurances données par quelques émissaires de Bonaparte, qu'il n'a pris le
trône que pour le restituer aux Bourbons ; tout
démontre qu'il n'attend que la pacification géné-

rale pour se déclarer, — et qu'il veut fonder son droit sur la naissance des enfants du Masque de fer ! »

Nous ne nous arrêterons pas à réfuter l'hypothèse qui fait du Masque de fer un frère de Louis XIV. Marius Topin l'a fait de la manière la plus claire. Voici d'ailleurs longtemps que cette opinion est abandonnée. Les derniers écrivains qui s'y soient attachés datent de l'époque révolutionnaire.

*Les incarnations successives du Masque de fer.* — « Jamais dieu de l'Inde, dit Paul de Saint-Victor en parlant de l'homme au masque, ne subit tant de métempsycoses et tant d'avatars. » Il serait trop long simplement d'énumérer toutes les individualités avec lesquelles on a voulu identifier le Masque de fer; on a été chercher jusqu'à des femmes. Nous allons citer rapidement les hypothèses qui ont trouvé le plus de créance dans le public ou celles qui ont été défendues par les travaux les plus sérieux, pour arriver finalement à l'identification — on verra que c'est une de celles qui ont été proposées anciennement — qui est sans aucun doute la vérité.

L'hypothèse qui, après celle d'un frère de Louis XIV, a le plus passionné l'opinion publique est l'hypothèse qui faisait du mystérieux inconnu Louis, comte de Vermandois, amiral de France, fils de la gracieuse Louise de la Vallière. Ce fut jusqu'à la croyance du Père Griffet, aumônier de la Bastille, et des officiers eux-mêmes de l'état-major. Cette conjecture est réfutée en une ligne : « Le comte de Vermandois mourut à Courtrai, le 18 novembre 1683 ». Réfutation semblable du système qui identifie le Masque de fer avec le duc de Montmouth, bâtard de Charles II et de Lucie Walters. Montmouth périt sur l'échafaud à Londres, en 1683. Lagrange-Chancel mit beaucoup d'ardeur et de talent à défendre l'opinion qui faisait de l'homme au masque François de Vendôme, duc de Beaufort, nommé sous la Fronde le *roi des Halles*. Le duc de Beaufort mourut au siège de Candie, le 25 juin 1669.

A Lagrange-Chancel succède le chevalier de Taulès. « J'ai découvert l'homme au masque, s'écrie-t-il, et il est de mon devoir de rendre compte à l'Europe et à la postérité de ma découverte! » Cette découverte fit connaître Avédick, patriarche arménien de Constantinople et de Jérusalem, enlevé en Orient, à l'instigation des Jésuites, et transporté en France. Vergennes, après son entrée aux Affaires étrangères, fit faire des recherches. Elles confirmèrent qu'Avédick avait, effectivement, été arrêté dans les conditions indiquées, mais postérieurement à 1706; il ne pouvait donc être identifié avec le Masque de fer [1].

1. Le registre 12475 des Archives de la Bastille conservé a la Bibl. de l'Arsenal, contient un certain nombre de docu-

Telles sont les hypothèses du xviii<sup>e</sup> siècle. Arrivons à celles de notre temps. Puisqu'il s'agissait de mystère et de machinations ténébreuses, les Jésuites ne pouvaient rester hors l'affaire. Nous venons d'ailleurs de les voir à l'œuvre avec le patriarche arménien. On songea au jeune homme qui aurait été enfermé à leur instigation, pour avoir écrit deux vers contre eux. Mais cette conception a été largement dépassée par un travail, publié en 1885, sous le pseudonyme « Ubalde », et dont l'auteur est sans aucun doute M. Anatole Loquin. Voici la conclusion : « Plus j'y réfléchis, plus je crois reconnaître dans l'homme au masque de fer, sans esprit de système ni entêtement de ma part, J.-B. Poquelin de Molière [1] ». Les Jésuites s'étaient vengés du *Tartufe* !

Arrivons enfin aux conjectures qui ont serré la vérité de près et ont été défendues par de véritables érudits.

Le surintendant Fouquet est la solution du

ments relatifs à la détention d'Avédick, désigné dans ces textes sous les expressions « un prisonnier important », l' « Arménien », le « patriarche arménien ». Ces documents de 1709-1710 confirment l'observation ci-dessus. Avédick était entré à la Bastille par ordre du 18 décembre 1709, il y avait été transféré de l'abbaye du Mont-Saint-Michel.

1. M. Anatole Loquin, signant cette fois en toutes lettres, revient sur cette conception dans un ouvrage annoncé pour les premiers mois de 1898, et dont nous n'avons encore vu que les prospectus : *Molière à Bordeaux vers 1647 et en 1658, avec des considérations nouvelles sur ses fins dernières à Paris en 1673.., ou, peut-être, en 1703*, 2 vol. in-8.

bibliophile Jacob (Paul Lacroix). M. Lair a montré comment Fouquet était mort à Pignerol, d'une sorte d'apoplexie, le 23 mars 1680, au moment où, à la cour même, on songeait à l'envoyer aux eaux de Bourbon, premier pas vers la liberté définitive.

François Ravaisson, le savant et charmant conservateur de la Bibliothèque de l'Arsenal, de qui nous avons eu l'honneur de continuer le travail de classement des Archives de la Bastille, crut un moment que le célèbre prisonnier pouvait avoir été le jeune comte de Kéroualze, qui avait combattu à Candie sous les ordres de l'amiral de Beaufort. Ravaisson a exposé son hypothèse avec beaucoup de réserve; il fut, dans la suite, amené à y renoncer lui-même; nous n'avons donc plus à insister.

M. Loiseleur, au cours de sa brillante polémique avec Marius Topin, proposa « un espion obscur arrêté par Catinat en 1681 »; — et son contradicteur le réfuta de la manière la plus piquante en retrouvant Catinat dans le prisonnier même qu'il aurait dû arrêter.

Le général Iung a publié un gros volume pour défendre la canditature d'un certain Oldendorf, Lorrain de naissance, espion et empoisonneur, arrêté, le 29 mars 1673, dans une souricière, à l'un des passages de la Somme. Le système a été réfuté par M. Loiseleur. Ainsi que le fait observer M. Lair, M. le général Iung n'est même pas parvenu à faire entrer son personnage à Pignerol, condition essentielle pour qu'il puisse être l'homme au masque.

M. le baron Carutti s'est arrêté à un Jacobin fou, prisonnier à Pignerol, de qui le nom est demeuré inconnu; mais ce Jacobin mourut à Pignerol vers la fin de 1693.

Le récent ouvrage de M. Émile Burgaud, écrit en collaboration avec le commandant Bazeries, a fait grand bruit. Il conclut au général Vivien Labbé de Bulonde, que Louvois fit arrêter pour avoir, devant Coni, manqué aux devoirs qui s'imposent à un général en chef. M. Geoffroy de Grandmaison a publié, dans l'*Univers* du 9 janvier 1895, deux quittances signées par le général de Bulonde, l'une en 1699, date où l'homme au masque était à la Bastille dans un isolement rigoureux; l'autre, en 1705, alors que le prisonnier masqué était mort depuis deux ans.

Nous arrivons enfin à celle de toutes les hypothèses qui est la plus vraisemblable, — après l'hypothèse vraie, naturellement. Eustache Dauger, que M. Lair identifie avec le personnage masqué, était un valet, qui avait été écroué à Pignerol le 28 juillet 1669. Mais il faut observer que le prisonnier masqué fut gardé dans un secret rigoureux, dans les premiers temps de sa détention, tant qu'il fut à Pignerol et aux îles Sainte-Marguerite. Or, lorsque Dauger vint à Pignerol, son affaire semblait de si mince importance que Saint-Mars songea à en faire un domestique pour les autres prisonniers, et, en effet, en 1675, Louvois le fit placer comme valet auprès de Fouquet, qui, depuis quelque temps, avait vu la rigueur de sa détention sensiblement adoucie, recevant des visites, se promenant librement dans les cours et dépendances du donjon où Dauger l'accompagnait. De plus, nous savons que l'homme au masque fut transporté directement de Pignerol aux îles Sainte-Marguerite, tandis que Dauger fut transféré, en 1681, à Exiles, d'où il ne vint aux îles qu'en 1687.

Arrivons à la solution exacte.

### 3° MATTIOLI.

C'est le baron d'Heiss, ancien capitaine au régiment d'Alsace, l'un des bibliophiles les plus distingués de son temps, qui a le mérite d'avoir, le premier, dans une lettre datée de Phalsbourg, du 28 juin 1770, et publiée par le *Journal encyclopédique*, identifié le prisonnier masqué avec le comte Mattioli, secrétaire d'État du duc de Mantoue. Après lui, Dutens, en 1783, dans sa *Correspondance interceptée*; le baron de Chambrier, en 1795, dans un Mémoire présenté à l'Académie de Berlin; Roux-Fazillac, membre de l'Assemblée législative et de la Convention, dans un ouvrage remarquable imprimé en 1801; puis, successivement, Reth, Delort, Ellis, Carlo Botta, Armand Baschet, Marius Topin, Paul de Saint-Victor, et enfin M. Gallien, — dans une série de publications, plus ou moins remarquables, se sont efforcés de prouver que l'homme au masque avait été le secrétaire d'État du duc de Mantoue. Les érudits qui ont le mieux connu l'histoire du gouvernement de Louis XIV, Depping, Chéruel, Camille Rousset, n'ont pas hésité à se prononcer dans le même sens; — tandis que seul contre tous, comme d'Artagnan, Alexandre Dumas résistait aux efforts de vingt savants, et que le *Vicomte de Bragelonne* — rajeunissant la légende du frère de Louis XIV, mise en circulation par Voltaire et raffermie par la Révolution — faisait rentrer dans leur poussière les pièces d'archives que les érudits avaient exhumées.

Nous n'avons plus affaire à aussi redoutable adversaire et nous espérons que les lignes suivantes ne laisseront plus l'ombre d'un doute.

On sait comment, sous l'influence de Louvois, la politique habile et insinuante que Mazarin, puis de Lionne, avaient dirigée, fit place à une diplomatie militaire, brusque et envahissante. Louis XIV était maître de Pignerol, acquis en 1632. Sous l'inspiration de Louvois il jeta les yeux sur Casal. Maîtresses de ces deux places, les armées françaises devaient dominer la Haute-Italie et tenir directement en respect la cour de

Turin. Sur le trône de Mantoue régnait un jeune duc, Charles IV de Gonzague, frivole, insouciant, qui dissipait son trésor à Venise, en fêtes et plaisirs. En 1677, il avait engagé à des juifs, pour plusieurs années, les revenus de sa couronne. Charles IV était marquis du Montferrat, dont Casal était capitale. Spéculant sur la détresse financière et la frivolité du jeune prince, la cour de Versailles conçut le hardi projet d'acheter Casal deniers comptants.

Un des premiers personnages de Mantoue était, à cette date, le comte Hercule-Antoine Mattioli. Mattioli était né à Bologne, le 1er décembre 1640, d'une famille distinguée. Il avait fait de brillantes études et, à peine sorti de la vingtième année, avait été nommé professeur à l'Université de Bologne. Puis il vint s'établir à Mantoue, où Charles III, de qui il avait gagné la confiance, en fit son secrétaire d'État. Charles IV, lui continuant la faveur de son père, non seulement lui conserva les fonctions de ministre d'État, mais le nomma sénateur surnuméraire, dignité que rehaussait le titre de comte.

Louis XIV entretenait auprès de la République vénitienne un ambassadeur vif et entreprenant, l'abbé d'Estrades. Celui-ci démêla la nature ambitieuse et intrigante de Mattioli et, vers la fin de 1677, réussit à faire agréer les projets de la cour de France sur Casal.

Le 12 janvier 1678, Louis XIV, de sa propre main, écrivait ses remerciements à Mattioli. Celui-ci vint à Paris. Le 8 décembre, l'acte était signé. Le duc de Mantoue recevait en échange de Casal cent mille écus. Dans une audience privée, Louis XIV remit à Mattioli un diamant de prix et lui fit verser cent doubles louis.

Or, deux mois étaient à peine écoulés depuis le voyage de Mattioli en France, que les cours de Vienne, de Madrid, de Turin et la République vénitienne étaient simultanément mises au courant de tout ce qui s'était passé. Pour en tirer un regain d'argent, Mattioli avait cyniquement trahi et son maître Charles IV et le roi de France. Comme un coup de foudre retentit à Versailles la nouvelle de l'arrestation du baron d'Asfeld, envoyé de Louis XIV, chargé d'échanger avec Mattioli les ratifications. Le gouverneur du Milanais l'avait fait saisir et livrer aux Espagnols. Nous laissons à deviner la colère de Louis XIV et celle de Louvois qui avait poussé aux négociations, y avait pris part activement et avait commencé les préparatifs en vue de l'occupation de Casal. L'abbé d'Estrades, non moins irrité, conçut le projet le plus téméraire. Il proposa à Versailles de faire enlever le ministre mantouan. Mais Louis XIV ne voulait d'aucun éclat. Catinat fut, en personne, chargé de l'opération. L'abbé d'Estrades feignit, auprès de Mattioli, d'ignorer son double jeu. Il lui fit savoir, au contraire, qu'il avait à lui remettre le complément des sommes promises à Versailles. Rendez-vous au 2 mai 1679. Ce jour d'Estrades et Mattioli montèrent dans un carrosse, dont Catinat, accompagné d'une douzaine d'hommes, attendaient le passage. A deux heures de l'après-dîner, Mattioli était dans la forteresse de Pignerol entre les mains du geôlier Saint-Mars. Il faut songer au rang qu'occupait le ministre italien. Nous sommes en présence de l'une des plus audacieuses violations du droit international dont l'histoire ait gardé le souvenir.

Au commencement de l'année 1694, Mattioli fut transféré aux îles Sainte-Marguerite; nous l'avons vu entrer le 18 septembre 1698 à la Bastille, où il mourut le 19 novembre 1703.

Les détails que l'on possède sur la détention de Mattioli à Pignerol, puis aux îles Sainte-Marguerite, montrent qu'il fut tout d'abord traité avec les égards dus au rang et à la situation qu'il occupait au moment de son arrestation. Dans la suite, le respect que le prisonnier avait tout d'abord inspiré alla s'affaiblissant graduellement; avec les années ces égards allèrent diminuant jusqu'au jour où, à la Bastille, on lui fit faire chambre commune avec des individus de la plus basse classe. D'autre part, la rigueur de la détention, au point de vue du secret où le prisonnier était tenu, alla au contraire se relâchant : ce qu'il importait de cacher, c'étaient les circonstances dans lesquelles Mattioli avait été arrêté, et, à mesure que les années passaient, ce secret lui-même devenait de moindre importance. Quant au masque de velours noir, que Mattioli avait parmi ses effets quand il fut arrêté, et qu'il ne mettait, sans aucun doute, que pour sortir, il constituait en réalité, par lui-même, un adoucissement de la captivité, car il permettait au prisonnier de quitter sa chambre, tandis que les autres prisonniers d'État étaient sévèrement claquemurés dans la leur [1].

Il nous reste à prouver que le prisonnier masqué était bien Mattioli :

1° Dans la dépêche que Louis XIV envoya à l'abbé d'Estrades, cinq jours avant l'arrestation, il approuve le projet de son ambassadeur et l'autorise à s'emparer de Mattioli, « puisque vous croyez le pouvoir faire enlever sans que la chose fasse aucun éclat ». Le prisonnier sera conduit à Pignerol, où l'on « envoie ordre pour l'y recevoir

1. Voir ci-dessus la distinction, à la Bastille, entre les prisonniers « renfermés » qui ne pouvaient pas sortir de leur chambre, et les prisonniers qui étaient « dans la liberté de la cour ». Mattioli fut un prisonnier « renfermé », à qui l'on permettait de sortir de sa chambre, dans certaines circonstances, mais à condition de se couvrir le visage de son masque.

et pour l'y garder sans que personne en ait connaissance ». Les ordres du roi se terminent par ces mots : « Il faudra que personne ne sache ce que cet homme sera devenu ». L'opération faite, Catinat écrivait de son côté à Louvois : « Cela s'est passé sans aucune violence, et personne ne sait le nom de ce fripon, pas même les officiers qui ont aidé à l'arrêter ». Enfin, nous avons une brochure très curieuse intitulée *la Prudenza triomfante di Casale*[1], rédigée en 1682, c'est-à-dire deux ans à peine après l'événement, et — ce détail est capital — trente ans avant qu'il soit question de l'homme au masque. On y lit : « Le secrétaire (Mattioli) fut environné de dix ou douze cavaliers, qui l'enlevèrent, le déguisèrent, le *masquèrent* et le conduisirent à Pignerol » ; — fait d'ailleurs confirmé par une tradition encore vivante au XVIIIe siècle dans le pays, où des érudits ont pu la recueillir.

Est-il besoin d'insister sur la force démonstrative de ces trois textes rapprochés l'un de l'autre?

2° Nous savons, par le registre de Du Junca, que l'homme au masque fut enfermé à Pignerol sous la surveillance de Saint-Mars. En 1681, Saint-Mars abandonna le gouvernement de Pignerol pour celui d'Exiles. On peut établir d'une manière précise le nombre de prisonniers que

—————

1. La Bibliothèque nationale en conserve un exemplaire, K. inv. 8746.

Saint-Mars avait alors en sa garde. Ils étaient exactement cinq. Une dépêche de Louvois, en date du 9 juin, est très claire. Dans le premier paragraphe, il commande d'emmener « les deux prisonniers de la tour d'en bas »; dans le second, il ajoute : « Le reste des prisonniers qui étaient à votre garde ». Voilà le reste bien nettement indiqué; la suite en précise le nombre : « Le sieur du Chamoy a ordre de faire payer deux écus par jour pour la nourriture de ces *trois* prisonniers ». Cet état, d'une netteté mathématique, est encore confirmé par la lettre que Saint-Mars adressa à l'abbé d'Estrades, le 25 juin 1681, au moment de partir pour Exiles : « J'ai reçu hier mes provisions de gouverneur d'Exiles; j'aurai en garde deux merles que j'ai ici, lesquels n'ont point d'autre nom que messieurs de la tour d'en bas; Mattioli restera ici avec deux autres prisonniers ».

Ils étaient donc cinq prisonniers, et l'homme au masque se trouve, de toute nécessité, parmi eux. Or, ces cinq prisonniers, nous les connaissons : 1. Un nommé La Rivière, qui mourut à la fin de décembre 1686 [1]. — 2. Un Jacobin, fou, qui mourut à la fin de 1693 [2]. — 3. Un nommé Dubreuil, qui mourut [3] aux îles Sainte-Marguerite

<hr>

1. J. Lair, *N. Fouquet* (Paris, 1890, 2 vol. in-8), II, 479.
2. *Revue historique*, LV (1894), 294, n. 3.
3. Iung, *la Vérité sur le masque de fer* (Paris, 1873, in-8), p. 288-89.

vers 1697. — Restent Dauger et Mattioli. L'homme au masque est, sans discussion possible, l'un ou l'autre. Nous avons exposé plus haut les raisons qui font écarter Dauger. Le mystérieux prisonnier était donc Mattioli. La démonstration est d'une rigueur mathématique.

3° On trouvera à la fin de ce volume la reproduction de l'acte mortuaire du prisonnier masqué tel qu'il fut inscrit sur les registres de l'église Saint-Paul. C'est le nom même de l'ancien secrétaire du duc de Mantoue qui y est tracé : « Marchioly ». Il faut considérer : que « Marchioly » doit être prononcé à l'italienne « Markioly » ; que Saint-Mars, gouverneur de la Bastille, qui fournit l'indication pour la rédaction de l'acte, écrit presque toujours dans sa correspondance — détail caractéristique — non « Mattioli », mais « Martioly » : c'est le nom lui-même qui est sur le registre, et il est moins déformé que celui du major de la Bastille, qui s'appelait « Rosarges », et non « Rosage », ainsi que porte l'acte ; que le nom du chirurgien, qui s'appelait « Reilhe », et non « Reglhe ».

On a vu plus haut combien, avec les années, on avait adouci la rigueur de la réclusion à laquelle le prisonnier masqué avait été condamné. Ce que l'on avait jugé nécessaire de cacher, c'était la manière dont Mattioli avait été arrêté, ce secret lui-même, avec le temps, avait perdu de son importance. Comme le duc de Mantoue s'était déclaré fort satisfait de l'arrestation de son ministre par lequel il avait été trompé, non moins que Louis XIV, rien ne s'opposait à ce que le nom fût écrit sur un registre mortuaire, où, d'ailleurs, personne ne pouvait songer à l'aller chercher.

Ajoutons que, par suite d'une erreur ou d'une distraction de l'officier qui fournit les indications pour la rédaction de l'acte, ou bien du curé ou du bedeau qui l'écrivit, l'âge est indiqué d'une manière inexacte : « quarante-cinq ans ou environ », alors que Mattioli avait, en mourant, soixante-trois ans. L'acte fut d'ailleurs rédigé sans aucun soin, c'était une formalité sans importance.

4° Le duc de Choiseul pressait Louis XV pour avoir de lui le secret de l'énigme. Le roi se dérobait. Un jour, il lui dit cependant : « Si vous saviez ce que c'est, vous verriez que c'est bien peu intéressant » ; et, quelque temps après, Mme de Pompadour, excitée par M. de Choiseul, ayant pressé le roi sur ce sujet, celui-ci lui dit que c'était « un ministre d'un prince italien ».

Dans les *Mémoires sur la vie privée de Marie-Antoinette*, par sa première femme de chambre, Mme de Campan, nous lisons que la reine tourmentait Louis XVI, qui ignorait le secret du prisonnier masqué, pour qu'il fît faire des recherches dans les papiers des ministères. « J'étais auprès de la reine, dit Mme de Campan, lorsque le roi, ayant terminé ses recherches, lui dit qu'il n'avait rien trouvé dans les papiers secrets d'analogue à l'existence de ce prisonnier; qu'il en avait parlé à M. de Maurepas, rapproché par son âge du temps où cette anecdote aurait dû être connue des ministres (Maurepas avait été ministre de la maison du roi, ayant le département des lettres de cachet, très jeune, au commencement du XVIII<sup>e</sup> siècle), et que M. de Maurepas l'avait assuré que c'était simplement un prisonnier d'un caractère très dangereux par son esprit d'intrigue et sujet du duc de Mantoue. On l'attira sur la frontière, on l'arrêta et on le garda prisonnier, d'abord à Pignerol, puis à la Bastille. »

Ces deux témoignages sont d'un tel poids que, seuls, ils suffiraient à fixer la vérité. Lorsqu'ils furent écrits, nul ne parlait de Mattioli, de qui Mme de Campan ignore même le nom. En supposant — supposition absurde et invraisemblable, quelle raison aurait-elle eu pour cela? — que Mme de Campan se fût amusée à imaginer une fable, il est impossible d'admettre que son imagination lui eût fait rencontrer des traits d'une concordance si précise.

L'énigme est ainsi résolue. La légende, qui s'était hissée jusque sur le trône de France, tombe de haut. La satisfaction de l'historien est de penser que, depuis plus d'un siècle, tous les travaux historiques sérieux, reposant sur des investigations approfondies et dépourvus de préoccupations étrangères à la science — comme, par exemple, le désir d'aboutir à un résultat différent des solutions proposées par les devanciers, — sont venus à la même conclusion, qui était la solution exacte. Heiss, le baron de Chambrier, Reth, Roux-Fazillac, Delort, Carlo Botta, Armand Baschet, Marius Topin, Paul de Saint-Victor, Camille Rousset, Chéruel, Depping, n'ont pas hésité à placer sous le fameux masque de velours noir le visage de Mattioli. Mais, à chaque effort nouveau produit par la science, la légende se remettait à la tâche rendue plus active par les passions qu'a produites la Révolution.

La vérité, en histoire, fait penser, parfois, à ces fleurs qui flottent sur l'eau, blanches ou jaune très clair, parmi des feuilles plates et larges ; le vent se lève, soulève l'onde qui les submerge, elles ont disparu — puis elles reviennent à la surface.

# V

## LES GENS DE LETTRES
## A LA BASTILLE [1]

Parlant des gens de lettres en France, sous l'ancien régime, Michelet les appelle les « martyrs de la pensée »; il ajoute : « Le monde pense, la France parle. Et c'est justement pour cela que la Bastille de France, la Bastille de Paris — j'aimerais mieux dire la prison de la pensée, — fut, entre toutes les Bastilles, exécrable, infâme et maudite. » Au cours de l'article consacré à la Bastille dans la *Grande Encyclopédie*, M. Fernand

1. Pour chacun des écrivains dont il va être question, voir J. Delort, *Histoire de la détention des philosophes et des gens de lettres à la Bastille et à Vincennes*. Paris, 1829, 3 vol. in-8. Cet ouvrage, très richement documenté, est cité ici une fois pour toutes.

Notre confrère et ami, M. Fernand Bournon, ne nous en voudra pas de quelques pointes qui, dans ce chapitre, pourraient le piquer, bien que mal aiguisées. Il sait, et déjà les lecteurs de ce livre — en supposant que ce livre ait des lecteurs — savent en quelle haute estime nous tenons ses savants et charmants écrits.

Bournon écrit : « Après Louis XIV et pendant tout le xviiie siècle, la Bastille fut surtout employée à réprimer, sans pouvoir l'entraver, ce généreux et grandiose mouvement, qui est la gloire de l'esprit humain, vers les idées d'émancipation et d'affranchissement; c'est l'époque où les philosophes, les publicistes, les pamphlétaires, les libraires eux-mêmes y sont détenus en grand nombre », Et, à l'appui de cette apostrophe éloquente, M. Bournon cite les noms de Voltaire, de La Beaumelle, de l'abbé Morellet, de Marmontel et de Linguet, enfermés à la Bastille; de Diderot et du marquis de Mirabeau, mis au château de Vincennes.

Reprenons l'une après l'autre l'histoire de ces pauvres victimes, et suivons leur martyrologe.

## VOLTAIRE [1].

Le plus illustre et le premier en date des écrivains cités par M. Bournon, est Voltaire. Il fut embastillé à deux reprises différentes. Sa première détention commença le 17 mai 1717. A

---

1. Dossiers de Voltaire, prisonnier à la Bastille, *Bibl. de l'Arsenal*, ms. 10633 (pour la détention de 1717) et 10948 (pour celle de 1726). — *Archives de la Préfecture de police*, carton Bastille III. — *Bibl. nationale*, nouv. acq. françaises, ms. 1891.

*Œuvres de Voltaire*. — Desnoiresterres, *la Jeunesse de Voltaire*. Paris, 1867, in-8.

cette date le poète n'avait que vingt-deux ans,
peu de réputation; il ne portait même pas le nom
de Voltaire, qu'il ne prit qu'après qu'il fut sorti
de la Bastille, le 14 avril 1718. Ce qui occasionna
sa détention, ce n'est pas ce « généreux et grandiose mouvement vers les idées d'affranchissement qui est la gloire de l'esprit humain », mais
quelques polissonneries qui, franchement, va-
laient cela; des vers grossiers contre le Régent et
sa fille, et des propos publics plus grossiers encore.
Beaucoup d'auteurs impriment que Voltaire fut
embastillé pour avoir écrit les *J'ai vu*, satire
contre le gouvernement de Louis XIV, dont
chaque strophe se terminait par ce vers :

J'ai vu ces maux, et je n'ai pas vingt ans.

C'est une erreur. Voltaire fut enfermé pour
avoir écrit le *Puero regnante*, quelques vers sur le
Régent et sa fille, la duchesse de Berry, qu'il
serait impossible de traduire. Il y avait ajouté des
observations dont la reproduction serait impossible également. A la Bastille, Voltaire subit
des interrogatoires, au cours desquels il mentit
effrontément, puis on lui laissa une assez grande
liberté. « C'est à la Bastille, écrit Condorcet, que
le jeune poète ébaucha le poème de la *Ligue*, cor-
rigea sa tragédie d'*Œdipe*, et fit une pièce de vers
fort gaie sur le malheur d'y être. »

Voici de cette pièce les vers les moins mauvais :

> Or, ce fut donc par un matin, sans faute,
> En beau printemps, un jour de Pentecôte,

(cette Pentecôte vient un peu pour la rime : en 1717 la Pentecôte tombait le 16 mai, Voltaire fut arrêté le 17)

> Qu'un bruit étrange en sursaut m'éveilla
> . . . . . . . . . . . . . . . . . . . . . . . . . .
> J'arrive enfin dans mon appartement.
> Certain croquant, avec douce manière,
> Du nouveau gîte exaltait les beautés,
> Perfections, aises, commodités :
> « Jamais Phœbus, dit-il, dans sa carrière,
> N'y fit briller sa trop vive lumière,
> Voyez ces murs de dix pieds d'épaisseur,
> Vous y serez avec plus de fraîcheur. »
> Puis, me faisant admirer la clôture,
> Triple la porte et triple la serrure,
> Grilles, verrous, barreaux de tout côté :
> « C'est, me dit-il, pour votre sûreté. »
> . . . . . . . . . . . . . . . . . . . . . . . . . .
> Me voici donc en ce lieu de détresse,
> Embastillé, logé fort à l'étroit,
> Ne dormant point, buvant chaud, mangeant froid,
> Sans passe-temps, sans amis, sans maîtresse.

Quand Voltaire fut rendu libre, le Régent, qu'il avait injurié, comme nous venons de le dire, lui offrit avec bonne grâce sa protection. La réponse du poète est connue : « Monseigneur, je remercie Votre Altesse Royale de vouloir bien continuer à se charger de ma nourriture, mais je la prie de ne plus se charger de mon logement ». Le jeune écrivain obtint ainsi du Régent une pension de quatre cents écus, que celui-ci fit plus tard porter à deux mille livres.

Voltaire fut mis à la Bastille une seconde fois, en avril 1726. Cette nouvelle détention ne fut rien moins que justifiée. Il s'était pris de querelle, un soir, à l'Opéra, avec le chevalier de Rohan-Chabot. Une autre fois, à la Comédie-Française, dans la loge de Mlle Lecouvreur, le poète et le gentil-homme en vinrent aux propos les plus vifs. Rohan leva sa canne, Voltaire mit la main à l'épée, l'actrice s'évanouit. A quelques jours de là, « le brave chevalier de Rohan, assisté de six coupe-jarrets, derrière lesquels il était hardiment posté », faisait bâtonner notre poète en plein jour. Le chevalier, racontant plus tard l'aventure, disait agréablement : « Je commandais les travail-leurs ». De ce moment Voltaire chercha à se venger. « Les rapports de police nous révèlent de curieux détails sur sa vie décousue, errante, fié-vreuse, durant la période qui s'écoula entre l'in-sulte et l'arrestation du poète », écrit le minutieux historiographe de Voltaire, Desnoiresterres. Nous voyons, par l'un de ces rapports de police, que le jeune écrivain se met en relation avec des soldats aux gardes; plusieurs bretteurs fréquentent chez lui. Un parent, qui essaye de le calmer, le trouve plus irrité et plus violent dans ses discours que jamais. Il paraît certain qu'il médite quelque mauvais coup, qui aurait été justifié d'ailleurs. Le cardinal de Rohan obtint qu'on le fît arrêter dans la nuit du 17 avril 1726 et mettre à la Bastille.

Parlant de cette nouvelle incarcération le maréchal de Villars écrit : « Le public, disposé à tout blâmer, trouva pour cette fois, avec raison, que tout le monde avait tort : Voltaire d'avoir offensé le chevalier de Rohan, celui-ci d'avoir osé commettre un crime digne de mort en faisant battre un citoyen, le gouvernement de n'avoir pas puni la notoriété d'une mauvaise action et d'avoir fait mettre le battu à la Bastille pour tranquilliser le batteur ». Et, cependant, nous lisons dans le rapport du lieutenant de police Hérault : « Le sieur de Voltaire a été trouvé muni de pistolets de poche, et la famille, sur l'avis qu'elle a eu, a applaudi unanimement et universellement à la sagesse d'un ordre qui épargne à ce jeune homme la façon de quelque nouvelle sottise, et aux honnêtes gens, dont cette famille est composée, le chagrin d'en partager la confusion ».

Voltaire reste à la Bastille *douze jours*; on lui permet d'avoir auprès de lui, pour le servir, un domestique de son choix, qui est nourri aux frais du roi; lui-même prend ses repas, quand il lui plaît, à la table du gouverneur, sortant de la

Bastille, car l'hôtel du gouverneur s'élève au dehors de la prison; parents et amis viennent le voir; son ami Thiériot dîne avec lui; on lui donne plumes, papier, livres, et ce qu'il désire pour se distraire. « Usant et abusant de ces facilités, écrit Desnoiresterres, Voltaire crut qu'il pouvait donner audience à tout Paris. Il écrit à ceux de ses amis qui ne se sont pas encore rangés à leur devoir et les exhorte à lui donner preuve de vie. » — « J'ai été accoutumé à tous les malheurs, mande-t-il à Thiériot, mais pas encore à celui d'être abandonné de vous entièrement. Mme de Bernières, Mme du Deffand, M. le chevalier des Alleurs devraient bien me venir voir. Il n'y a qu'à demander permission à M. Hérault ou à M. de Maurepas. » Lors de l'entrée du poète à la Bastille, le lieutenant de police avait écrit au gouverneur : « Le sieur de Voltaire est d'un *génie* à avoir besoin de ménagements. Son Altesse Sérénissime a trouvé bon que j'écrivisse que l'intention du roi est que vous lui procuriez les douceurs et la liberté intérieure de la Bastille qui ne seront point contraires à la sécurité de sa détention[1]. » L'ordre de liberté fut signé le 26 avril.

1. Publ. dans la *Revue rétrospective* de Taschereau, II, 129.

## La Beaumelle[1].

Dans la liste de M. Bournon, La Beaumelle vient en deuxième ligne. Il fut embastillé dans les circonstances que voici : Après s'être brouillé à Berlin avec Voltaire, qu'il avait comparé à un singe, La Beaumelle revint à Paris, d'où il était exilé. Il y fit imprimer une nouvelle édition du *Siècle de Louis XIV*, de Voltaire, à l'insu de ce dernier, en y insérant des notes injurieuses pour la maison d'Orléans. « La Beaumelle, s'écrie Voltaire, est le premier qui ait osé faire imprimer l'ouvrage d'un homme de son vivant. Ce malheureux Érostrate du *Siècle de Louis XIV* à trouvé le secret de changer, pour quinze ducats, en un libelle infâme, un livre entrepris pour la gloire de la nation[2]. »

La Beaumelle fut écroué à la Bastille en avril 1753 et y resta six mois. Écrivant, le 18 mai 1753, à M. Roques, Voltaire disait « qu'il n'y avait guère de pays où il ne dût être puni tôt ou tard, et je sais, de source certaine, qu'il y a deux cours où on lui aurait infligé un châtiment plus capital que celui qu'il éprouve[3] ».

1. Pour les nombreuses pièces relatives à la détention de La Beaumelle, qui sont conservées dans les *Archives de la Bastille*, voir le *Catalogue des Archives de la Bastille*, à la table, p. 638.

2. Desnoiresterres, *Voltaire et Frédéric*, p. 261.

3. Cité par N. Joly, dans les *Mém. de l'Acad. de Toulouse*, ann. 1870, p. 198-99.

La Beaumelle ne tarda pas à faire paraître son édition des *Mémoires pour servir à l'histoire de Mme de Maintenon et à celle du siècle passé*, avec neuf volumes de correspondance. Il avait fabriqué des lettres qu'il attribuait à Mme de Saint-Géran, à Mme de Frontenac, publiait une correspondance de Mme de Maintenon, que M. Geffroy, dans un livre qui fait autorité, estime pleine de falsifications éhontées, d'inventions malsaines et grossières. Enfin, il avait inséré dans son ouvrage la phrase suivante : « La cour de Vienne accusée depuis longtemps d'avoir toujours à ses gages des empoisonneurs [1].... »

Il faut noter que des circonstances particulières devaient donner du retentissement à la publication de La Beaumelle, que la réputation de l'auteur à l'étranger, le titre même, lui prêtaient un grand poids, et que la France, qui s'engageait dans la guerre de Sept Ans, avait besoin des bonnes grâces de l'Autriche. La Beaumelle fut conduit à la Bastille une seconde fois. Le lieutenant de police, Berryer, lui fit subir l'interrogatoire d'usage. La Beaumelle était l'homme du monde le plus spirituel, au point qu'au cours de leurs querelles il mit Voltaire lui-même au désespoir. Tel il se montra dans son interrogatoire. « La Beaumelle, lui dit Berryer, vous me

___

1. Linguet, *Mémoires de la Bastille*, éd. de 1783, p. 39.

donnez là de l'esprit, ce que je vous demande ce sont des raisons. » Sur le désir qu'il exprima d'avoir un compagnon de chambre, on le mit avec l'abbé d'Estrées. Les officiers du château firent venir de chez lui tous ses manuscrits, afin qu'il pût continuer ses travaux. La Beaumelle eut à la Bastille une bibliothèque de six cents volumes, rangés sur des rayons que le gouvernement avait fait construire pour lui. Il y acheva une traduction des *Annales* de Tacite et des *Odes* d'Horace. Il avait la permission d'écrire à ses parents et amis, de recevoir leurs visites; il avait la liberté de se promener dans le jardin du château, d'élever de petits oiseaux dans sa chambre, et se faisait apporter du dehors toutes les gourmandises dont il était friand [1]. Le premier secrétaire de la lieutenance de police, Duval, rapporte l'épisode suivant : « Danry (c'est le fameux Latude) et Allègre (son compagnon de chambre et, bientôt, d'évasion) trouvèrent moyen d'entrer en correspondance de lettres avec tous les prisonniers de la Bastille. Ils levaient une pierre dans un cabinet de la chapelle et mettaient dessous leurs lettres. La Beaumelle se fit passer pour une

---

1. Si grande est la force de la légende que, dans son travail sérieux et très bien documenté sur La Beaumelle, M. N. Joly écrit : « Telle était la rigueur de sa captivité que, privé d'encre, de plume et de papier, il se vit obligé de graver ses vers, avec la pointe d'une aiguille, sur des assiettes d'étain ».

femme dans ses lettres à Allègre, et comme il avait beaucoup d'esprit et que ce dernier était très vif et écrivait très bien, Allègre devint amoureux fou de La Beaumelle, au point qu'étant convenus réciproquement de brûler leurs lettres, Allègre avait conservé celles de son amante La Beaumelle, qu'il n'avait pu se résoudre à jeter au feu, de manière, qu'ayant été découvert dans une visite qu'on fit dans sa chambre, il fut mis au cachot quelque temps [1]. » Le prisonnier s'amusait également à faire des vers qu'il récitait à haute voix, ce qui remplit d'inquiétude les officiers de la garnison, et le major Chevalier en écrivit au lieutenant de police :

« Le sieur de la Beaumelle semble avoir beaucoup perdu de sa cervelle; il paraît comme insensé; il s'amuse à déclamer dans sa chambre, en vers, une partie de la journée; le reste du temps il est tranquille [2]. »

Cette nouvelle détention dura du mois d'août 1756 au mois d'août 1757.

## L'ABBÉ MORELLET [3].

Nous arrivons à l'abbé Morellet, homme d'un esprit fin et charmant, l'un des meilleurs encyclo-

1. Publ. par Ravaisson, *Archives de la Bastille*, XVI, 48.
2. Lettre du major Chevalier au lieutenant de police, en date du 12 oct. 1753, *Bibl. de l'Arsenal*, Arch. de la Bastille.
3. Outre les références citées, voir *Mémoires de l'abbé*

pédistes, qui mourut, en 1819, membre de l'Institut, entouré de l'estime de tous. Il fut arrêté, le 11 juin 1760 [1], pour avoir fait imprimer et distribuer, sans privilège ni permission, une brochure intitulée : *Préface de la Comédie des philosophes ou vision de Charles Palissot*. Voici en quels termes, plus tard, Morellet jugea lui-même son pamphlet : « J'en dois faire ici ma confession. Dans cet écrit, je passe de beaucoup les limites d'une plaisanterie littéraire envers le sieur Palissot, et je ne suis pas aujourd'hui même sans remords de ce péché. » Et de plus, comme doit le reconnaître J.-J. Rousseau, en faveur de qui le pamphlet avait cependant été en partie composé, l'abbé insultait « très impudemment » une jeune et jolie femme, Mme de Robecq, qui était mourante de la poitrine, crachait le sang et mourut effectivement quelques jours plus tard.

L'arrestation de l'abbé Morellet fut demandée par Malesherbes, qui était alors directeur de la librairie, Malesherbes, l'un des esprits les plus libéraux et les plus généreux de son temps, qui

*Morellet*, publ. par Lémontey, Paris, 1821, 2 vol. in-8, et les documents publiés dans le *Bull. de la Soc. de l'hist. de France*, ann. 1835, t. II, p. 353-58. Les documents inédits, relatifs à l'abbé Morellet imprimés ci-après, nous ont été indiqués par un jeune érudit qui est venu travailler à la Bibliothèque de l'Arsenal. Nous avons malheureusement oublié son nom, ce dont nous sommes chagriné et lui adressons nos remerciements avec d'autant plus d'empressement.

1. *Bibl. nationale*, ms. franç. 22191, f. 165.

fut l'inspirateur des fameuses remontrances de
la Cour des Aides contre les lettres de cachet,
Malesherbes qui, au témoignage de M. H. Monin[1],
« nommé directeur de la librairie, protégea les
philosophes et les gens de lettres et facilita, par
son action personnelle, la publication de l'*Encyclopédie* ». Parlant de la *Préface de la Comédie*,
Malesherbes écrit au lieutenant général de police,
Gabriel de Sartine[2] : « C'est une brochure san-
glante, non seulement contre Palissot, mais
contre des personnes respectables et qui, par leur
état, devraient être à l'abri de pareilles insultes.
Je vous supplie, Monsieur, de vouloir bien faire
cesser ce scandale. Je crois qu'il est de l'ordre
public que la punition soit très sévère, et que
cette punition ne se termine pas à la Bastille ou
au For-l'Évêque, parce qu'il faut mettre une très
grande différence entre le délit des gens de lettres,
qui se déchirent entre eux, et l'insolence de ceux
qui s'attaquent aux personnes les plus considérables de l'État. Je ne crois pas que Bicêtre soit trop
fort pour ces derniers. Si vous avez besoin de
demander les ordres du Roi à M. de Saint-Florentin

1. *La Grande Encyclopédie*, XXII, 1054.
2 En date du 20 mai 1760. Minute autographe, à la *Bibl.
nationale*, ms. 3348, f. 70-71. — Cette lettre a été publiée,
d'après l'original, qui provenait des *Archives de la Bastille*
dans le *Bull. de la Soc. de l'hist. de France*, ann. 1835, t. II
p. 354-55. Rapprocher ces documents de ceux qui ont été
publiés par Delort, *Détention des philosophes*, II, 313-354.

pour les partis que vous aurez à prendre, j'espère que vous voudrez bien l'instruire de la demande que je vous fais. »

On remarquera, qu'au témoignage de Malesherbes, la Bastille ne pouvait suffire à punir la *Préface de la Comédie*, ni même le For-l'Évêque ; il demande la plus rude des prisons, Bicêtre. Sans tarder, il est vrai, l'excellent homme revient à des sentiments plus doux. Une détention à Bicêtre, écrit-il [1], serait infamante. Saint-Flo-

1. La lettre que Malesherbes écrivit pour incliner Sartine à l'indulgence est d'un vif intérêt :

« J'avais déjà été averti, Monsieur, que l'abbé Morellet était à la Bastille. Je vous dirai même confidemment qu'il y avait assez longtemps que je savais qu'il était auteur de la préface contre Palissot. Mais je le savais par une voie dont il ne m'était pas permis d'user contre lui.

« Cet auteur, que je connais beaucoup, est venu me trouver dès qu'il a su que je faisais des recherches sérieuses et m'a fait de lui-même sa confession. Je lui ai répondu, comme je crois que vous auriez fait à ma place, qu'il était à désirer pour lui qu'on ne le sût pas par d'autres voies. En effet, il ne me convenait en aucune façon que l'aveu qu'il me faisait fût noté à sa conviction et, d'un autre côté, il n'était pas juste non plus que ce simple aveu lui tînt lieu d'absolution. Malgré cela je vous l'aurais dit, si cela était arrivé dans un temps où je pusse vous voir ; mais il y a mille choses qui se disent plus aisément qu'elles ne s'écrivent et celle-là était du nombre, d'autant plus que son aveu n'était qu'imparfait. En effet, il m'avait bien avoué ce qui lui était personnel, mais il ne m'avait point dénommé Desauges (Pierre Desauges, voiturier qui avait transporté les ballots contenant les pamphlets de Morellet), ni les autres qui pouvaient avoir coopéré à l'édition et au débit, et je ne pouvais pas honnêtement lui conseiller de faire cette déclaration dans le temps où il se croyait sûr de n'être pas découvert. Ainsi la confidence que je vous aurais faite sur cela n'aurait

rentin et Sartine ne demandaient pas mieux que de se laisser convaincre. Morellet fut conduit à la Bastille. « L'ordre d'arrestation, écrit à Malesherbes

fait que vous gêner dans vos recherches, et j'aime mieux à présent ne vous avoir rien dit, parce que je suis, par là, pleinement sûr de n'avoir point abusé, directement ni indirectement, de l'aveu qui m'avait été fait. Au reste, Monsieur, ce qui s'est passé de l'abbé Morellet à moi et l'intérêt que j'ai pu prendre à lui, dans d'autres occasions, et que j'y prendrais peut-être encore si cette affaire-ci ne me regardait pas, ne doivent pas être des motifs pour le soustraire à la punition, et sa faute n'en est pas plus excusable, surtout en ce qui concerne le trait odieux et insolent sur Mme la princesse de Robec et d'autres traits qui paraissent aussi s'adresser à des personnes pour qui il aurait dû conserver du respect. Mais, en tâchant de ne me laisser aller à aucune affection particulière, je crois cependant qu'il n'est pas dans le cas de la peine rigoureuse et infamante dont je vous avais parlé dans la première lettre par laquelle je vous ai donné le libelle dont il est auteur.

« 1° Cet abbé Morellet est un homme d'état assez honnête, ou, au moins, vu comme tel par plusieurs personnes considérables; de façon que l'éclat de sa détention sera un coup très fâcheux pour lui, par les suites qu'elle aura, indépendamment de la rigueur même de sa captivité. Il est prêtre et attaché à des gens considérables dans le clergé, dont il attendait beaucoup, et auprès desquels ceci ne peut que lui nuire.

« 2° Il n'était aucunement mêlé dans l'affaire des préfaces contre Mesdames de la Mark et de Robec, qui fit beaucoup de bruit il y a un an ou deux. Cette affaire qui resta impunie, faute de preuves, est la première cause de tout ceci. Ceux qui en étaient coupables avaient tissé, avec tout l'art imaginable, une fourberie dont l'effet aurait été de faire tomber les soupçons sur d'autres. Si ceux qui en furent alors très violemment soupçonnés avaient été coupables de la récidive, il est certain qu'ils auraient mérité une punition plus grave que l'abbé Morellet.

« 3° Indépendamment de la querelle de l'*Encyclopédie* cet abbé est, à d'autres égards, un homme de mérite. Il a comun de ses agents, a été exécuté ce matin (par l'inspecteur d'Hémery), avec tous les bons procédés qu'on a pu mettre dans une aventure aussi fâcheuse. D'Hémery connaît l'abbé Morellet

posé, il y a quelques années, un ouvrage sur les toiles peintes qui lui a mérité la protection de M. Trudaine, par qui il a été chargé depuis de travailler sur d'autres matières concernant, principalement, le commerce. C'est un fait dont il est d'autant plus important que vous soyez instruit, qu'on peut avoir trouvé chez lui des mémoires sur les mines de charbon de terre qui lui ont été confiés par le gouvernement.

« 4° Enfin, le principal soin du gouvernement, dans ces matières, est de punir le délit où il se trouve, sans protéger un parti de gens de lettres plutôt que l'autre. Il serait misérable que les dépositaires de l'autorité parussent entrer dans de pareilles tracasseries. C'est dans ce principe qu'on a fermé les yeux sur les brochures dans lesquelles les auteurs se sont accablés d'injures réciproques, mais qu'on a sévi du moment qu'ils y ont mêlé des personnes auxquelles ils devaient porter respect. Mais si la punition de l'abbé Morellet était rigoureuse à un certain point, cela, joint à la protection non équivoque que ses adversaires ont obtenue de gens puissants, ferait peut-être que le public, toujours mécontent, croirait y voir autant de vengeance que de justice.

*Le passage qui suit, entre crochets, est rayé dans le manuscrit.* [Voilà, Monsieur, mes réflexions sur cette affaire qui n'empêchera pas que je regarde toujours cet auteur comme très punissable. Je ne parle point de ce qu'il dit de Palissot, ni des autres gens de son étoffe. Une partie de ces traits ne peuvent jamais être excusés, mais il faut convenir que l'aigreur est excusable depuis la *Comédie*. Mais ce qui ne peut jamais l'être ce sont les traits personnels à Mme de Robec et à d'autres personnes de même état, traits insolents par les personnes auxquelles ils s'adressent et odieux par les circonstances. Je ne peux pas, Monsieur, me juger moi-même avec assez d'impartialité pour savoir si l'intérêt que j'aurais pris à l'abbé Morellet et mon amitié pour des personnes avec qui il vit dans l'intimité, m'aveuglent dans

et il en a parlé à M. de Sartine dans les termes
les plus avantageux [1]. »

En entrant à la Bastille, l'abbé avait calculé que
sa captivité durerait six mois, et, après avoir avoué
qu'il envisageait dès lors sa détention sans trop
d'ennui, il ajoute : « Je dois dire, pour atténuer

cette affaire. Je crois cependant suivre assez les mêmes principes qui m'ont toujours conduit dans les affaires du même
genre.]

« Monsieur, il me reste à vous prévenir que vos recherches et l'interrogatoire que vous ferez subir à l'abbé Morellet
vous conduiront, à ce que je crois, qu'à découvrir des fautes
que je regarde comme beaucoup moindres que celles dont
vous avez la preuve, par la raison de la grande différence
des injures dites par les gens de lettres entre eux, aux
satires faites contre des personnes d'un état différent.

« On aura pu aussi trouver dans ses papiers le commencement d'un autre ouvrage sur la même matière, c'est-à-
dire contre Palissot. Il m'en avait prévenu et il comptait
que cette brochure serait écrite d'un style assez modéré
pour pouvoir être soumise à la censure.

« Vous connaissez, Monsieur, le sincère et inviolable
attachement, etc. »

(Minute originale, sans date, avec des ratures, *Bibl. nationale*,
ms. franç. 22191, f. 169-172.)

1. Lettre en date du 11 juin 1760, *Bibl. nationale*, ms.
22191, f. 165.
Le dossier concernant la détention de l'abbé Morellet à
la Bastille a été détourné des Archives de la Bastille, mais,
comme pour le dossier Marmontel, qui suit, nous pensons
que ce ne fut pas au moment de la prise, contrairement
à l'opinion exposée par M. Paul d'Estrée dans l'*Intermédiaire
des chercheurs et curieux*, 10 sept. 1897, col. 287. La seule
trace de ce dossier dans les Archives de la Bastille consiste
aujourd'hui en une fiche unique, *Bibl. de l'Arsenal*, ms. 12086.
Le dossier disparu a été publié dans le *Bulletin de la Soc.
de l'hist. de France*, ann. 1835, t. II, p. 353-58.

la trop bonne opinion qu'on pourrait prendre de moi et de mon courage, que j'étais merveilleusement soutenu par une pensée qui rendit ma petite vertu plus facile. Je voyais quelque gloire littéraire éclairer les murs de ma prison : persécuté, j'allais être plus connu. Les gens de lettres, que j'avais vengés, et la philosophie dont j'étais le martyr, commenceraient ma réputation. Les gens du monde, qui aiment la satire, allaient m'accueillir mieux que jamais. La carrière s'ouvrait devant moi, et je pourrais y courir avec plus d'avantage. Ces six mois de Bastille seraient une excellente recommandation et feraient infailliblement ma fortune. »

L'abbé demeura à la Bastille, non six mois, mais six semaines, « qui s'écoulèrent, observe-t-il, j'en ris encore en l'écrivant, très agréablement pour moi ». Il les employa à lire des romans et, spirituellement, à écrire un *Traité de la liberté de la Presse* [1]. Puis le bon abbé nous apprend que « les espérances dont il s'était bercé n'ont pas été trompées ». Au sortir de la Bastille, c'était un homme arrivé. Peu connu deux mois auparavant, voilà qu'il trouve partout l'accueil désiré. Les portes des salons de Mme de Boufflers, de Mme Necker, du baron d'Holbach, s'ouvrent devant lui ; les femmes le plaignent et l'admirent ;

_______________

1. *Mémoires de l'abbé Morellet* (éd. de 1821), I, 93.

les hommes font comme les femmes. Que n'avons-
nous encore une Bastille pour faciliter la carrière
des écrivains de talent !


## MARMONTEL [1].


Quant à Marmontel, le séjour de la prison
royale lui parut aussi agréable qu'à l'abbé Morellet.
Il s'était amusé à réciter chez Mme Geoffrin une
satire mordante où le duc d'Aumont, premier
gentilhomme de la chambre du roi, était cruelle-
ment maltraité [2]. Le duc se plaignit ; Marmontel
lui écrivit pour déclarer qu'il n'était pas l'auteur
de la satire [3] ; mais le gentilhomme tint bon.

« Que voulez-vous — dit à Marmontel le comte
de Saint-Florentin, qui contresigna la lettre de
cachet, — M. le duc d'Aumont vous accuse et
veut que vous soyez puni. C'est une satisfaction

1. On consultera la nouvelle édition des *Mémoires de
Marmontel* publiée par Maurice Tourneux. Paris (Bibliothèque des Mémoires, à la Librairie des bibliophiles), 1891,
3 vol. in-16.
Le dossier de Marmontel, comme celui de l'abbé Morellet,
a été enlevé et, comme pour le dossier Morellet, nous avons
des raisons de croire que ce ne fut pas au moment de la
prise ; il n'en subsiste plus aujourd'hui, à la *Bibliothèque
de l'Arsenal,* qu'une seule fiche, Archives de la Bastille, 12048,
f. 219. Les documents qui le composaient, ont été publiés
dans le *Bulletin de la Société de l'histoire de France,* ann.
1835, t. II, p. 344-355.
2. *Bull. Soc. hist. Fr.,* 1835, II, 344.
3. Lettre, en date du 30 novembre 1756, publiée dans le
*Bull. de la Soc. de l'hist. de France, ibid.,* 345.

qu'il demande pour récompense de ses services et des services de ses ancêtres. Le roi a bien voulu la lui accorder. Allez-vous-en trouver M. de Sartine; je lui adresse l'ordre du roi; vous lui direz que c'est de ma part que vous venez le recevoir. »

Sartine était lieutenant général de police.

« Je me rendis chez M. de Sartine, poursuit Marmontel, où je trouvai l'exempt qui allait m'accompagner. M. de Sartine voulait qu'il se rendît à la Bastille dans une autre voiture que la mienne. Ce fut moi qui me refusai à cette offre obligeante; et, dans le même fiacre, mon introducteur et moi nous arrivâmes à la Bastille [1].... Le gouverneur, M. d'Abadie, me demanda si je voulais qu'on me laissât mon domestique.... On visita légèrement mes paquets et mes livres, et l'on me fit monter dans une vaste chambre où il y avait pour meubles deux lits, deux tables, un bas d'armoire et trois chaises de paille. Il faisait froid, mais un geôlier nous fit bon feu et m'apporta du bois en abondance. En même temps on me donna des plumes, de l'encre, du papier, à condition de rendre compte de l'emploi et du nombre de feuilles que l'on m'aurait remises.

« Le geôlier revint me demander si je trouvais mon lit assez bon. Après l'avoir examiné, je répondis que les matelas en étaient mauvais et les

1. Le 28 décembre 1759.

couvertures malpropres. Dans la minute tout cela fut changé. On me fit demander aussi quelle était l'heure de mon dîner. Je répondis : « L'heure de « tout le monde ». La Bastille avait une bibliothèque; le gouverneur m'en envoya le catalogue, en me donnant le choix des livres qui la composaient. Je le remerciai pour mon compte, mais mon domestique demanda pour lui les romans de Prévost, et on les lui apporta. »

Suivons le récit de Marmontel. « De mon côté, dit-il, j'avais de quoi me sauver de l'ennui. Impatienté depuis longtemps du mépris que les gens de lettres témoignent pour le poème de Lucain, qu'ils n'avaient pas lu et qu'ils ne connaissaient que par la version barbare et ampoulée de Brébeuf, j'avais résolu de le traduire plus décemment et plus fidèlement en prose, et ce travail, qui m'appliquerait sans me fatiguer la tête, se trouvait le plus convenable au loisir solitaire de ma prison. J'avais donc apporté avec moi la *Pharsale*, et, pour l'entendre mieux, j'avais eu soin d'y joindre les *Commentaires de César*. Me voilà donc au coin d'un bon feu, méditant la querelle de César et de Pompée, et oubliant la mienne avec le duc d'Aumont. Voilà de son côté Bury — ainsi s'appelait le domestique de Marmontel — aussi philosophe que moi, s'amusant à faire nos lits, placés dans les deux angles opposés de ma chambre, éclairée dans ce moment par un beau jour d'hiver, nonobstant les barreaux de deux fortes grilles de fer qui me laissaient la vue du faubourg Saint-Antoine.

« Deux heures après, les verrous des deux portes qui m'enfermaient me tirent par leur bruit de ma profonde rêverie, et les deux geôliers, chargés d'un dîner que je crois le mien, viennent le servir en silence. L'un dépose devant le feu trois petits plats couverts d'assiettes de faïence commune ; l'autre déploie sur celle des deux tables qui était vacante, un linge un peu grossier, mais blanc. Je lui vois mettre sur cette table un couvert assez propre, cuillère et fourchette d'étain, du bon pain de ménage et une bouteille de vin. Leur service fait, les geôliers se retirent, et les deux portes se referment avec le même bruit des serrures et des verrous.

« Alors Bury m'invite à me mettre à table et il me sert la soupe. C'était un vendredi. Cette soupe, en maigre, était une purée de fèves blanches, au beurre le plus frais, et un plat de ces mêmes fèves fut le premier que Bury me servit. Je trouvai tout cela très bon. Le plat de morue qu'il m'apporta pour le second service était meilleur encore. La petite pointe d'ail l'assaisonnait, avec une finesse de saveur et d'odeur qui aurait flatté le goût du plus friand Gascon. Le vin n'était pas excellent, mais il était passable ; point de dessert : il fallait bien être privé de quelque chose. Au surplus je trouvai qu'on dînait fort bien en prison.

« Comme je me levais de table, et que Bury allait s'y mettre — car il y avait encore à dîner pour lui dans ce qui restait, — voilà mes deux geôliers qui rentrent avec des pyramides de plats dans les mains. A l'appareil de ce service en beau linge, en belle faïence, cuillère et fourchette d'argent, nous reconnûmes notre méprise ; mais nous ne fîmes semblant de rien, et lorsque nos geôliers, ayant déposé tout cela, se furent retirés : « Mon-« sieur, me dit Bury, vous venez de manger mon « dîner, vous trouverez bon qu'à mon tour je « mange le vôtre. — Cela est juste », lui répon-dis-je, et les murs de ma chambre furent, je crois, bien étonnés d'entendre rire.

« Ce dîner était gras ;, en voici le détail : un excellent potage, une tranche de bœuf succulent, une cuisse de chapon bouilli ruisselant de graisse et fondant, un petit plat d'artichauts frits en mari-nade, un d'épinard, une très belle poire de cré-sane, du raisin frais, une bouteille de vin vieux de Bourgogne, et du meilleur café de Moka ; ce fut le dîner de Bury, à l'exception du café et du fruit, qu'il voulut bien me réserver.

« L'après-dîner le gouverneur vint me voir, et me demanda si je me trouvais bien nourri, m'as-surant que je le serais de sa table, qu'il aurait soin lui-même de couper mes morceaux, et que personne que lui n'y toucherait. Il me proposa un poulet pour mon souper; je lui rendis grâce et lui dis qu'un reste de fruit de mon dîner me suffirait. On vient de voir quel fut mon ordinaire à la Bastille, et l'on peut en induire avec quelle douceur, plutôt quelle répugnance, l'on se prêtait à servir contre moi la colère du duc d'Aumont.

« Tous les jours j'avais la visite du gouverneur. Comme il avait quelque teinture des belles-lettres et même de latin, il se plaisait à suivre mon travail, il en jouissait; mais bientôt, se dérobant lui-même à ces petites dissipations : « Adieu, me « disait-il, je m'en vais consoler des gens plus « malheureux que vous. »

Telle fut la détention de Marmontel. Elle dura onze jours [1].


## LINGUET [2]


Linguet, avocat-journaliste, fut arrêté pour délit de presse et diffamation. C'était un homme de beaucoup d'esprit, mais d'un caractère peu honorable. M. le procureur général Cruppi con-

1. Marmontel fut mis en liberté le 7 janvier 1760. *Bull. Soc. hist. France, ann. cit.*, p. 351.
 2. Voir la nouv. édition des *Mémoires sur la Bastille*, de Linguet, publ. par M. H. Monin, dans la *Bibliothèque des Mémoires* (Jouaust), Paris, 1889, in-18.

sacre à l'histoire de Linguet une œuvre aussi étendue qu'éloquente. Il a pour son héros des trésors d'indulgence; néanmoins, malgré la bienveillance dont il l'entoure et qu'il s'efforce de faire partager au lecteur, il se dégage de son livre même que Linguet était digne de peu d'estime et que ses confrères l'avaient justement rayé du tableau des avocats de Paris.

La captivité de Linguet dura deux ans. Il en a laissé la description dans ses *Mémoires sur la Bastille*, qui eurent un grand retentissement et dont le succès s'est continué jusqu'à nos jours. Le libelle de Linguet, comme tout ce qui est sorti de sa plume, est écrit d'un style rapide, avec verve et éclat; les faits cités sont, en majeure partie, exacts [1]; mais l'auteur, qui voulait faire sensation, les a habilement présentés sous un jour qui en dénature le caractère. « Il y a, dit Mme de Staal, moyen de répandre l'ombre et la lumière sur les faits qu'on expose, de manière que, sans en altérer le fond, on en change l'apparence. » Voici la description que Linguet donne de son mobilier à la Bastille : « Deux matelas rongés des vers, un fauteuil de canne dont le

---

1. Il lui arrive cependant de déclarer, avec de grands serments, qu'on ne lui fit jamais subir « l'ombre d'un interrogatoire » à la Bastille (p. 31 de l'éd. Monin). Linguet fut arrêté le 27 sept. 1780; dès le 30 sept. le commissaire Chesnon lui fit subir un interrogatoire dont le texte a été publié dans la *Bastille dévoilée*, livr. VII, p. 115 et suiv.

siège ne tenait qu'avec des ficelles, une table pliante, une cruche pour l'eau, deux pots de faïence, dont un pour boire, et deux pavés pour soutenir le feu ». Un contemporain a pu dire des *Mémoires* de Linguet : « C'est le mensonge le plus long qui ait été imprimé[1] ». Et cependant, si nous prenons les faits mêmes que raconte l'habile journaliste, en les dégageant du mirage trompeur dans lequel il les a placés, nous ne voyons pas sous un aspect aussi misérable qu'il s'efforce de le dire l'existence qu'il mena dans la prison du roi. Il doit bien avouer que sa nourriture a toujours été fort abondante, en ajoutant, il est vrai, que c'était parce qu'on voulait l'empoisonner! Il n'aurait dû la vie « qu'à l'opiniâtreté vivace de sa constitution[2] ». Linguet n'en notait pas moins, chaque matin, sur le *menu* du jour, que lui faisait passer le cuisinier de la Bastille, les plats de son goût; il fit plus tard meubler sa chambre à son gré. Il conservait d'ailleurs assez de liberté pour publier durant sa détention un ouvrage intitulé : *Procès des trois rois, Louis XVI, Charles III et Georges III*, qui parut à Londres en 1781[3]. Rappelons encore le célèbre mot de Linguet au perruquier de la Bastille, le premier jour où celui-ci

1. *Observations sur l'histoire de la Bastille, publiée par M. Linguet* (Londres, 1783, in-8), p. 48.
2. *Mémoires de la Bastille*, éd. de 1783, p. 71-72.
3. *Revue de la Révolution française*, ann. 1882, p. 60.

se présenta pour lui faire la barbe : « A qui ai-je l'honneur de parler? — Je suis, monsieur, le barbier de la Bastille. — Hé! que ne la rasez-vous! »

Quelques années après sa sortie de prison, en juin 1792, Linguet fut poursuivi pour délit de presse, une seconde fois. Le Tribunal révolutionnaire le condamna à mort. En gravissant les marches de l'échafaud, l'ardent pamphlétaire pensa peut-être, avec des regrets d'une amère ironie, à cette Bastille dont il avait réclamé à grands cris la destruction.


## DIDEROT [1].


Il nous reste à parler de Diderot et du marquis de Mirabeau, qui ne furent pas enfermés à la Bastille, mais à Vincennes, non dans le donjon, mais dans le château de Vincennes, qui constituait une prison distincte du donjon. On ne plaçait dans le château que des prisonniers peu compromis, appelés à subir une détention passagère, et auxquels on voulait témoigner des égards. Ce fut, comme nous venons de le dire, le séjour de Diderot et du marquis de Mirabeau. Diderot fut arrêté le 24 juillet 1749. Son dernier livre : *Lettres sur les aveugles à l'usage de ceux qui voient,*

1. Voir le dossier de Diderot dans les Archives de la Bastille, *Bibl. de l'Arsenal,* ms. 11671.

contenait des théories qui, pour être qualifiées de morales, ne le parurent pas suffisamment. Mais il nia bravement, au cours de son interrogatoire, en être l'auteur, ainsi que des *Pensées philosophiques* qu'il avait fait paraître quelques années auparavant. Le lieutenant de police écrivit au gouverneur de Vincennes que, sans le mettre en liberté, on devait lui donner toutes les aises possibles, la promenade dans le jardin et dans le parc ; « que le roi voulait bien aussi, en considération du travail de librairie dont il était chargé (l'*Encyclopédie*), permettre qu'il communiquât librement avec les personnes du dehors qui viendraient pour cet effet ou pour ses affaires domestiques ». Et Diderot recevait la visite de sa femme, il se promenait avec elle dans les sentiers du bois. J.-J. Rousseau, d'Alembert allaient passer auprès de lui les après-dîners, et, comme au bon vieux temps de Platon et de Socrate, nos philosophes, assis sur l'herbe verte, causaient de métaphysique et d'amours galantes à l'ombre des grands chênes. Nous venons de voir que les libraires et imprimeurs, qui avaient entrepris d'éditer l'*Ency-clopédie*, furent à Vincennes en communication constante avec Diderot ; il corrigeait dans sa prison les épreuves de cette publication que la Cour ne voyait pas d'un œil favorable. Et nous savons que, la nuit, avec la complicité déguisée du gouverneur, notre philosophe franchissait les murailles du parc, pour se rendre à Paris auprès d'une belle dame, Mme de Puysieux, qu'il aimait d'un amour rien moins que platonique : au petit jour, ses geôliers le retrouvaient sous les verrous. Cette rude captivité dura un peu plus de trois mois.

### Le marquis de Mirabeau [1].

La détention du marquis de Mirabeau ne dura que dix jours. La lettre de cachet avait été obtenue par la coterie des financiers, que les audacieuses conceptions de la *Théorie de l'impôt* avaient remplis d'épouvante. « Je pense avoir mérité d'être puni, écrit le marquis, comme l'âne de la fable, pour un zèle gauche et déplacé. » A propos de l'arrestation, Mme d'Épinay mande à Voltaire : « On n'a jamais arrêté un homme comme celui-là l'a été, en lui disant : « Monsieur, « mes ordres ne portent pas de vous presser; « demain, si vous n'avez pas le temps aujour- « d'hui. — Non, monsieur, on ne saurait trop tôt « obéir aux ordres du roi, je m'y attendais. » Et il part avec une malle chargée de livres et de papiers. » Au château de Vincennes, le marquis de Mirabeau eut un domestique auprès de lui. Sa femme le venait voir. Le roi dépensait quinze

1. Voir l'ouvrage de Louis de Loménie, *les Mirabeau*, t. II (2ᵉ éd., Paris, 1879).

livres par jour, plus de trente francs de notre monnaie, pour son entretien. Il sortit le 24 décembre 1760. Son frère, le bailli de Mirabeau, parlant de cette détention, lui écrivait : « Un arrêt de huit jours où l'on t'a marqué toute la considération possible.... »

Nous avons épuisé la liste, donnée par M. Bournon, des écrivains victimes du pouvoir arbitraire. Tels sont les « martyrs » pour lesquels cet excellent historien, et Michelet, et d'autres, ont eu la plus touchante compassion. Les faits qui précèdent se passent de commentaires. Les hommes de lettres ont été les enfants gâtés du xviii<sup>e</sup> siècle bien plus que du nôtre, et jamais gouvernement absolu n'a montré une tolérance égale à celle de la monarchie de l'ancien régime envers des écrivains de qui les doctrines — les événements l'ont montré — allaient directement à sa destruction.

# VI

## LATUDE

Peu de figures historiques ont pris dans l'imagination populaire une plus grande place que Masers de Latude. Le célèbre prisonnier semble avoir résumé dans sa vie de souffrances toutes les iniquités d'un gouvernement arbitraire [1]. Les romanciers et les dramaturges du XIXe siècle en ont fait un héros, les poètes ont drapé ses malheurs de crêpes étoilés, nos plus grands historiens lui ont consacré leurs veilles, de nombreuses éditions de ses *Mémoires* se sont succédé jusqu'à nos jours [2]. Les contemporains de Latude le regardaient déjà comme un martyr, et la postérité n'a pas découronné sa tête blanchie dans les prisons de cette lumineuse auréole. Sa légende Latude l'a formée lui-même. Lorsqu'en 1790 il

1. « Latude, une des plus touchantes victimes du despotisme royal. » (*Dictionnaire Larousse*.)
2. La dernière est celle de M. Georges Bertin, *Mémoires de Henri Masers de Latude*, Paris, s. d. (1889), in-12.

dicta l'histoire de sa vie, il se servit de son imagination méridionale plus que de sa mémoire;
mais les documents qui composaient son dossier
dans les Archives de la Bastille sont conservés.
Ils se trouvent aujourd'hui dispersés dans diverses
bibliothèques, à l'Arsenal [1], à Carnavalet [2], à Saint-
Pétersbourg [3]. Il est, grâce à eux, facile de rétablir la vérité [4].

1. Se reporter à la table du *Catalogue des Archives de la
Bastille*, p. 675.

2. Bibliothèque de la ville de Paris (hôtel Carnavalet),
n° 10731 (Réserve). C'est une collection de documents manuscrits relatifs à Latude, et qui sont du plus grand intérêt.

3. La Bibliothèque impériale de Saint-Pétersbourg conserve l'original du *Grand Mémoire ou Rêveries du sieur
Masers de Latude*, rédigé à Vincennes en 1775-1778. La
Bibliothèque de l'Arsenal en a acquis la copie aujourd'hui
déposée dans les Archives de la Bastille, ms. 12727, f. 605-
839. Une partie en a été publiée par M. Hovyn de Tran-
chère, *les Dessous de l'Histoire*, II, 397-449. Ce document est
d'une importance capitale pour l'étude de la vie du célèbre
prisonnier : les *Mémoires* que Latude fit paraître, sous
diverses formes, à l'époque de la Révolution, ont été écrits
pour le public et sont des tissus de mensonges; les *Rêveries* qu'il écrivait pour lui-même, dans sa prison, sont sincères et l'image de la vérité.

4. A ces documents, conservés dans les dépôts publics,
qui sont la base du récit qui va suivre, il faut joindre les
documents, notamment les lettres écrites par Latude —
nul homme n'a écrit plus que lui, — qui sont la propriété
de particuliers. Beaucoup d'entre eux ont été publiés ou
analysés dans les catalogues des ventes d'autographes. On
se reportera également aux textes qui ont été publiés à
diverses reprises dans la *Revue rétrospective* et la *Nouvelle
Revue rétrospective* (voir les tables).

Il faut enfin accorder une mention spéciale à l'article,
fait avec des documents inédits, que Jal a consacré à
Latude dans son *Dictionnaire critique de biographie et
d'histoire* (Paris, 1867, gr. in-8).

I

Le 23 mars 1725, à Montagnac, en Languedoc, une pauvre fille, Jeanneton Aubrespy, mettait au monde un enfant qui fut baptisé trois jours plus tard[1]. Jean Bouhour et Jeanne Boudet, les parrain et marraine, donnèrent au nouveau-né les prénoms de Jean-Henri. Quant à un nom de famille, le pauvret n'en avait pas, enfant illégitime d'un père inconnu.

Jeanneton venait de passer la trentaine. Elle était de famille bourgeoise et demeurait près de la porte de Lom, dans une petite maison qui semble lui avoir appartenu. Plusieurs de ses cousins occupaient des grades dans l'armée. Mais, du jour où elle fut devenue mère, sa famille la repoussa. Son existence devint misérable. Femme vaillante, cousant et filant, elle éleva son gamin, qui poussait intelligent, vif, très ambitieux. Elle parvint à lui faire donner quelque instruction, et nous trouvons Jean-Henri, à l'âge de dix-sept ans, garçon chirurgien dans l'armée du Languedoc. Au XVIIIe siècle, les chirurgiens n'étaient pas, à vrai dire, grands personnages : leurs fonctions consistaient surtout à faire la barbe, à arracher les dents et à pratiquer les saignées. Néanmoins

1. Registre de l'état civil de Montagnac (Hérault), cité par Jal, p. 746.

la place était bonne. « Les garçons chirurgiens des armées, écrit l'exempt du guet Saint-Marc, qui ont travaillé de leur profession, ont gagné beaucoup d'argent. » Dès cette époque, ne voulant pas porter le nom de sa mère, le jeune homme avait ingénieusement transformé son double prénom en Jean Danry. C'est ainsi qu'il est déjà désigné dans un passeport à destination de l'Alsace, délivré le 25 mars 1743 par le commandant des armées royales en Languedoc. Danry suivit, en cette année 1743, les troupes du maréchal de Noailles dans leurs opérations sur le Mein et le Rhin, et, vers la fin de la saison, le maréchal lui donna un certificat attestant qu'il l'avait bien et fidèlement servi pendant toute la campagne.

En 1747, Danry est à Bruxelles employé dans l'hôpital ambulant des armées de Flandre, aux appointements de 50 livres par mois. Il assista au fameux assaut de Berg-op-Zoom, que les colonnes françaises enlevèrent avec tant de bravoure sous le commandement du comte de Lowendal. Mais la paix d'Aix-la-Chapelle fut signée, les armées furent licenciées et Danry vint à Paris. Il avait en poche une recommandation pour le chirurgien du maréchal de Noailles, Descluzeaux, et un certificat signé par Guignard de la Garde, commissaire des guerres, qui témoignait de la bonne conduite et des capacités « du nommé Dhanry,

garçon chirurgien ». Ces deux certificats composaient le plus clair de sa fortune.

Danry arriva à Paris vers la fin de l'année 1748.
On le voyait se promener les après-dîners aux Tuileries en habit gris et veste rouge, portant bien
ses vingt-trois ans. De moyenne taille, un peu
fluet, ses cheveux bruns « en bourse », il avait
l'œil vif et la physionomie intelligente. Peut-être
aurait-il été joli garçon si des traces de petite
vérole n'eussent grêlé sa figure. Une pointe
d'accent gascon assaisonnait son langage, et
nous voyons, par l'orthographe de ses lettres,
que, non seulement il n'avait guère d'éducation
littéraire, mais qu'il parlait à la manière du
peuple. Néanmoins, actif, habile dans son métier,
bien vu de ses chefs, il était en passe de se faire
une situation honorable et d'arriver à soutenir sa
mère, qui vivait délaissée à Montagnac concen-
trant sur lui, dans son abandon, son affection et
tout son espoir.

Paris, retentissant et joyeux, éblouit le jeune
homme. La vie brillante et luxueuse, les robes de
soie et de dentelles le faisaient rêver. Il trouvait
les Parisiennes charmantes. Il leur donnait de
son cœur sans compter et, de sa bourse, sans
compter aussi. Le cœur était riche; la bourse
l'était moins. Danry eut bientôt dépensé ses
modestes économies et tomba dans la misère. Il
fit de mauvaises connaissances. Son meilleur

ami, un nommé Binguet, garçon apothicaire, par-
tage avec lui un taudis, cul-de-sac du Coq, chez
Charmeleux, qui tient chambres garnies. On ne
trouverait pas plus grands coureurs de filles,
libertins et mauvais sujets que nos deux amis.
Danry, colère, fanfaron, batailleur, s'est rapidement fait connaître de tout le quartier. Mourant
de faim, menacé d'être jeté à la porte du logement dont il ne paie pas les termes, il écrit à sa
mère pour demander quelque argent; mais à
peine la pauvre fille peut-elle se suffire à elle-
même.

Nous sommes loin, comme on voit, du bel officier de génie que chacun a dans sa mémoire, loin
aussi du brillant tableau que Danry traça plus
tard de ces années de jeunesse pendant lesquelles
il reçut, « par les soins du marquis de la Tude,
son père, l'éducation d'un gentilhomme destiné
à servir sa patrie et son roi ».

Dénué de toute ressource, Danry imagina qu'au
siège de Berg-op-Zoom des soldats l'avaient
dépouillé tout nu, hors la simple chemise, et volé
de 678 livres. Il fit une lettre à l'adresse de
Moreau de Séchelles, intendant des armées de
Flandre, espérant la faire signer par Guignard de
la Garde, commissaire des guerres, sous lequel
il avait servi. Danry demandait à être indemnisé
de ces pertes qu'il avait faites tandis qu'il s'exposait, sous le feu de l'ennemi, à soigner des blessés.

Mais nous lisons, dans les *Mémoires* écrits plus tard par Danry, que, loin d'avoir été, à Berg-op-Zoom, « dépouillé tout nu et volé de 678 livres », il y acheta une quantité considérable d'effets de tout genre qui se vendirent à bas prix au pillage de la ville. Quoi qu'il en soit, la tentative ne réussit pas. Danry était homme de ressources; à peine quelques jours étaient-ils passés, qu'il avait imaginé un autre expédient.

Chacun parlait de la lutte entre les ministres et la marquise de Pompadour. Celle-ci venait de triompher, Maurepas partait en exil; mais on le croyait homme à tirer vengeance de son ennemie. La favorite elle-même avouait sa crainte d'être empoisonnée. Une lueur se fit dans l'esprit du garçon chirurgien : il se vit tout à coup, lui aussi, en habit doré, roulant carrosse sur la route de Versailles.

Le 27 avril 1749, sous l'arcade du Palais-Royal attenant le grand escalier, il acheta à un marchand, qui étalait en cet endroit, six de ces petites bouteilles, appelées larmes bataviques, dont s'amusaient les enfants. C'étaient des bulles de verre fondu qui, jetées dans l'eau froide, y avaient pris la forme de petites poires. Elles éclataient avec bruit quand on en brisait la queue en crochet. Il en disposa quatre dans une boîte de carton et en relia les petites queues par une ficelle fixée au couvercle. Il répandit par-dessus de la poudre à poudrer, qu'il recouvrit d'un lit de poussière de vitriol et d'alun. Le paquet fut entouré d'une double enveloppe. Sur la première il écrivit : « Je vous prie, madame, d'ouvrir le paquet en particulier » ; et, sur la seconde, qui recouvrait la première : « A Mme la marquise de Pompadour, en cour » [1].

Puis il courut jeter son paquet, le 28 avril, à huit heures du soir, à la grand'poste, et partit immédiatement pour Versailles. Il espérait parvenir jusqu'à la favorite, mais fut arrêté par son premier valet, Gourbillon. D'une voix émue, Danry conta une histoire effrayante : il s'était trouvé aux Tuileries et avait aperçu deux hommes qui causaient avec animation ; il s'était approché et les avait entendus proférer contre Mme de Pompadour des menaces effroyables ; les hommes levés, il les avait suivis ; ils s'en étaient allés droit à la grand'poste, où ils avaient jeté un paquet dans la grille. Quels étaient ces hommes? quel était ce paquet? — Il ne pouvait le dire. Mais, dévoué aux intérêts de la marquise, il était accouru immédiatement pour révéler ce qu'il avait vu.

Pour comprendre l'impression produite par la dénonciation du jeune homme, il faut se rappeler

1. Le couvercle de la boîte de Danry, conservé dans les Archives de la Bastille à la Bibliothèque de l'Arsenal, est reproduit à la fin de ce volume.

l'état où les esprits étaient en ce moment à la cour. Maurepas, le ministre enjoué et spirituel que Louis XV, l'homme ennuyé, aimait pour le charme qu'il savait donner à l'expédition des affaires, venait d'être exilé à Bourges. « Pontchartrain, lui mandait le roi, est trop près. » La lutte entre le ministre et la favorite avait été d'une violence extrême. Maurepas chansonnait la fille montée sur les marches du trône, la poursuivait de ses reparties hautaines et cruelles. Sa muse ne reculait pas devant les insultes les plus brutales. La marquise ne ménageait pas davantage son adversaire; elle le traitait ouvertement de menteur et de fripon et déclarait à tous qu'il cherchait à la faire empoisonner. Aussi fallait-il qu'un chirurgien fût toujours auprès d'elle, qu'elle eût toujours du contrepoison à portée de la main. A table, elle ne mangeait rien la première; et, dans sa loge, à la comédie, elle n'acceptait de limonade que si elle avait été préparée par son chirurgien.

Le paquet, mis à la poste par Danry, arriva à Versailles le 29 avril. Quesnay, médecin du roi et de la marquise, fut prié de l'ouvrir [1]. Il le fit avec grande prudence, reconnut la poudre à poudrer, le vitriol et l'alun, et déclara que toute cette machine n'avait rien de redoutable; que, néan-

---

1. Ce docteur Quesnay n'est autre que le célèbre fondateur de la doctrine des physiocrates.

moins, le vitriol et l'alun étaient matières perni-
cieuses, et qu'il était possible que l'on se trouvât
en face d'une tentative criminelle maladroitement
exécutée.

Il n'est pas douteux que Louis XV et sa maîtresse aient été terrifiés. D'Argenson, qui avait
soutenu Maurepas contre la favorite, avait lui-
même grand intérêt à éclaircir au plus tôt cette
affaire. Le premier mouvement fut tout en faveur
du dénonciateur. D'Argenson écrivit à Berryer
qu'il méritait récompense.

Aussitôt l'on chercha à découvrir les auteurs
du complot. Le lieutenant de police choisit le
plus habile, le plus intelligent de ses officiers,
l'exempt du guet Saint-Marc, et celui-ci se mit
en rapport avec Danry. Mais Saint-Marc n'avait
pas passé deux jours en compagnie du garçon
chirurgien, qu'il rédigeait un rapport demandant
son arrestation. « Il n'est pas indifférent de remarquer que Danry est chirurgien et que son
meilleur ami est apothicaire. Je crois qu'il serait
essentiel, sans attendre plus longtemps, d'arrêter
Danry et Binguet, en leur laissant ignorer qu'ils
sont tous deux arrêtés, et, en même temps, de
faire perquisition dans leurs chambres. »

Danry fut mené à la Bastille le 1ᵉʳ mai 1749; on
s'était assuré de Binguet le même jour. Saint-
Marc avait pris la précaution de demander au
garçon chirurgien d'écrire le récit de son aven-

ture. Il remit ce texte à un expert, qui en compara l'écriture avec l'adresse du paquet envoyé à Versailles : Danry était perdu. Les perquisitions opérées dans sa chambre confirmèrent les soupçons. Enfermé à la Bastille, Danry ignorait ces circonstances, et quand, le 2 mai, le lieutenant général de police vint l'interroger, il ne répondit que par des mensonges.

Le lieutenant de police, Berryer, était un homme ferme, mais honnête et bienveillant. « Il inspirait la confiance, écrit Danry lui-même, par sa douceur et sa bonté. » Berryer se chagrinait de l'attitude que prenait Danry, il lui montrait le danger auquel il s'exposait, le conjurait de dire la vérité. Dans un nouvel interrogatoire Danry persista à mentir. Puis, tout à coup, il changea de tactique et refusa de répondre aux questions qu'on lui posait. « Danry, lui disait le lieutenant de police pour lui donner courage, ici nous rendons justice à tout le monde. » Mais les prières n'eurent pas un meilleur résultat que les menaces; l'accusé gardait un silence obstiné. D'Argenson écrivait à Berryer : « Cette affaire est trop importante à éclaircir pour ne pas suivre toutes les indications qui peuvent faire parvenir à cet objet ».

Danry, par ses mensonges, puis par son silence, avait trouvé le moyen de donner un air de complot ténébreux à une tentative d'escroquerie sans grande conséquence.

Il ne se décida que le 15 juin à faire un récit à peu près exact, dont le procès-verbal fut immédiatement envoyé au roi, qui le relut plusieurs fois et « pocheta » toute la journée. Ce détail montre l'importance que l'affaire avait prise. Les soupçons ne furent pas dissipés par la déclaration du 15 juin. Danry avait altéré la vérité dans les deux premiers interrogatoires, on avait lieu de croire qu'il l'altérait également dans le troisième. C'est ainsi que son silence et ses dépositions contradictoires le perdirent. Six mois plus tard, le 7 octobre 1749, le docteur Quesnay, qui avait témoigné beaucoup d'intérêt au jeune chirurgien, fut envoyé auprès de lui à Vincennes afin qu'il lui révélât le nom de celui qui l'avait poussé au crime. Au retour, le docteur écrit à Berryer : « Mon voyage n'a été d'aucune utilité; je n'ai vu qu'un hébété, qui cependant a toujours persisté à me parler conformément à sa déclaration. » Et deux années se sont écoulées que le lieutenant de police écrira encore à Quesnay : « 25 février 1751. — Vous feriez grand plaisir à Danry si vous vouliez lui rendre une visite, et par cette complaisance vous pourriez peut-être l'engager à vous découvrir entièrement son intérieur, et à vous faire un aveu sincère de ce qu'il m'a voulu cacher jusqu'à présent. »

Quesnay se rendit immédiatement à la Bastille, promit au prisonnier la liberté. Danry se désespère, jure que « toutes ses réponses au lieutenant de police sont conformes à la vérité ». Quand le docteur a pris congé de lui, il écrit au ministre : « M. Quesnay, qui m'est venu voir plusieurs fois dans ma misère, m'a dit que Votre Grandeur croyait qu'il y avait quelqu'un de complice avec moi quand j'ai commis mon péché, et que je ne voulais pas le dire, et, par cette raison, que Monseigneur ne me voulait point donner la liberté que je ne l'eusse dit. A cela, Monseigneur, je souhaiterais du profond de mon cœur que votre croyance fût véritable, en ce qu'il me serait bien plus avantageux de jeter ma faute sur un autre, soit pour m'avoir induit à commettre mon péché, ou ne m'avoir pas empêché de le commettre. »

Dans la pensée des ministres, Danry avait été l'agent d'un complot contre la vie de la marquise de Pompadour dirigé par quelque grand personnage; au dernier moment il aurait pris peur, ou bien, dans l'espoir de tirer profit des deux côtés à la fois, il serait venu à Versailles se dénoncer lui-même. Il faut tenir exactement compte de ces faits pour comprendre la vraie cause de sa détention. Danry fut donc maintenu à la Bastille. Il subit des interrogatoires dont les procès-verbaux furent rédigés régulièrement et signés par le lieutenant de police. Nous avons vu que celui-ci, sous l'ancien régime, était un véritable magistrat — les documents de l'époque ne le désignent pas autrement, — il rendait des arrêts et punissait au nom de la coutume qui, à cette époque, comme aujourd'hui encore en Angleterre, faisait loi.

L'apothicaire Binguet avait été remis en liberté immédiatement après la déclaration faite par Danry, le 14 juin. A la Bastille celui-ci ne laissait pas d'être entouré d'égards. Les ordres de Berryer sur ce sujet étaient formels. On lui avait donné livres, pipe et tabac; on lui permettait de jouer de la flûte; et, comme il exprimait son ennui de vivre seul, on lui donnait deux compagnons de chambre. Il recevait chaque jour la visite des officiers du château. Le 25 mai, le lieutenant de roi vint lui répéter les ordres du Magistrat : « on aurait en conséquence bien soin de lui; s'il avait besoin de quelque chose, on le priait de le dire, on ne le laisserait manquer de rien ». Le lieutenant de police espérait sans doute, à force de bontés, le déterminer à dévoiler les auteurs du malheureux complot qu'il avait imaginé lui-même.

Danry ne demeura pas longtemps dans la prison du faubourg Saint-Antoine; dès le 28 juillet, Saint-Marc le transféra à Vincennes, et nous voyons, par le rapport que l'exempt rédigea, combien le marquis Du Châtelet, gouverneur du donjon, s'étonna « que la cour se fût déterminée de lui envoyer un pareil sujet ». C'est que Vincennes était, comme la Bastille, réservé aux prisonniers de bonne société : notre compagnon y fut mis par faveur. Le chirurgien qui a soin de lui le lui répète pour le consoler. « On ne met dans le donjon de Vincennes que des personnes nobles et de la première distinction. » Danry est, en effet, traité comme un gentilhomme. La meilleure chambre lui est réservée, il peut jouir du parc, où il se promène chaque jour deux heures. Lors de son entrée à la Bastille, il souffrait d'une infirmité, dont il attribua plus tard la cause à sa longue détention. A Vincennes il s'en plaignit, il prétendit également que le chagrin l'avait rendu malade. Un spécialiste et le chirurgien du donjon le soignèrent.

Cependant le lieutenant de police revenait le voir, lui renouvelait l'assurance de sa protection et lui conseillait d'écrire directement à Mme de Pompadour. Voici la lettre du prisonnier :

A Vincennes, 4 novembre 1749.

Madame,

Si la misère, pressé par la faim, m'a fait commettre une faute contre votre chère personne, ça n'a point été dans le dessein de vous faire aucun mal. Dieu m'est témoin. Si sa divine bonté voulait aujourd'hui, en ma faveur, vous faire connaître mon âme repentante de sa très grande faute et les larmes que je répands depuis cent quatre-vingt-huit jours, à l'aspect des grilles de fer, vous auriez pitié de moi. Madame, au nom de Dieu qui vous éclaire, que votre juste courroux daigne s'apaiser sur mon repentir, sur ma misère, sur mes pleurs ; un jour Dieu vous récompensera de votre humanité. Vous pouvez tout, Madame. Dieu vous a donné pouvoir auprès du plus grand roi de la terre, son bien-aimé : il est miséricordieux, il n'est point cruel, il est chrétien. Si sa divine puissance me fait la grâce d'obtenir de votre générosité la liberté, je mourrais plutôt et mangerais que des racines, avant de l'exposer une seconde fois. J'ai fondé toutes mes espérances sur votre charité chrétienne, soyez sensible à ma prière, ne m'abandonnez point à mon malheureux sort. J'espère en vous, Madame, et Dieu me fera la grâce que toutes mes prières seront exaucées pour accomplir tous les désirs que votre chère personne souhaite.

J'ai l'honneur d'être, avec un repentir digne de grâce,

Madame,

Votre très humble et très obéissant serviteur

DANRY.

Nous avons cité cette lettre avec plaisir; elle se distingue avantageusement de celles que le prisonnier écrivit plus tard et que l'on a publiées. Il est vrai que Danry ne voulait pas attenter aux jours de la favorite. Bientôt, devenant plus hardi, il écrira à Mme de Pompadour que, s'il lui a adressé cette boîte à Versailles, c'était par dévoûment pour elle, pour la mettre en garde contre les entreprises de ses ennemis, « pour lui sauver la vie ».

La lettre du prisonnier fut remise à la marquise, mais demeura sans effet. Danry perdit patience, il résolut de se procurer lui-même la liberté qu'on lui refusait : le 15 juin 1750, il s'était évadé.

## II

Dans ses *Mémoires* Danry a raconté cette première évasion du donjon de Vincennes d'une manière aussi spirituelle que fantaisiste. Il échappa à ses geôliers le plus simplement du monde. Étant descendu au jardin, à l'heure de sa promenade, il y trouva un épagneul noir qui faisait des bonds. Il arriva que le chien se dressa contre la porte d'entrée et la poussa de ses pattes. La porte était ouverte. Danry sortit et courut droit devant lui, « jusqu'à ce qu'il fût tombé par terre de fatigue, du côté de Saint-Denis, vers les quatre heures après midi ».

Il resta dans cette situation jusqu'à neuf heures du soir. Puis il prit le chemin de Paris et passa la nuit sur le bord de l'aqueduc du côté de la porte Saint-Denis. Au point du jour il entra dans la ville.

Nous savons quelle importance la cour attachait à la détention du prisonnier : elle espérait encore qu'il se déciderait à parler de ce grave complot dont il possédait le secret. D'Argenson écrit immédiatement à Berryer : « Rien n'est plus important ni plus pressé que d'user de toutes les voies imaginables pour tâcher de rattraper le prisonnier ». Et toute la police se met sur pied : le signalement du fugitif est imprimé à grand nombre d'exemplaires. L'inspecteur Rulhière l'envoie à toutes les maréchaussées.

Danry se logea chez Cocardon, au *Soleil d'or*; mais il n'osa demeurer plus de deux jours dans la même auberge. Il pensa que son camarade Binguet lui viendrait en aide; mais Binguet ne se soucie plus de la Bastille. C'est une jolie fille, Anne Benoist, que Danry avait connue au temps où il logeait chez Charmeleux, qui se dévoue à lui tout entière. Elle sait qu'elle risque d'être mise elle-même en prison, et, déjà, des inconnus de mauvaise mise sont venus demander au *Soleil d'or* qui elle était. Qu'importe! elle trouve assistance chez des compagnes; les jeunes filles portent les lettres, se mettent en quête d'un gîte sûr. En attendant, Danry va passer la nuit sous les aqueducs; dès le lendemain il va s'enfermer dans le logement que ces demoiselles lui ont choisi, il y demeure deux jours sans sortir : Annette lui vient tenir compagnie. Mais le jeune homme n'a plus d'argent, comment paiera-t-il son écot? « Que faire, que devenir? dit-il plus tard; j'étais sûr d'être découvert si je me montrais, si je fuyais je courais également des risques. » Il écrit au docteur Quesnay, qui lui témoigna tant de bontés à Vincennes, mais la police a vent de cette correspondance, et Saint-Marc vient saisir le fugitif dans l'auberge où il est caché. Le malheureux est ramené à la Bastille. Annette est arrêtée chez Cocardon au moment où elle demandait les lettres venues pour Danry; elle est enfermée à la Bastille aussi. Les porte-clés et les sentinelles de Vincennes, de service le jour de l'évasion, sont jetés au cachot.

En se sauvant de Vincennes, Danry avait doublé la gravité de sa faute. Les règlements voulaient qu'il fût descendu au cachot, réservé aux prisonniers insubordonnés. « M. Berryer vint encore adoucir mes maux, au dehors il demandait pour moi justice ou clémence, dans ma prison il cherchait à calmer ma douleur, elle me paraissait moins vive quand il m'assurait qu'il la partageait. » Le lieutenant de police ordonna que le prisonnier fût nourri aussi bien que par le passé, qu'on lui laissât ses livres, du papier, ses bibelots, et les deux heures de promenade dont il jouissait à Vincennes. En retour de ces bontés, le garçon chirurgien envoya au magistrat, « un remède contre les accès de goutte ». Il demandait en même temps qu'on lui permît d'élever des petits oiseaux dont le gazouillement et l'animation le distrairaient. La demande fut accordée. Mais au lieu de prendre sa peine en patience, Danry s'irritait de jour en jour. Il se laissait aller à sa nature violente, faisait du vacarme, criait, se démenait, à faire croire qu'il devenait fou. Sur les livres de la bibliothèque de la Bastille, qui passaient de chambre en chambre, il écrivait des poésies injurieuses contre la marquise de Pompadour. Il prolongeait ainsi son séjour dans le cachot. Peu à peu ses lettres changeaient de ton. « C'est un peu fort qu'on me laisse quatorze mois en prison et une année entière qui finit aujourd'hui dans un cachot où je suis encore. »

Cependant Berryer le remit dans une bonne chambre vers la fin de l'année 1751. En même temps, il lui donna, aux frais du roi, un domestique pour le servir.

Quant à Annette Benoît, elle avait été mise en liberté après quinze jours de détention. Le domestique de Danry tomba malade; comme on ne voulait pas que le prisonnier manquât de société, on lui donna un compagnon de chambre. C'était un nommé Antoine Allègre, détenu depuis le 29 mai 1750. Les circonstances qui avaient déterminé son incarcération avaient été à peu près les mêmes que celles qui avaient fait enfermer Danry. Allègre était maître de pension à Marseille lorsqu'il apprit que les ennemis de la marquise de Pompadour cherchaient à la faire périr. Il imagina un complot où il mêla Maurepas, l'archevêque d'Albi et l'évêque de Lodève, envoya la dénonciation de ce complot à Versailles, et, pour y donner de la vraisemblance, adressa au valet de chambre de la favorite une lettre d'une écriture contrefaite, qui commençait par ces mots : « Foy de gentilhomme, il y a 100 000 écus pour vous si vous empoisonnez votre maîtresse.... » Il espérait obtenir par ce moyen un bon emploi où la réussite d'un projet qu'il avait fait sur le commerce.

Intelligents l'un et l'autre, instruits et entreprenants, Danry et Allègre étaient faits pour s'entendre, d'autant mieux que le maître de pension, très supérieur à son camarade, le dirigeait. Les années que Danry passa en compagnie d'Allègre exercèrent sur toute sa vie une influence si grande, que le lieutenant de police Lenoir put dire un jour : « Danry est le tome II d'Allègre ». Les lettres de ce dernier, qui nous sont conservées en grand nombre, témoignent de l'originalité et de la vivacité de son esprit : le style en est fin et rapide, du français le plus pur, les idées exprimées ont de la distinction et sont parfois singulières sans être extravagantes. Il travaillait sans cesse et fut, tout d'abord, ennuyé d'avoir un compagnon. « Donnez-moi, je vous prie, une chambre en particulier, écrit-il à Berryer, même sans feu ; j'aime à être seul, je me suffis à moi-même, parce que je sais m'occuper et semer pour l'avenir. » C'était une nature mystique, mais de ce mysticisme froid et amer que nous trouvons quelquefois chez les hommes de science, les mathématiciens en particulier. Car Allègre étudiait principalement les mathématiques, la mécanique, la science des ingénieurs. Le lieutenant de police lui fit acheter des ouvrages traitant des fortifications, de l'architecture civile, de la mécanique, des travaux hydrauliques. Le prisonnier les consultait pour rédiger des mémoires sur les questions les plus diverses, qu'il envoyait au lieutenant de police dans l'espoir qu'ils lui procureraient sa liberté. Ces mémoires, que nous possédons, montrent encore l'étendue de son intelligence et de son instruction. Danry l'imita dans la suite, en cela comme en tout le reste, mais grossièrement. Allègre était également très habile de ses doigts, dont il faisait, disent les officiers du château, tout ce qu'il voulait.

Allègre était un homme dangereux : les porte-clés en avaient peur. Quelque temps après son entrée à la Bastille il tomba malade ; un garde fut placé près de lui ; les deux hommes firent mauvais ménage. Allègre envoyait à la lieutenance de police plaintes sur plaintes. On fit une enquête qui ne fut pas défavorable au garde-malade, et celui-ci fut laissé auprès du prisonnier ; lorsqu'un matin, le 8 septembre 1751, les officiers de la Bastille entendirent dans la tour du Puits des cris et du bruit. Ils montèrent en hâte et trouvèrent Allègre occupé à percer d'un couteau son compagnon, qu'il tenait à la gorge, renversé dans son sang, le ventre ouvert. Si Allègre n'avait pas été à la Bastille, le Parlement l'aurait fait rouer en place de Grève ; la Bastille le sauva, mais il ne pouvait plus espérer que sa liberté fût prochaine.

Quant à Danry, il lassa à son tour la patience

de ses gardiens. Le major Chevalier, qui était la bonté même, écrivit au lieutenant de police : « Il ne vaut pas mieux que d'Allègre, mais il est cependant, quoique plus turbulent et colère, beaucoup moins à craindre, en tout genre, que lui ». Le médecin de la Bastille, le docteur Boyer, membre de l'Académie, écrit également : « J'ai lieu de me méfier du personnage ». Le caractère de Danry s'aigrissait. Il injuriait ses porte-clés. Un matin, on est obligé de lui enlever un couteau et des instruments tranchants qu'il a dérobés. Il se sert du papier qu'on lui donne pour se mettre en relation avec d'autres détenus et des personnes du dehors. Le papier est supprimé : Danry écrit avec son sang sur des mouchoirs; le lieutenant de police lui fait défense de lui écrire avec du sang [1] : Danry écrit sur des tablettes de mie de pain qu'il fait passer furtivement entre deux assiettes.

L'usage du papier lui fut rendu, ce qui ne l'empêche pas d'écrire à Berryer : « Monseigneur, je vous écris avec de mon sang sur du linge, parce que messieurs les officiers me refusent d'encre et du papier; voilà plus de six fois que je demande à leur parler inutilement. Qu'est-

---

1. Dans les Archives de la Bastille, à la Bibliothèque de l'Arsenal, sont conservées deux lettres que Danry écrivit, de la sorte, avec de son sang sur des linges. Le fac-similé de l'une d'elles est reproduit à la fin de ce livre.

ce donc, monseigneur, avez-vous résolu? Ne me poussez pas à bout. Au moins ne me forcez pas à être mon bourreau moi-même. Envoyez-moi une sentinelle pour me casser la tête, c'est bien la moindre grâce que vous puissiez m'accorder. » Berryer, surpris de cette missive, fait des observations au major, qui lui répond : « Je n'ai pas refusé de papier à Danry ».

Ainsi le prisonnier faisait croire de plus en plus qu'il n'était qu'un fou. Le 13 octobre 1753, il écrivait au docteur Quesnay pour lui dire qu'il lui voulait grand bien, mais qu'étant trop pauvre pour lui rien donner, il lui faisait cadeau de son corps, qui allait périr, dont il pourrait faire un squelette. Au papier de la lettre, Danry avait cousu un petit carré de drap et il ajoutait : « Dieu a donné aux habits des martyrs la vertu de guérir toutes sortes de maladies. Voilà cinquante-sept mois qu'on me fait souffrir le martyre. Ainsi il est sans doute qu'aujourd'hui le drap de mon habit fera des miracles : en voilà un morceau. » Cette lettre revint à la lieutenance de police au mois de décembre, et nous y trouvons une apostille de la main de Berryer : « Lettre bonne à garder, elle fait connaître l'esprit du personnage ». Or nous savons de quelle façon on traitait encore les fous au xviii<sup>e</sup> siècle.

Mais subitement, au grand étonnement des officiers du château, nos deux amis améliorent

léur caractère et leur conduite. On n'entendait
plus de bruit dans leur chambre, et quand on
leur venait parler ils répondaient poliment. En
revanche, ils étaient d'allure plus bizarre encore
que par le passé. Allègre se promenait dans sa
chambre, à moitié nu, pour ménager ses hardes,
disait-il, et adressait lettres sur lettres à son frère
et au lieutenant de police pour qu'on lui envoyât
des nippes, des chemises surtout et des mouchoirs. Danry de même. « Ce prisonnier, mande
Chevalier au lieutenant de police, demande du
linge; je ne vous écrirai pas, parce qu'il a sept
chemises très bonnes, dont quatre neuves; cet
article le met aux champs. » Mais pourquoi
refuser à un prisonnier de lui passer ses fantai
sies? Et le commissaire de la Bastille fit confectionner deux douzaines de chemises de prix —
chacune revint à vingt livres, plus de quarante
francs de notre monnaie, — et des mouchoirs de
la batiste la plus fine.

Si la lingère du château avait fait attention,
elle aurait remarqué que les serviettes et draps,
qui entraient dans la chambre des deux compagnons, en sortaient raccourcis dans tous les sens.
Nos amis s'étaient mis en rapport avec leurs voisins de prison, qui demeuraient en dessous et
au-dessus d'eux, mendiant des ficelles et du fil,
donnant du tabac en échange. Ils étaient par-
venus à desceller les barres de fer qui empê-

chaient de grimper dans la cheminée; la nuit, ils montaient jusque sur les plates-formes, d'où ils conversaient, par les cheminées, avec les prisonniers des autres tours. L'un de ces malheureux se croyait prophète de Dieu : il entendit la nuit ce bruit de voix qui tombait sur le foyer éteint; il révéla le prodige aux officiers qui le regardèrent comme plus fou encore qu'auparavant. Sur la terrasse, Allègre et Danry trouvèrent les outils que des maçons et herbiers employés au château y laissaient le soir. Ils se procurèrent ainsi un maillet, une tarière, deux espèces de moufles et des morceaux de fer pris aux affûts des canons. Ils cachaient le tout dans le tambour existant entre le plancher de leur chambre et le plafond de la chambre inférieure.

Allègre et Danry se sauvèrent de la Bastille dans la nuit du 25 au 26 février 1756. Ils grimpèrent par la cheminée jusque sur la plate-forme des tours et descendirent par leur fameuse échelle de corde attachée à l'affût d'un canon. Une muraille séparait le fossé de la Bastille de celui de l'Arsenal. Ils parvinrent, à l'aide d'une barre de fer, à en détacher une grosse pierre, et s'échappèrent par la baie ainsi pratiquée. L'échelle de corde était une œuvre de longue patience et de grande habileté[1]. Plus tard, Allègre devint fou.

1. Cette échelle est aujourd'hui conservée au Musée de la Ville de Paris (hôtel Carnavalet).

Alors Danry tira à lui tout le mérite de cette entreprise que son ami avait conçue et dirigée.

Au moment de partir, Allègre avait écrit sur un chiffon de papier, pour les officiers de la Bastille, la note suivante, qui marque bien son caractère :

« Nous n'avons causé aucun dommage aux meubles de M. le gouverneur, nous ne nous sommes servis que de quelques lambeaux de couvertures qui ne pouvaient être d'aucune utilité, les autres sont dans leur entier. S'il manque quelques serviettes, on les trouvera au delà de l'eau, dans le grand fossé, où nous les emportons pour essuyer nos pieds.

« *Non nobis, Domine, non nobis, sed nomini tuo da gloriam !*

« *Scito cor nostrum et cognosce semitas nostras*[1]. »

Nos deux campagnons s'étaient pourvus d'un portemanteau, et ils s'empressèrent de changer de vêtements dès qu'ils eurent franchi l'enceinte du château. Un metteur en œuvre, Fraissinet, que Danry connaissait, s'intéressa à eux et les conduisit chez le tailleur Rouit, qui les logea quelque temps. Rouit prêta même à Danry 48 livres que celui-ci s'engagea à renvoyer dès son arrivée à Bruxelles. Un mois passé, nos deux amis étaient au delà des frontières.

---

1. « Ce n'est pas sur nous, Seigneur, ce n'est pas sur nous, mais sur ton nom, qu'il faut répandre la gloire ; regarde notre cœur et connais les voies où nous marchons. »

### III

Il nous est très difficile de savoir ce qu'il advint de Danry depuis le moment où il quitta Rouil, jusqu'au moment de sa réintégration à la Bastille. Il nous a, il est vrai, laissé deux relations de son séjour en Flandre et en Hollande; mais ces relations diffèrent entre elles, et elles diffèrent, l'une et l'autre, de quelques documents originaux que nous avons conservés.

Allègre et Danry avaient jugé prudent de ne pas partir ensemble. Allègre arriva le premier à Bruxelles, d'où il écrivit à Mme de Pompadour une lettre injurieuse. Cette lettre le fit découvrir. A Bruxelles, Danry apprit l'arrestation de son camarade. Il se hâta de gagner la Hollande, vint à Amsterdam, où il entra en service chez un nommé Paulus Melenteau. De Rotterdam il avait écrit à sa mère; la pauvre fille, réunissant ses petites économies, lui envoya par la poste 200 livres. Mais Saint-Marc s'était mis en route pour rejoindre le fugitif. « Les bourgmestres d'Amsterdam accordèrent sans nulle difficulté et avec plaisir la réquisition que Saint-Marc fit au nom du roi, de la part de son ambassadeur, pour l'arrêt et l'extradition de Danry. » Louis XV se contentait de réclamer celui-ci comme un de ses sujets. Saint-Marc, déguisé en marchand arménien, le découvrit dans sa retraite. Danry fut arrêté à Amsterdam le 1er juin, conduit dans un cachot de l'hôtel de ville, de là, ramené en France et remis à la Bastille le 9 juin 1756. On mandait de Hollande : « Saint-Marc est ici regardé sur le pied de sorcier ».

Par cette nouvelle évasion, le malheureux avait achevé de rendre son cas très grave. Au XVIIIe siècle, l'évasion d'une prison d'État pouvait être punie de mort. Les Anglais, grands apôtres de l'humanité, n'étaient pas plus indulgents que nous; et l'on connaît le traitement infligé par Frédéric II au baron de Trenck. Celui-ci ne devait rester en prison qu'une année. Après sa seconde tentative d'évasion, il fut enchaîné dans une casemate obscure; à ses pieds était la tombe où il devait être enterré, on y avait gravé son nom et une tête de mort.

Le gouvernement de Louis XV ne punissait pas avec une semblable rigueur. L'évadé était simplement mis au cachot pour quelque temps. Les cachots de la Bastille étaient des basses-fosses froides et humides. Danry a laissé dans ses *Mémoires* une relation des quarante mois passés en ce triste lieu, qui fait dresser les cheveux sur la tête, mais son récit est rempli d'exagérations. Danry dit qu'il passa ces trois années les fers aux pieds et aux mains : dès le mois de novembre 1756, Berryer lui offrit de lui faire ôter les fers des pieds ou des mains, à son choix, et nous voyons, par une apostille du major Chevalier, qu'on lui enleva les fers des pieds. Danry ajoute qu'il coucha tout l'hiver sur la paille, sans couverture; il avait si bien des couvertures qu'il écrit à Berryer pour demander qu'on lui en donne d'autres. A l'en croire, lors des crues de la Seine, l'eau lui serait montée jusqu'à la taille : dès que l'eau menaça d'envahir le cachot, on en fit sortir le prisonnier. Il dit encore qu'il passa ces quarante mois dans une obscurité complète : la lumière de la prison n'était certainement pas très vive, mais elle était suffisante pour permettre à Danry de lire et d'écrire, et nous apprenons par les lettres que celui-ci adressait au lieutenant de police, qu'il voyait de son cachot tout ce qui se passait dans la cour de la Bastille. Enfin, il nous parle d'un certain nombre d'infirmités qu'il aurait contractées à cette époque, et cite à ce propos le rapport d'un oculiste qui vint lui donner ses soins. Mais, ce rapport, Danry l'a fabriqué lui-même et il a inventé le reste à l'avenant.

Dans ce cachot, où il aurait été traité d'une manière si barbare, Danry se montre d'ailleurs assez difficile. Nous en jugeons par les rapports de Chevalier. « Danry est de fort mauvaise humeur, il nous envoie chercher à huit heures du soir pour nous dire que nous envoyions son porte-clés à la halle pour lui acheter du poisson, disant qu'il ne mange point d'œufs, d'artichauts, ni d'épinards, et qu'il veut manger du poisson absolument, et comme on ne le veut pas, il se met dans des fureurs extrêmes. » Voilà pour les jours maigres, voici pour les jours gras. « Danry a juré comme un diable, c'est-à-dire à son ordinaire, et après la cérémonie faite, il m'a dit : « Monsieur « le major, au moins quand on me donne de la « volaille, qu'elle soit piquée ». C'est qu'il n'était pas lui, Danry, un homme du vulgaire, « de ces gens que l'on met à Bicêtre ». Et il prétendait qu'on le traitât d'une manière qui lui convînt.

Il en était de même pour les vêtements. On s'étonne devant les listes de hardes que la lieutenance de police lui faisait confectionner. Pour le satisfaire, l'administration ne reculait pas devant les dépenses les plus déraisonnables, et c'est en vendant ces effets que Danry se procura, dans ses différentes évasions, une partie de l'argent qui lui était nécessaire. Il souffrait de rhumatismes, aussi lui est-il fourni des robes de chambre doublées de peau de lapin, des vestes doublées de peluche de soie, des gants et des bonnets fourrés et de bonnes culottes en peau épaisse. Dans ses *Mémoires* Danry traite tout cela de « lambeaux à moitié pourris ». Le commissaire de Rochebrune, chargé des fournitures aux prisonniers, ne sait comment le contenter : « Vous m'avez chargé, écrit-il au major, de faire faire une robe de chambre au sieur Danry, qui veut une calemande fond bleu à raies rouges. J'en ai fait chercher chez douze marchands qui n'en ont point et qui se garderaient bien d'en avoir parce que ces sortes de calemandes ne seraient point de débit. Je ne vois point de raison de satisfaire les goûts fantasques d'un prisonnier qui doit se contenter d'une robe de chambre chaude et commode. » Une autre fois, c'est le major qui écrit : « Le nommé Danry n'a jamais voulu, jusqu'à présent, recevoir la culotte que lui a fait faire M. de Rochebrune, qui est très bonne, doublée de peau excellente, avec des jarretières de soie et conditionnée au mieux. » D'ailleurs Danry sait se plaindre lui-même. « Je vous prie, mande-t-il au gouverneur, d'avoir la bonté de dire mot pour mot à M. de Sartine, que les quatre mouchoirs qu'il m'a envoyés sont bons pour donner à des galériens et que je n'en veux point ; mais que je le prie d'avoir la bonté de m'accorder six mouchoirs d'indienne à fond bleu et grands et deux cravates de mousseline. » Il ajoute : « S'il n'y a pas d'argent au trésor, qu'on en demande à la marquise de Pompadour ».

Un jour Danry déclara qu'il avait une maladie d'yeux. Grandjean, oculiste du roi, vint le voir à plusieurs reprises, lui fit faire des fumigations aromatiques, lui donna des baumes et des collyres ; mais bientôt l'on s'aperçut que le mal du prisonnier consistait dans le désir d'obtenir des lunettes

d'approche et de faire passer au dehors, par l'intermédiaire du médecin, des mémoires et des billets.

Le 1<sup>er</sup> septembre 1759, Danry fut tiré du cachot
et remis dans une chambre aérée. Il écrivit aussitôt à Berlin pour le remercier et lui annoncer
qu'il lui envoyait deux colombes.

« Vous avez du plaisir à faire le bien, je n'en
aurai pas moins que vous, Monseigneur, si vous
m'accordez le bonheur de recevoir cette faible
marque de ma grande reconnaissance.

« Tamerlan se laissa désarmer par un panier de
figues que les habitants d'une ville qu'il allait
assiéger lui firent présent. Mme la marquise de
Pompadour est chrétienne, je vous supplie de
me permettre de lui en envoyer aussi à elle une
paire, peut-être qu'elle se laissera toucher par ces
deux innocents pigeons. »

« Voici la copie de la lettre qui les accompa-
gnera :

« Madame, deux pigeons venaient tous les jours
« manger le grain de ma paille, je les pris, ils
« m'ont fait des petits. J'ose prendre la liberté
« de vous en présenter cette paire, comme une
« marque de mon respect et de mon amitié. Je
« vous supplie en grâce d'avoir la bonté de les
« recevoir, avec autant de plaisir comme j'en ai
« à vous les offrir. J'ai l'honneur d'être avec un
« très profond respect, Madame, votre très hum-
« ble et très obéissant serviteur.

« Danry, à la Bastille depuis onze ans. »

Pourquoi Danry n'a-t-il pas toujours usé d'une manière aussi charmante de la permission qu'on lui donnait d'écrire au ministre, au lieutenant de police, à la marquise de Pompadour, au docteur Quesnay et à sa mère? Il écrivait sans cesse et nous avons de ses lettres par centaines. Elles sont bien différentes les unes des autres. Celles-ci sont suppliantes et plaintives : « Par les larmes et le sang mon corps dépérit tous les jours, je n'en puis plus ». Il écrit à la marquise de Pompadour : « Madame, je ne vous ai jamais souhaité que du bien, soyez donc sensible à la voix des larmes, de mon innocence et d'une pauvre mère désolée de soixante-six ans. Madame, vous êtes instruite de mon martyre, je vous supplie au nom de Dieu de m'accorder ma chère liberté, je n'en puis plus, je me meurs, mon sang s'est tout brûlé à force de gémir, vingt fois dans la nuit je suis obligé d'humecter ma bouche et mes narines pour pouvoir respirer. » On connaît la célèbre lettre qui commence par ces mots : « Voilà cent mille heures que je souffre! » Il écrit à Quesnay : « Je me présente devant vous avec un charbon de feu ardent sur ma tête qui vous marque ma pressante nécessité ». Les images dont il se sert ne sont pas toujours aussi heureuses : « Écoutez, dit-il à Berryer, la voix des entrailles équitables dont vous êtes revêtu ».

Dans d'autres lettres le prisonnier change de ton, aux plaintes succèdent les cris de rage et de colère, « il trempe sa plume dans le fiel dont son âme est abreuvée ». Il ne supplie plus, il menace. On ne saurait louer le style de ces épîtres, il est incorrect et vulgaire, mais, par moments, vigoureux et coloré d'images vives. Il dit au lieutenant de police : « Quand il faut punir dans cette maudite prison, tout est en l'air, le tonnerre ne marche pas aussi vite que les punitions ; il s'agit de soulager un homme qui n'est pas heureux, je ne vois que des écrevisses » ; et il lui adresse ces vers de Voltaire :

> Périssent les cœurs durs et nés pour les forfaits
> Que les malheurs d'autrui n'attendrissent jamais.

Il prédit aux ministres, aux magistrats, à la marquise de Pompadour des châtiments terribles. Il écrit à cette dernière : « Vous vous verrez un jour comme ce hibou du parc de Versailles, tous les oiseaux lui jetaient de l'eau pour l'étouffer, pour le noyer : si le roi venait à mourir, on ne passerait pas deux heures sans mettre cinq ou six personnes à vos trousses, vous iriez vous-même à la Bastille ». L'accusé se transforme peu à peu en accusateur. Il écrit à Sartine : « Je ne suis ni un chien ni un scélérat, mais un homme comme vous ! » Et le lieutenant de police, qui le prend en pitié, écrit au-dessus d'une de ces lettres envoyées au ministre de Paris : « Lorsque Danry écrit ainsi, ce n'est pas qu'il soit fol, mais désespéré de sa prison ». Le magistrat conseille au prisonnier « de ne pas mettre d'aigreur dans ses lettres, cela ne peut que lui nuire ». Berlin corrige de sa propre main les suppliques que Danry adresse à la marquise de Pompadour, nous lisons en marge de l'une d'elles : « Je croirais lui porter préjudice à lui-même et à son véritable intérêt si je remettais à Mme la marquise de Pompadour une lettre où il ose lui reprocher *d'avoir abusé de sa bonne foi et de sa confiance* ». La lettre corrigée, le lieutenant de police la porta lui-même à Versailles.

Loin que les années de captivité le rendent plus humble, abaissent son orgueil, le prisonnier se redresse de plus en plus; de jour en jour son audace grandit, il ne craint pas de parler aux lieutenants de police eux-mêmes, qui connaissent son histoire, de sa fortune qu'on a ruinée, de sa carrière brillante qu'on a entravée, de toute sa famille qu'on a plongée dans le désespoir. Les premières fois le magistrat hausse les épaules, insensiblement il se laisse gagner par ces affirmations d'une fermeté inébranlable, par cet accent de conviction; il finit par croire, lui aussi, à cette noblesse, à cette fortune, à ce génie, auxquels Danry en est peut-être venu à croire lui-même. Alors Danry s'élève plus haut encore : il réclame non seulement sa liberté, mais des indemnités, des sommes considérables et des honneurs. N'allez cependant pas penser que ce soit par un sentiment de cupidité indigne de lui : « Si je propose un dédommagement, monseigneur, ça n'est point pour avoir de l'argent, ça n'est que pour aplanir toutes les difficultés qui peuvent s'opposer à la fin de ma longue misère ».

Il veut bien, en retour, donner au lieutenant de police des conseils, lui indiquer les moyens d'avancer dans sa carrière, lui enseigner comment il doit s'y prendre pour se faire nommer secrétaire d'État, et lui composer le discours qu'il devra tenir au roi à la première audience. Il ajoute : « Ce temps-cy précisément vous est extrêmement favorable, c'est le quart d'heure du berger, profitez-en. Avant que de monter à cheval, le jour qu'on va faire la réjouissance de la paix, vous devez être conseiller d'État. »

Il veut bien, également, envoyer au roi les projets qu'il a conçus dans sa prison pour le bien du royaume. Il s'agit de faire porter des fusils aux sergents et aux officiers, les jours de bataille, en place de spontons et de hallebardes, ce qui renforcera les armées françaises de vingt-cinq mille bons fusiliers. Il s'agit encore d'augmenter le port des lettres, ce qui accroîtra les ressources du trésor de plusieurs millions chaque année. Il conseille de créer dans les principales villes des greniers d'abondance, et dessine des plans de bataille qui donnent à une colonne de trois hommes de profondeur une force inconnue. Nous en passons et des meilleurs. Ces idées sont délayées dans un déluge de mots, une abondance de phrases inimaginables, accompagnées de comparaisons tirées de l'histoire de tous les temps et de tous les pays. Les manuscrits sont illustrés de dessins à la plume. Danry les copie et recopie sans cesse, les envoie à tout le monde, sous toutes les formes, persuade aux sentinelles que ces hautes conceptions intéressent le salut de l'État et lui procureront une fortune immense. Il détermine ainsi ces braves gens, qui compromettent leur position, à les porter secrètement aux ministres, aux membres du parlement, aux maréchaux de France, il les jette par les fenêtres de sa chambre et du haut des tours enveloppés dans des boules de neige. Ces mémoires sont l'œuvre d'un homme dont l'esprit ouvert et actif, d'une activité incroyable, projette, construit, invente, sans cesse ni repos.

Dans ces liasses de papiers nous avons trouvé une lettre bien touchante, elle est de la mère du prisonnier, Jeanneton Aubrespy, qui écrivait à son fils de Montagnac, le 14 juin 1759 :

« Ne me faites pas l'injustice de croire que je vous ai oublié, mon cher fils, mon tendre fils. Seriez-vous exclu de ma pensée, vous que je porte dans mon cœur? J'ai toujours eu un grand

désir de vous revoir, mais aujourd'hui j'en ai
encore plus d'envie, je suis sans cesse occupée
de vous, je ne pense qu'à vous, je suis toute remplie de vous. Ne vous chagrinez pas, mon cher
fils, c'est la seule grâce que je vous demande.
Vos malheurs auront une fin et peut-être qu'elle
n'est pas éloignée. J'espère que Mme de Pompadour vous fera grâce, j'intéresse pour cela le ciel
et la terre. Le Seigneur veut encore éprouver ma
soumission et la vôtre pour mieux faire sentir le
prix de ses faveurs. Ne vous inquiétez pas, mon
fils, j'espère d'avoir le bonheur de vous revoir et
de vous embrasser plus tendrement que jamais.
Adieu, mon fils, mon cher fils, mon tendre fils, je
vous aime et je vous aimerai tendrement jusqu'au
tombeau. Je vous recommande de me donner des
nouvelles de votre santé. Je suis et serai toujours
votre bonne mère,

     « DAUBRESPI, *veuve.* »

Cette lettre n'est-elle pas belle dans sa douleur
si simple? La réponse faite par le fils est émou-
vante également; mais, en la relisant, on sent
qu'elle devait passer sous les yeux du lieutenant
de police; en l'examinant de près, on voit entre
les lignes grimacer les sentiments.

Nul n'a su, mieux que Danry, jouer de l'âme
des autres, éveiller en eux, à son gré, la pitié, la
tendresse, l'étonnement, l'admiration. Nul ne l'a

surpassé dans l'art, difficile assurément, d'apparaître en héros, en homme de génie et en martyr; rôle que nous le verrons soutenir pendant vingt ans sans défaillance.

En 1759, était arrivé à la lieutenance de police un homme qui, désormais, occupera Danry presque exclusivement, — Gabriel de Sartine. C'était un fin sceptique, de caractère aimable et de manières gracieuses. Il était aimé de la population parisienne qui vantait ses qualités d'administrateur et son esprit de justice. Il s'efforça à son tour de rendre à Danry moins cruelles les années de captivité. « Il m'accorda, écrit celui-ci, ce qu'aucun prisonnier d'État n'a jamais obtenu : la promenade sur le haut des tours, au grand air, pour conserver ma santé. » Il soutenait le prisonnier de bonnes paroles, l'engageait à se bien conduire, à ne plus remplir ses lettres d'injures : « Votre sort, lui disait-il, est entre vos mains ». Il prenait connaissance de son projet pour la construction de greniers d'abondance, et, après l'avoir lu : « Vraiment il y a de bonnes choses, de très bonnes choses là dedans ». Il le venait voir dans sa prison et lui promettait de faire son possible pour obtenir sa liberté. Il remettait lui-même entre les mains de la marquise de Pompadour le *Grand Mémoire* que Danry avait rédigé pour elle. Dans ce factum, le prisonnier disait à la favorite qu'en retour d'un service qu'il lui avait rendu, en lui adressant un « symbole hiéroglyphique » pour la mettre en garde contre les entreprises de ses ennemis, elle l'avait fait souffrir pendant douze années injustement. Aussi, à présent, n'accepterait-il la liberté qu'avec une indemnité de « 60 000 livres ». Il ajoutait : « Soyez sur vos gardes!... Quand vos prisonniers sortiront et qu'ils divulgueront vos cruautés, ils vous rendront haïssable au ciel et à toute la terre. » On ne s'étonnera pas que ce « grand mémoire » ait produit un médiocre effet. Sartine promit au prisonnier de revenir à la charge : « Si malheureusement, lui écrit Danry, vous trouviez quelque résistance aux prières que vous allez faire pour moi, je prends la précaution de vous envoyer la copie du projet que j'ai envoyé au roi, — c'était le mémoire qui proposait de donner des fusils aux officiers et aux sergents. — Or le roi s'est servi de mon projet pendant cinq années de suite et s'en servira encore perpétuellement toutes les fois que nous serons en guerre. » Sartine se rendit à Versailles, ce merveilleux projet en poche. Il le montra aux ministres, parla en faveur de son protégé, qui, du fond des cachots, se rendait utile à son pays. Mais, au retour, il écrivit au major de la Bastille, pour Danry, une note où nous lisons : « On n'a point fait usage, comme il le croit, de son projet militaire ».

Danry avait demandé plusieurs fois qu'on l'envoyât aux colonies. En 1763, le gouvernement s'occupait beaucoup de la colonisation de la Désirade. Nous trouvons une lettre du 23 juin 1763 par laquelle Sartine propose d'envoyer Danry à la Désirade « en le recommandant à l'officier commandant ». Ces tentatives demeurèrent infructueuses.

Danry chercha toute sa vie à réussir par les femmes. Il savait fort bien tout ce qu'il y a de tendresse et de dévoûment dans ces têtes légères et qu'en elles le sentiment est toujours plus fort que la raison : « Je cherchais surtout des femmes et je désirais les trouver jeunes, leur âme aimante et douce est plus susceptible de pitié : l'infortune les émeut, les intéresse plus vivement, leur sensibilité s'altère moins vite et les rend capables de plus d'efforts ».

Tandis qu'il se promenait sur les tours de la Bastille, à l'air frais du matin, il tentait de se mettre en relation, par signes et signaux, avec les gens du voisinage. « Je remarquai deux jeunes personnes seules dans une chambre où elles travaillaient : leur physionomie me parut douce et jolie, je ne me trompais pas. L'une d'elles, ayant jeté les yeux de mon côté, je lui fis avec ma main un salut que je cherchai à rendre honnête et respectueux ; elle avertit d'abord sa sœur qui me fixa sur-le-champ. Je les saluai alors toutes les deux de la même manière, et elles me répondirent toutes les deux avec un air d'intérêt et de bonté. Dès ce moment, nous établîmes entre nous une sorte de correspondance. » C'étaient deux gentilles blanchisseuses, nommées Lebrun, filles d'un perruquier. Et notre compère, pour mieux stimuler les petites folles à le servir avec enthousiasme, frappait à la porte de leur jeune cœur qui ne demandait qu'à s'ouvrir. Il leur parlait de jeunesse, de malheur et d'amour, et aussi de sa fortune, très grande, disait-il, et dont il leur offrait la moitié. Remplies d'ardeur, les jeunes filles n'épargnèrent pour lui ni leur temps, ni leurs peines, ni le peu d'argent qu'elles pouvaient avoir.

Le prisonnier leur avait fait parvenir plusieurs de ses projets, entre autres le projet militaire, avec des lettres pour quelques écrivains et grands personnages, en outre, pour le roi, un mémoire « terrible » contre la marquise de Pompadour où « sa naissance et son opprobre, toutes ses voleries, ses cruautés étaient exposés ». Il pria les jeunes filles d'en faire tirer plusieurs copies qu'elles enverraient aux adresses indiquées. Bientôt de grandes croix noires sur une muraille du voisinage apprennent au prisonnier que ses instructions sont exécutées. Danry semble ne plus douter que ses maux vont prendre fin, les portes de la Bastille vont s'ouvrir devant lui et, triomphalement, il sortira de la prison pour entrer dans les dans un palais de la fortune : *Parta victoria!* s'écrie-t-il mouvement de bonheur.

Nous arrivons ainsi à une des actions les plus surprenantes de cette vie étrange.

En décembre 1763, la marquise de Pompadour tomba gravement malade.

« Un officier de la Bastille monta dans ma chambre et me dit : « Monsieur, écrivez quatre « paroles à Mme la marquise de Pompadour, et « vous pouvez être certain qu'en moins de huit « jours votre liberté vous sera rendue ». Je répondis au major que les prières et les larmes ne faisaient qu'endurcir le cœur de cette cruelle femme et que je ne voulais point lui écrire. Cependant il revint le lendemain et il me tint le même langage, et moi je lui répondis les mêmes paroles que le jour auparavant. A peine fut-il sorti que Daragon, mon porte-clés, entra dans ma chambre en me disant : « Croyez monsieur le major, quand il vous « dit qu'avant huit jours votre liberté vous sera « rendue; s'il vous le dit, c'est qu'il en est bien « certain. » Le surlendemain cet officier revint encore pour la troisième fois. « Pourquoi vous « obstinez-vous? » Je remerciai cet officier, c'est-à-dire M. Chevalier, major de la Bastille, pour la troisième fois, en lui disant que j'aimerais mieux mourir que d'écrire encore à cette implacable mégère.

« ... Six ou huit jours après, mes deux demoiselles vinrent me saluer et, en même temps, elles déployèrent un rouleau de papier où il y avait en gros caractères ces mots : « Madame de Pompa- « dour est morte ». — La marquise de Pompadour mourut le 19 d'avril 1764, et deux mois après, c'est-à-dire le 19 juin, M. de Sartine vint à la Bastille, m'accorda audience, et la première parole qu'il me dit fut : de ne plus parler du passé et qu'au premier jour il irait à Versailles et demanderait au ministre la justice qui m'était due. » Et nous trouvons en effet, à la date du 18 juin 1764, dans les papiers du lieutenant de police, la note suivante : « M. Duval, — c'était l'un des secrétaires de la lieutenance, — proposer la liberté de Danry au premier travail, en l'exilant dans son pays. »

Rentré dans sa chambre, Danry réfléchit sur ce qui se passait : si le lieutenant de police mettait tant d'empressement à le délivrer, c'est, évidemment, qu'il avait peur de lui, que ses mémoires étaient arrivés à destination et avaient produit leur effet. Mais lui, Danry, serait bien sot de se contenter d'une simple mise en liberté : « 100 000 livres » devaient à peine suffire à lui faire oublier les injustices dont il avait été accablé.

Il roula ces pensées dans sa tête durant plusieurs jours. Accepter la liberté de la main de ses persécuteurs serait pardonner le passé, serait une faute qu'il ne commettrait jamais. La porte s'ouvrit, le major entra, il avait à la main un billet écrit par Sartine. « Vous direz à la 4ᵉ Comté que je travaille à le délivrer efficacement. » L'officier sorti, Danry se mit immédiatement à sa table et écrivit au lieutenant de police une lettre pleine d'expressions grossières, de menaces et d'injures. L'original s'est perdu, nous avons une analyse faite par Danry lui-même. Il terminait en laissant à Sartine « le choix ou de n'être qu'un fou, ou de s'être laissé corrompre comme un misérable par les écus du marquis de Marigny, frère de la marquise de Pompadour ».

« Dès que Sartine eut reçu ma lettre, il m'en écrivit une que le major vint me lire, où il y avait les propres paroles que voici :

« Que j'avais tort de l'accuser de la longueur de ma prison, que, s'il en avait été le maître, il y aurait longtemps qu'il m'aurait rendu la liberté, et il finissait sa lettre en me disant qu'il y avait des petites maisons pour y mettre les fous. A quoi je dis au major : « Nous verrons si dans quelques « jours il aura le pouvoir de m'y mettre ». Il ne m'ôta pas la promenade de dessus les tours ; neuf jours après, il me mit au cachot au pain et à l'eau. » Mais Danry ne se laissait pas démonter facilement. On ne voulait sans doute qu'éprouver son assurance. C'est en chantant qu'il descendit au cachot, où il continua pendant plusieurs jours à donner les marques de la gaîté la mieux assurée.

De ce moment le prisonnier se rendit insupportable à ses gardiens. Ce n'étaient que cris et violences. Il remplissait toute la Bastille des éclats de « sa voix de tonnerre ». Le major Chevalier écrit à Sartine : « Le prisonnier userait la patience du plus sage capucin » ; une autre fois : « Il es rempli de fiel et d'amertume, c'est un venin tout pur » ; ou bien encore : « Ce prisonnier est enragé ».

Le lieutenant de police proposa au ministre Saint-Florentin le transfert de Danry au donjon de Vincennes. Le prisonnier y fut conduit dans la nuit du 15 au 16 septembre 1764. Nous allons entrer dans une nouvelle phase de sa vie. Nous le trouverons plus misérable encore que par le passé, mais agrandissant encore ses exigences et ses prétentions ; d'ailleurs avec raison, puisque le voilà anobli. Il avait appris d'une sentinelle de la Bastille la mort de Henri Vissec de la Tude, lieutenant-colonel d'un régiment de dragons, décédé à Sedan le 31 janvier 1761. De ce jour il résolut qu'il était le fils de cet officier. Quelles raisons avait-il pour cela? Vissec de la Tude était de son pays, il était gentilhomme et riche, et il était mort. Danry trouvait ces raisons excellentes. Il est d'ailleurs dans une ignorance complète de tout ce qui concerne son père et sa nouvelle famille : il ignore jusqu'à ce nom de « Vissec de la Tude », dont il fait « Masers de la Tude » ; Masers était le nom d'une terre appartenant au baron de Fontès, parent de Henri de Vissec. Celui-ci n'était pas marquis, comme le croit Danry, mais simplement chevalier; il mourut laissant six fils, tandis que Danry le présente mourant sans postérité. Il va sans dire que tout ce que notre héros raconte de son père dans ses *Mémoires* est pure invention. Le chevalier de la Tude ignora toujours l'existence du fils de Jeanneton Aubrespy; et quand, plus tard, Danry demanda aux enfants de le reconnaître pour leur frère naturel, ses prétentions furent repoussées. Cependant notre homme signera désormais ses lettres et mémoires « Danry, ou mieux Henri Masers d'Aubrespy », puis « de Masers d'Aubrespy », « puis de Masers de la Tude ». Lorsque Danry s'était mis une idée dans la tête, il ne l'abandonnait plus. Il la répétait sans trêve jusqu'à ce qu'il l'eût fait entrer dans la conviction de tous ceux qui l'entouraient : ténacité qui doit faire notre admiration. Dans le brevet de 400 livres de pension que Louis XVI donna à Danry, en 1784, le roi appelle le fils de la pauvre Jeanneton : Vicomte Masers de la Tude.

Comme bien on pense, le vicomte de la Tude ne pouvait plus accepter sa liberté aux mêmes conditions que Danry. Celui-ci s'était contenté de « 60 000 livres »; le vicomte de la Tude exige « 150 000 livres », plus la croix de Saint-Louis. Il l'écrit au lieutenant de police. Quant à Sartine,

il était trop homme d'esprit pour tenir longtemps
rigueur au prisonnier de ses extravagances. « Je
fus transféré dans le donjon de Vincennes la nuit
du 15 au 16 septembre 1764. Environ neuf heures
après, feu M. de Guyonnet, lieutenant de roi, vint
me voir en compagnie du major et des trois porte-
clés, et il me dit : « M. de Sartine m'a ordonné de
« venir vous dire, de sa part, que pourvu que vous
« fussiez un peu de temps tranquille, qu'il vous
« accorderait votre liberté. Vous lui avez écrit une
« lettre extrêmement forte, il faut lui faire des
« excuses. » Danry ajoute : « Au surplus, M. de
« Sartine me traitait bien ». Il lui accordait pour
deux heures chaque jour « la promenade extraordinaire des fossés ». — « Quand un lieutenant de
police, dit Danry, accordait cette promenade à un
prisonnier, c'était pour lui rendre promptement
sa liberté. » Le 23 novembre 1765, Danry se promenait ainsi, en compagnie d'une sentinelle, en
dehors du donjon de Vincennes. Le brouillard
était intense. Il se retourna tout à coup vers son
gardien : « Comment trouvez-vous ce temps-ci?
— Fort mauvais. — Et moi je le trouve fort bon
pour m'échapper. » Il n'avait pas fait cinq pas
qu'il était hors de vue. « Je me suis échappé du
donjon de Vincennes, écrit Danry, sans malice,
un bœuf en aurait fait autant que moi. » Mais,
dans le discours qu'il prononça plus tard à l'Assemblée nationale, la scène a changé de caractère.

« Regardez, s'écrie-t-il, l'infortuné Latude, dans sa troisième évasion de la tour de Vincennes, poursuivi par plus de vingt soldats, s'arrêter et désarmer à leur vue la sentinelle qui l'avait mis en joue ! »

## IV

Lorsque Latude fut en liberté, il se trouva sans ressource, comme dans sa première évasion. « Je m'étais échappé avec des pantoufles à mes pieds et pas un sou dans ma poche ; j'étais dénué de tout. » Ses jeunes amies, les demoiselles Lebrun, lui donnèrent asile.

Il retrouva chez elles une partie de ses papiers, plans et projets, mémoires et dissertations, dont il envoya « un panier » au maréchal de Noailles ; il le priait de lui continuer l'honneur de sa protection et lui faisait part de « quatre grandes découvertes qu'il venait de faire : la première, la véritable cause du flux et du reflux de l'Océan ; la deuxième, la cause des montagnes, sans lesquelles le globe de la terre serait immobilisé et en peu de temps vitrifié ; la troisième, la cause qui fait tourner sans cesse le même globe ; la quatrième, la cause de la salure des eaux de toutes les mers ». Il écrivit également au duc de Choiseul, ministre de la guerre, afin d'obtenir la récompense de son projet militaire ; il écrivit à Sartine pour lui faire des propositions de paix : en retour de 10 000 écus, avancés sur les 150 000 livres qui lui étaient dues, il oublierait le passé : « J'étais, dit-il, résolu de jouer le tout pour le tout ». En réponse, il reçut une lettre qui lui désignait une maison où il trouverait 1 200 livres obtenues pour lui par le docteur Quesnay. Il se rendit à l'adresse indiquée, où il fut saisi.

Il fut aussitôt ramené à Vincennes. Danry avoue qu'il allait être mis en liberté au moment où il s'évada : c'était une nouvelle détention à recommencer. Nous ne raconterons pas le détail de l'existence qu'il va mener. Matériellement, il continue d'être bien traité, mais son esprit tourne à la folie, ses colères deviennent de plus en plus violentes, en arrivent au paroxysme de la fureur. Voici quelques extraits des lettres et mémoires envoyés à Sartine : « Par tous les diables, cela est un peu fort de café ! Il est vrai, monsieur, qu'à ne vous vanter que médiocrement, on pourrait défier les plus scélérats diables de tout l'enfer de vous donner des leçons de cruauté. » Il écrit une autre fois : « Notre crime à nous tous est d'être instruits de vos friponneries : il faut que nous périssions ! quelle joie pour vous si l'on venait vous apprendre que nous nous sommes étranglés dans nos cachots ! » Danry rappelle au lieutenant de police les supplices d'Enguerrand de Marigni, et il ajoute : « Sachez qu'on en a rompu plus de mille au milieu de la place de grève de Paris qui n'avaient pas commis la centième partie de vos crimes ». — « Il ne se trouverait pas une seule personne d'étonnée en te voyant écorcher tout vif, tanner ta peau et jeter ton corps à la voirie pour être dévoré par les chiens. » — « Mais monsieur se rit de tout, monsieur ne craint ni Dieu, ni le roi, ni le diable, monsieur avale les crimes comme du petit-lait! »

Latude écrivait dans sa prison des mémoires qu'il remplissait de calomnies sur les ministres et la cour. Ces mémoires étaient composés sur le ton le plus dramatique, avec un accent de sincérité inimitable. On savait que le prisonnier trouvait mille moyens de les faire passer à l'extérieur, et on craignait qu'ils se répandissent dans la foule où les esprits — nous sommes en 1775 — commençaient à être excités. Latude venait d'être descendu au cachot à la suite d'une nouvelle algarade à ses geôliers. « Le 19 de ce mois de mars 1775, le lieutenant de roi entra, accompagné du major et de trois porteclés, il me dit : — J'ai obtenu qu'on vous fît sortir du cachot, mais à la condition que vous me remettiez vos papiers.

« — Que je vous remette mes papiers! Sachez, monsieur, que j'aimerais mieux crever dans ce cachot que de faire une pareille lâcheté!

« — Votre malle est là-haut, dans votre chambre,

il ne dépend que de moi d'en faire sauter les cachets que vous y avez mis et de prendre vos papiers.

« Je répliquai : — Monsieur, il y a des formalités de justice auxquelles vous devez vous conformer, et il ne vous est point permis de faire de pareilles violences.

« Il sort cinq ou six pas hors du cachot, et comme je ne le rappelais pas, il rentre en me disant : — Remettez-les-moi tant seulement pour dix jours pour les examiner, et je vous donne ma parole d'honneur qu'au bout de ce temps je vous les ferai rapporter dans votre chambre.

« Je lui répliquai : — Je ne vous les livrerai pas tant seulement pour deux heures.

« — Hé bien ! me dit-il, puisque vous ne voulez point me les confier, vous n'avez qu'à rester ici. »

Latude raconte dans ses *Mémoires*, avec grande indignation, l'histoire d'une flûte qu'il s'était faite, dont il jouait, c'était sa seule distraction durant les longues heures de solitude ; ses geôliers eurent la barbarie de la lui enlever. Le gouverneur du donjon, par compassion, offrit de la lui rendre. « Mais ce ne sera qu'à la condition que vous n'en jouerez point la nuit, et rien que le jour. » A cet article, écrit Latude dans ses *Rêveries*, je ne pus éviter de le tourner en ridicule, en lui disant : « Mais y pensez-vous, monsieur? il

suffit que ça me soit défendu pour m'en donner
envie [1]. »

Aussi à Vincennes, comme à Paris, en vint-on
à considérer Danry comme un fou. Parmi les
livres qu'on lui donnait pour le distraire, il s'en
trouva quelques-uns traitant de sorcellerie. Il les
lut et relut, et ne vit plus dès lors, dans sa vie,
que la perpétuelle intervention des démons
évoqués par la magicienne de Pompadour et son
frère le magicien, marquis de Marigny.

Sartine revint voir le prisonnier le 8 novembre 1772. Danry le pria de lui envoyer un
exempt, pour prendre copie d'un mémoire qu'il
avait composé pour sa justification ; de lui envoyer
également un avocat, pour l'aider de ses conseils,
et un médecin, pour examiner l'état de sa santé.

---

1. Cette fameuse flûte est aujourd'hui la propriété de
M. Émile Bazin, à Reims. M. Bazin la conserve parmi des
souvenirs de famille qui lui viennent du chevalier de Pougens. La petite flûte — ronde, longue de 151 millimètres,
percée de quatre trous par devant et d'un trou par derrière
— sert de fermoir, comme le crayon d'un carnet, à un
exemplaire des *Mémoires* de Latude rédigés par Thiéry. A
l'exemplaire de ces *Mémoires* sont joints plusieurs documents
(lettres et notes provenant de Mme Legros, de Latude,
et de Théod. Lorin, secrétaire du chevalier de Pougens). Ils
ont été publiés dans la *Nouvelle Revue rétrospective* du
10 janv. 1898, p. 48-56. Y est joint également un portrait
de Latude au physionotrace, qu'une note de Théod. Lorin
déclare d'une ressemblance frappante. Nous avons dû communication de ces curieux documents à la charmante obli-
geance de M. Émile Bazin, négociant à Reims, et de son
beau-frère, M. Levasseur, trésorier-payeur général à Cons-
tantine.

L'exempt arriva le 24. Le 29, il écrivit au lieutenant de police : « J'ai l'honneur de vous rendre
compte qu'en conséquence de vos ordres je me
suis rendu au château de Vincennes, le 24 courant, pour entendre ce que Danry prétend intéresser le ministre, et il n'est possible d'entendre
chose qui l'intéresse si peu. Il a débuté par me
dire qu'il fallait, pour que j'écrive tout ce qu'il
avait à me dire, que je reste trois semaines avec
lui. Il doit me faire l'histoire de cent quatre-vingts
ensorcellements et me faire copier cette histoire,
d'après lui, dans un tas de papiers qu'il a tirés
d'un sac, dont le caractère est indéchiffrable. »

Nous savons par Danry comment se passa la
visite de l'avocat. Celui-ci entra dans la chambre
du prisonnier sur le midi.

Danry lui présente les deux mémoires qu'il a
rédigés et lui en explique le contenu. « Sur-le-
champ, il me coupa court, en me disant : « Mon-
« sieur, je ne crois point du tout aux ensorcelle-
« ments. »

« Je ne perdis point courage, et je lui dis :
« Monsieur, il ne m'est point possible de vous
« faire voir le corps du démon, mais je suis très
« certain de vous convaincre, par le contenu de
« ce mémoire, que feu la marquise de Pompa-
« dour était une magicienne, et que le marquis
« de Marigny, son frère, est encore aujourd'hui
« même en commerce avec les démons. »

« A peine l'avocat eut-il lu quelques pages, qu'il s'arrêta tout court, posa le cahier sur la table et me dit, comme s'il s'était éveillé d'un profond sommeil : « N'est-ce pas que vous voudriez sortir « de prison? » Je repris : « Cela n'est point dou- « teux. — Et comptez-vous rester dans Paris ou « retourner chez vous? — Quand je serai libre, je « retournerai chez moi. — Mais avez-vous de « quoi? » A ce mot, je le pris par la main et je lui dis : « Monsieur l'avocat, je vous prie de ne « pas vous fâcher des paroles que je vais vous « dire. — Parlez, me dit-il, dites tout ce qu'il vous « plaira, je ne me fâcherai point. — Hé bien, c'est « que je me suis aperçu très distinctement que le « démon s'est déjà emparé de vous. »

La même année, Malesherbes fit sa célèbre inspection des prisons. « Ce ministre vertueux vint me voir dans le commencement du mois d'août 1775, il m'écouta avec le plus vif intérêt. » L'historien qui a le mieux connu tout ce qui se rapporte à la Bastille, François Ravaisson, a cru que Malesherbes laissa le malheureux en prison par égard pour son collègue Maurepas. « On aurait dit que le premier acte de Maurepas, en reprenant le ministère, avait été de faire sortir son ancien complice. » Une lettre de Malesherbes au gouverneur de Vincennes détruit cette suppo- sition : « Je m'occupe, monsieur, de l'examen des pièces qui concernent vos différents prisonniers. Danry, Thorin et Maréchal sont tout à fait fols suivant les notes qu'on m'a données, et les deux premiers en ont donné des marques indubitables en ma présence. »

Danry fut, en conséquence, transféré à Charenton le 27 septembre 1775, « pour cause de dérangement de tête, en vertu d'un ordre du Roy du 23 dudit mois, contresigné de Lamoignon. Le Roy paiera sa pension. » Au moment d'entrer dans sa nouvelle demeure, Latude prit la précaution de changer de nom une troisième fois et signa sur les registres « Danger ».

En passant du donjon de Vincennes dans la maison de Charenton, Danry ne jugea pas inutile de s'élever encore en dignité. Aussi le voyons-nous s'intituler dorénavant « ingénieur, géographe, pensionnaire du roi à Charenton ». Sa situation s'améliora sensiblement. Il parle des bontés qu'avaient pour lui les Pères de la Charité. Il avait des compagnons dont la société lui plaisait. Des salles où l'on jouait au billard, au tric-trac, aux cartes, étaient mises à la disposition des pensionnaires. Il prenait ses repas et se promenait en compagnie. Il revit Allègre, son ancien confrère de captivité, qu'il retrouva dans les catacombes parmi les forcenés : on l'avait fait sortir, en 1763, de la Bastille où il cassait et brisait tout. A présent Allègre se croyait Dieu. Quant à Danry, il était si bien entré dans son rôle de gentilhomme, qu'à voir son air de noblesse et d'aisance, à entendre sa conversation pleine de souvenirs de famille et de jeunesse, nul ne pouvait douter qu'il n'eût été, en effet, ce brillant officier du génie, tombé, dans la fleur de l'âge, victime des intrigues de la favorite. Il fréquentait la partie aristocratique de la société de Charenton, et se lia intimement avec un de ses compagnons, le chevalier de Moyria, fils d'un lieutenant-colonel, chevalier de Saint-Louis.

Cependant le Parlement, qui envoyait chaque année une commission faire l'inspection de la maison de Charenton, commission devant laquelle Danry comparut à deux reprises différentes, ne jugea pas qu'il dût être mis en liberté. Mais, un beau jour du mois de septembre 1776, le Père prieur, qui s'intéressait tout particulièrement au sort de son pensionnaire, le rencontrant dans le jardin, lui dit brusquement : « Nous attendons la visite de M. le lieutenant de police, préparez un discours court et bon ». Le lieutenant de police, Lenoir, vit Danry, l'écouta attentivement, et comme le Père prieur ne donnait que de bons témoignages, le magistrat promit la liberté. « Alors le Père Prudence, directeur, qui était derrière moi, me tira par le bras pour me faire sortir, par crainte que, par quelque parole indiscrète, je ne gâtasse le bien qui avait été résolu. » C'est un trait charmant en l'honneur du Père Prudence.

Mais, réflexion faite, il parut dangereux de rejeter ainsi, du jour au lendemain, dans la société, un homme qui ne saurait comment y vivre, n'ayant parents ni fortune, n'ayant plus les moyens de gagner sa vie, et dont on n'avait d'ailleurs que trop de raisons de se défier. Lenoir fit demander si le prisonnier trouverait, une fois en liberté, de quoi assurer son existence, s'il avait quelque bien, s'il pouvait donner les noms de quelques personnes prêtes à répondre de lui.

Comment, s'il avait quelque bien ! comment, s'il trouverait des personnes prêtes à répondre de lui ! Lui, Masers de Latude ! Mais toute sa famille, quand la marquise de Pompadour le fit embastiller, occupait une situation brillante ! Mais sa mère, dont il avait eu la douleur d'apprendre la mort, avait laissé une maison et des biens-fonds considérables ! Latude prit la plume et, sans hésiter, écrivit à M. Caillet, notaire royal à Montagnac : « Mon cher ami, je parierais dix contre un que tu me crois mort, vois comme tu t'es trompé !... Il ne dépend que de toi qu'avant ce carnaval passé nous mangions un bon levraut ensemble. » Et il parle à son ami le notaire de la fortune laissée par sa mère, de toute sa famille qui ne peut manquer de s'intéresser à lui. Latude ne fut peut-être pas très étonné de ne pas recevoir de réponse à cette épître, mais elle devait passer sous les yeux du lieutenant de police.

Le nouvel ami de Latude, le chevalier de Moyria, était en liberté depuis quelque temps déjà. Le prisonnier s'empressa de lui envoyer la copie de sa lettre au notaire. « La réponse se faisait attendre, M⁰ Caillet était mort sans doute. Que devenir? ces vingt-huit années de captivité avaient compromis sa fortune, lui avaient fait perdre ses amis; comment retrouver les débris de sa famille dispersée? Heureusement qu'il lui restait une amitié, une amitié jeune encore, mais déjà forte, en laquelle il mettait toute sa confiance. « Chevalier, il ne dépendrait que de vous de me délivrer, en engageant votre bonne maman à écrire à M. Lenoir. » Le chevalier de Moyria répondit aimablement, Danry écrivit une nouvelle lettre plus pressante et fit si bien que, non seulement la mère du chevalier, mais encore un vieil ami de la famille de Moyria, Mercier de Saint-Vigor, chef d'escadre, contrôleur général de la maison de la reine, intervinrent, firent des démarches à Versailles. « Le 5 du mois de juin 1777, le roi Louis XVI me rendit ma liberté, j'ai l'ordre de sa main dans ma poche! »

V

En sortant de Charenton, Danry avait signé l'engagement de partir immédiatement pour le Languedoc, engagement qu'il n'eut garde de

remplir. Paris était la seule ville de France où un homme comme lui pouvait se pousser. Il avait alors cinquante-deux ans, mais se trouvait jeune encore, plein d'entrain et de vigueur; ses cheveux, aussi abondants que dans la jeunesse, n'avaient pas blanchi. Bientôt il eut trouvé le moyen d'emprunter de l'argent, et le voilà en campagne, s'efforçant d'approcher les ministres, gagnant la protection du prince de Beauvau, distribuant des mémoires où il réclame la récompense de grands services rendus, où il se répand en invectives contre ses oppresseurs, Sartine en particulier. Le ministre Amelot le fit appeler, et, d'une voix sévère, lui intima l'ordre de partir sur-le-champ. Latude ne se le fit pas répéter. Il se trouvait à Saint-Bris, à quarante-trois lieues de a capitale, quand il se vit appréhendé par l'exempt Marais. Ramené à Paris, il fut écroué au Châtelet le 16 juillet 1777, et, le 1ᵉʳ août, conduit à Bicêtre. A peine en liberté, il s'était introduit chez une dame de qualité et lui avait extorqué de l'argent par des menaces. L'exempt le trouva porteur d'une somme assez forte.

Bicêtre n'était plus une prison d'État comme la Bastille et Vincennes, où une maison de santé comme Charenton : c'était la prison des voleurs. Danry prit la précaution, en y entrant, de changer de nom une quatrième fois, il se fit appeler Jedor. Il a d'ailleurs soin de nous donner dans ses

*Mémoires* la raison de cette nouvelle métamor-
phose : « Je ne voulais pas souiller le nom de mon
père en le mettant sur le registre de ce lieu
infâme ». De ce jour commence pour lui une
existence vraiment misérable : confondu avec les
scélérats, au pain et à l'eau, il a un cabanon pour
demeure. Mais son long martyre est terminé :
voici l'heure de l'apothéose!

Louis XVI règne depuis plusieurs années et la
France est devenue la nation la plus *sensible* de
l'univers. Tout le monde pleure et à tout propos.
Est-ce la littérature sentimentale mise à la mode
par J.-J. Rousseau qui a amené ce résultat touchant, ou bien, au contraire, cette littérature
a-t-elle eu du succès parce qu'elle était dans le
goût du jour? Quoi qu'il en soit, Latude venait à
son moment. Sa récente mésaventure n'était pas
faite pour le décourager. Au contraire, c'est avec
une énergie plus grande, une plus poignante
émotion et des cris plus déchirants qu'il reprend
l'histoire de son interminable souffrance. Victime
d'oppresseurs cruels, de lâches ennemis qui ont
intérêt à étouffer sa voix, les mauvais traitements ne courberont pas sa tête, il restera fier,
sûr de lui, debout devant ceux qui le chargent de
fers.

Lors de la naissance du dauphin, Louis XVI
voulut faire partager sa joie aux misérables et
prononcer un grand nombre de grâces. Une

commission spéciale, présidée par le cardinal de Rohan, composée de huit conseillers au Châtelet, vint siéger à Bicêtre. Danry comparut devant elle le 17 mai 1782. Ses nouveaux juges, comme il en témoigne, l'écoutèrent avec intérêt. Mais la décision de la commission ne lui fut pas favorable. Cela ne l'étonna pas autant que nous pourrions le croire. « Le souffle impur du vice, écrit-il au marquis de Conflans, n'a jamais gâté mon cœur; mais il y a des magistrats qui aiment mieux faire grâce en pardonnant à des hommes coupables, que de s'exposer au reproche mérité d'avoir commis l'injustice la plus révoltante, en retenant l'innocence pendant trente-trois ans dans les fers. »

Pour donner carrière à l'incroyable activité de son cerveau, il compose à Bicêtre de nouveaux projets, mémoires et relations de ses malheurs. Il envoie au marquis de Conflans un projet de presse hydraulique, « hommage d'un gentilhomme infortuné qui a vieilli dans les fers »; il fait porter des mémoires par les porte-clés à toutes les personnes qui pouvaient s'intéresser à lui. La première qui le prit en compassion est un prêtre, l'abbé Legal, de la paroisse de Saint-Roch, vicaire de Bicêtre. Il vint le voir, le consoler, lui donner des soins et de l'argent. Le cardinal de Rohan lui témoigna également beaucoup d'intérêt, il lui envoya des secours par son secrétaire. Nous arrivons enfin à Mme Legros. Cette merveilleuse histoire est connue, nous la conterons brièvement. Un porte-clés ivre perd l'un des mémoires de Latude au coin d'une borne de la rue des Fossés-Saint-Germain-l'Auxerrois : une femme, une petite mercière, le ramasse, elle l'ouvre : son cœur se serre à la lecture de ces souffrances horribles décrites en traits de feu. Elle fait partager son émotion à son mari [1], tous les soins de ces braves gens vont tendre à la délivrance de l'infortuné, et Mme Legros se consacre à la tâche entreprise avec une ardeur, un courage, un dévoûment infatigables. « Grand spectacle, s'écrie Michelet, de voir cette femme pauvre, mal vêtue, qui s'en va de porte en porte, faisant la cour aux valets pour entrer dans les hôtels, plaider sa cause devant les grands, leur demander leur appui! » En bien des maisons elle trouve bon accueil, le président de Gourgues, le président de Lamoignon, le cardinal de Rohan, l'aident de leur influence. Sartine lui-même fait des démarches en faveur du malheureux. Deux avocats du parle-

---

1. Les historiens écrivent que M. et Mme Legros n'avaient pas d'enfants. Parmi les notes de Théod. Lorin, secrétaire du chevalier de Pougens, on lit : « M. de Pougens, qui avait joint ses efforts à ceux des personnes dont le crédit procura la liberté à l'infortuné Latude, et qui contribua à lui assurer une existence honorable, est resté, jusqu'à sa mort, le bienfaiteur du fils et de la fille de Madame Legros, lesquels existent encore (1851) ». *Nouvelle Revue rétrospective*, 10 janv. 1898, p. 51.

ment de Paris, Lacroix et Comeyras, se dévouent à la cause. Des copies sont tirées des mémoires du prisonnier, elles se répandent dans tous les salons, elles pénètrent jusque dans le cabinet de la reine. Tous les cœurs s'émeuvent aux accents de cette voix déchirante.

Le marquis de Villette, devenu célèbre par l'hospitalité qu'il donna à Voltaire mourant, se prend de passion pour l'infortuné; il envoie son intendant à Bicêtre offrir à Latude une pension de 600 livres, à la seule condition que le prisonnier lui laissera l'honneur de le délivrer. Latude reçut cette singulière proposition comme il le devait. « Voilà deux ans qu'une pauvre femme se dévoue à ma délivrance, je serais un ingrat en ne laissant pas mon sort entre ses mains. » Il savait que cette pension ne lui échapperait pas, et ce n'est pas pour 600 livres qu'il aurait consenti à laisser dépouiller son histoire du caractère romanesque et touchant qu'elle prenait de plus en plus.

Voici d'ailleurs l'Académie française qui intervient. D'Alembert est feu et flammes. Et c'est dorénavant dans la prison infâme un flot de visiteurs de la plus haute distinction. Enfin, le roi lui-même est amené à s'occuper de l'affaire. Il se fait apporter le dossier, il l'examine soigneusement. Avec quelle anxiété tous attendent sa décision! Mais Louis XVI, qui connaît à présent l'affaire, répond que Latude ne sortira *jamais*. A cet arrêt, qui paraît sans appel, tous les amis du prisonnier perdent courage, excepté Mme Legros. La reine et Mme Necker sont avec elle. En 1783, Breteuil, l'homme de la reine, arrive au pouvoir; le 24 mars 1784, la mise en liberté est signée. Le vicomte de Latude reçoit une pension de 400 livres, mais il est exilé dans son pays. Nouvelles instances, nouvelles démarches : on obtient enfin que Latude vivra libre à Paris !

Voici la plus belle époque de la vie d'un grand homme. Latude occupe, au quatrième, un appartement modeste, mais propre et bien rangé. Il vit entre ses deux bienfaiteurs M. et Mme Legros, choyé, entouré de mille gâteries. La duchesse de Beauvau a obtenu de Calonne pour Mme Legros, sur les fonds destinés à soutenir les gentilshommes tombés dans la misère, une pension de 600 livres; la duchesse de Kingston lui fait une autre pension de 600 livres également; outre la pension royale, Latude reçoit 500 livres par an du président Dupaty et 300 livres du duc d'Ayen. De plus, une souscription publique a été ouverte, elle s'est couverte des plus grands noms de France. Une agréable aisance est assurée aux époux Legros et à leur fils d'adoption. Dans la séance du 24 mars, l'Académie française a décerné solennellement à la vaillante mercière le prix Montyon. « La dame Legros est venue recevoir la médaille aux acclamations de toute l'assemblée. »

Le nom de Latude est dans toutes les bouches, on l'admire, on le plaint. Les dames de la plus haute société ne craignent pas de monter les quatre étages, accompagnées de leurs filles, pour apporter à l'infortuné « avec leurs larmes des secours en argent ». C'est une affluence dont le héros nous a laissé avec complaisance la description : duchesses, marquises, grands d'Espagne, croix de Saint-Louis, présidents au parlement, se rencontrent chez lui. Il y a quelquefois six et huit personnes dans sa chambre. Chacun entend son histoire, lui prodigue les témoignages de la plus tendre compassion, et nul ne manque: avant de sortir, « de laisser une marque de sa sensibilité ». Les maréchales de Luxembourg et de Beauvau, la duchesse de la Rochefoucauld, la comtesse de Guimont, sont parmi les plus zélées. « D'ailleurs, dit notre homme, il me serait extrêmement difficile de pouvoir connaître laquelle de ces comtesses, marquises, duchesses et princesses a le cœur le plus humain, le plus compatissant. »

Latude devient ainsi l'une des illustrations de Paris : les étrangers affluent à son logis, les maîtresses de maison se l'arrachent. A table, quand il parle, c'est un silence empreint de déférence et de respect; au salon, près de la cheminée où flambent les grandes bûches, il est assis dans un fauteuil doré, au milieu d'un bouquet de robes claires et soyeuses qui frissonnent, pressées autour de lui. Le chevalier de Pougens, fils du prince de Conti, lui demande avec insistance de lui faire le plaisir de venir demeurer dans sa maison ; Latude veut bien y consentir. L'ambassadeur des États-Unis, l'illustre Jefferson, le prie à dîner.

Latude a décrit lui-même cette vie enchantée : « Depuis ma sortie de prison, les plus grands seigneurs de France m'ont fait l'honneur de m'inviter à venir manger chez eux, mais je n'ai pas trouvé une seule maison, excepté celle de M. le comte d'Angevillier, où l'on rencontre les gens d'esprit et de science par douzaines, et toute sorte d'honnêtetés de la part de Mme la comtesse, et celle de M. Guillemot, intendant des bâtiments du roi, l'une des plus charmantes familles que l'on puisse trouver dans Paris, — où l'on soit plus à son aise que chez le marquis de Villette.

« Quand on a, comme moi, éprouvé la rage de la faim, on commence toujours par parler de la bonne chère. Le marquis de Villette a toujours un cuisinier qui peut aller de pair avec le plus habile de son art, c'est-à-dire en deux mots que sa table est excellente. A celle des ducs et pairs et des maréchaux de France, c'est un cérémonial éternel, on n'y parle que par des sentences, au lieu qu'à celle du marquis de Villette [1], fonda-

---

1. Parmi les documents concernant Latude, conservés à la Bibliothèque de la Ville de Paris (n° 10731), il y a, de la main du héros, un écrit, qui constitue la plus abominable

mentalement il y a toujours des personnes d'esprit
et de science. Tous les musiciens de la première
classe ont un couvert mis à sa table, et de six
jours de la semaine il y en a au moins trois où il
y a un petit concert. »

Le 26 août 1788, mourut une des bienfaitrices
de Latude, la duchesse de Kingston; elle ne
manqua pas de faire à son protégé une bonne
place dans son testament, et nous voyons celui-ci
assister pieusement à la vente qui se fit des
meubles et effets ayant appartenu à la bonne
dame. Il acheta même quelques objets et donna
en paiement un louis d'or. Le lendemain, à une
nouvelle vacation, l'huissier-audiencier représenta
à Latude le louis qu'il avait donné : la pièce était
fausse. — « Fausse? Hé! prenait-on le vicomte
de Latude pour un escroc? La pièce était fausse!
Et qui donc avait l'audace d'émettre « une pareille
inculpation attentatoire à son honneur et à sa
réputation »? Latude élève la voix, l'huissier
menace de le faire sortir de la salle. L'insolent!
« On met à la porte un coquin et non un gentilhomme! » Mais l'huissier envoie chercher la
garde à cheval, qui met « le sieur de la Tude
ignominieusement dehors ». Celui-ci sortit avec
calme, et, le jour même, attaqua l'huissier devant

des tentatives de chantage contre le marquis de Villette,
son bienfaiteur. Ce trait infâme suffirait à faire juger le
personnage.

le tribunal du Châtelet « pour avoir une réparation aussi authentique que la diffamation avait été publique ».

L'année suivante (1789), Latude fit un voyage en Angleterre. Il avait entrepris de poursuivre devant les tribunaux Sartine, Lenoir et les héritiers de Mme de Pompadour, afin d'obtenir les indemnités qui lui étaient dues. En Angleterre, Latude rédigea un mémoire pour Sartine, dans lequel il fait connaître à l'ancien lieutenant de police les conditions auxquelles il se désisterait de ses poursuites. « M. de Sartine, voulez-vous me donner, en forme de réparation de tous les maux, dommages, que vous m'avez fait souffrir injustement, la somme de 900 000 livres; M. Lenoir, 600 000 livres, et les héritiers de feu la marquise de Pompadour et du marquis de Menars 100 000 écus, ces trois sommes ensemble font 1 800 000 livres », c'est-à-dire 4 millions d'aujourd'hui.


## VI


La Révolution éclata. Si l'époque de Louis XVI, tendre et compatissante, avait été favorable à notre homme, la Révolution semble avoir été faite pour lui. Le peuple se souleva contre le despotisme des rois; les tours de la Bastille furent renversées. Latude, victime des rois, victime de

la Bastille et des ordres arbitraires, allait apparaître dans tout son éclat.

Il s'empresse de jeter aux orties sa perruque
poudrée et son habit de vicomte; écoutez le
révolutionnaire farouche, intègre, indomptable,
absolu : « Français! j'ai acquis le droit de vous
dire la vérité; et, si vous êtes libres, vous devez
aimer à l'entendre.

« Je méditais depuis trente-cinq ans, dans les
cachots, sur l'audace et l'insolence des despotes;
j'appelais à grands cris la vengeance, lorsque la
France, indignée, s'est levée tout entière, par un
mouvement sublime, et a écrasé le despotisme.
Pour qu'une nation soit libre, il faut qu'elle veuille
le devenir, et vous l'avez prouvé. Mais, pour conserver la liberté, il faut s'en rendre digne; et voilà
ce qu'il vous reste à faire! »

Au Salon de peinture de 1789, on vit deux portraits de Latude et la fameuse échelle de cordes.
Au bas de l'un de ces portraits [1], par Vestris,
membre de l'Académie royale, on avait gravé ces
vers :

> Instruit par ses malheurs et sa captivité,
> A vaincre des tyrans les efforts et la rage,
> Il apprit aux Français comment le vrai courage
> Peut conquérir la liberté.

Dès l'année 1787 le marquis de Beaupoil-Saint-

1. Aujourd'hui au Musée historique de la Ville de Paris
(hôtel Carnavalet).

Aulaire avait écrit, sous l'inspiration du martyr, l'histoire de sa captivité. Il parut de ce livre, la même année, deux éditions différentes. En 1789, Latude publia le récit de son évasion de la Bastille, ainsi que son *Grand Mémoire* à la marquise de Pompadour; enfin, en 1790, parut le *Despotisme dévoilé, ou Mémoires de Henri Masers de Latude*, rédigé par l'avocat Thiéry [1]. Le livre est dédié à La Fayette. On voit, en première page, le portrait du héros, la figure fière et énergique, une main sur l'échelle de corde, l'autre étendue vers la Bastille, que des ouvriers sont occupés à démolir. « Je jure, dit l'auteur en commençant, que je ne rapporterai pas un fait qui ne soit une vérité. » L'ouvrage est un tissu de calomnies et de mensonges; et, ce qui affecte de la manière la plus pénible, c'est de voir cet homme renier sa mère, oublier les privations qu'elle a supportées par amour pour son fils, et faire honneur du peu que la pauvre fille a pu faire pour son enfant à un marquis de la Tude, chevalier de Saint-Louis, lieutenant-colonel au régiment d'Orléans-dragons!

Mais le livre vibrait d'un incomparable accent de sincérité et de cette émotion profonde que Latude savait communiquer à tous ceux qui

---

1. Thiéry était un avocat du barreau de Nancy. A cette époque il quitta la carrière pour se livrer à des spéculations qui ne furent pas toujours heureuses.

l'approchaient. Le succès fut prodigieux. En 1793, vingt éditions étaient épuisées, l'ouvrage était traduit en plusieurs langues ; les journaux n'avaient pas assez d'éloges pour l'audace et le génie de l'auteur, le *Mercure de France* proclamait que, désormais, le devoir des parents était d'apprendre à lire à leurs enfants dans cette œuvre sublime ; un exemplaire en était envoyé à tous les départements, accompagné d'une réduction de la Bastille par l'architecte Palloy, et c'est avec raison que Latude pouvait s'écrier dans l'Assemblée nationale : « Je n'ai pas peu contribué à la révolution et à l'affermir ».

Latude n'était pas homme à négliger des circonstances aussi favorables. Il chercha tout d'abord à faire augmenter sa pension et présenta à la Constituante une pétition qui fut appuyée par le représentant Bouche. Mais Camus, l'. « âpre Camus », président de la commission chargée d'examiner l'affaire, conclut au rejet ; et, dans la séance du 13 mars 1791, le député Voidel prononça un discours très vif : selon lui, la nation avait à soulager des malheureux plus dignes d'intérêt qu'un homme de qui la vie avait commencé par une escroquerie et une lâcheté. L'Assemblée se rangea à cet avis : non seulement la pension de Latude ne fut pas augmentée, mais la délibération de la Constituante lui fit supprimer la pension que lui avait accordée Louis XVI.

Horreur et infamie! « Quelle démence s'est emparée de l'esprit des représentants de la plus généreuse nation de l'univers!... Assassiner un malheureux dont l'aspect seul éveille la pitié et échauffe la sensibilité la moins expansive,... car la mort n'est pas aussi terrible que la perte de l'honneur! » Le vaillant Latude ne restera pas sous le coup d'un pareil affront. Bientôt il a amené Voidel à se rétracter; il gagne, au sein de l'Assemblée, un défenseur influent, le maréchal de Broglie. L'Assemblée législative remplace la Constituante, Latude revient à la charge. Il est admis à la barre le 26 janvier 1792; l'affaire est renvoyée et examinée une seconde fois, le 25 février. Nous voudrions pouvoir citer tout au long le discours que Latude composa lui-même pour son rapporteur, voici un fragment de la péroraison :

« Qu'un homme, sans aucun secours étranger, ait pu échapper trois fois, une de la Bastille et deux fois de la tour de Vincennes, oui, messieurs, j'ose dire qu'il n'a pu en venir à bout que par un miracle, ou que Latude a un génie plus qu'extraordinaire. En effet, jetez les yeux sur cette échelle de corde et de bois, et sur tous les autres instruments que Latude a fabriqués avec un simple briquet, que voilà au milieu de cette chambre. J'ai voulu vous faire voir cet objet de curiosité qui fera sans cesse l'admiration des gens d'esprit. Pas un seul étranger ne vient dans Paris qui n'aille voir ce chef-d'œuvre d'esprit et de génie, de même que sa généreuse libératrice, Mme Legros. Nous avons voulu vous ménager, messieurs, le plaisir de voir cette femme célèbre, qui, pendant quarante mois sans relâche, a bravé le despotisme, qu'elle a vaincu à force de vertu. La voilà à la barre avec M. de Latude, voilà cette femme incomparable, que sans cesse elle fera la gloire et l'ornement de son sexe!... »

Ne nous étonnons pas que l'Assemblée législative se soit laissé émouvoir par cette harangue éloquente et cette exhibition aussi touchante que variée. Elle vota d'une seule voix une pension de 2 000 livres, sans préjudice de la pension de 400 livres précédemment accordée. Désormais, Latude pourra dire : « La nation tout entière m'a adopté ».

D'ailleurs, la petite mésaventure au sein de l'Assemblée constituante devait être le seul échec que Latude essuya au cours de sa glorieuse carrière de martyr. Présenté à la société des « Amis de la Constitution », il en fut nommé membre par acclamation, et la Société envoya une délégation de douze membres porter à Mme Legros la couronne civique. Le chef de la députation dit d'une voix émue : « Ce jour est le plus beau jour de ma vie ». Une délégation des principaux théâtres de Paris offrit à Latude l'entrée gratuite à tous les spectacles « afin qu'il pût aller souvent oublier les jours de sa douleur ». Une haute considération l'entourait, et les plaideurs le priaient d'appuyer leurs causes devant les tribunaux de l'autorité morale que lui avait donnée sa vertu. Il en profita pour porter définitivement en justice ses réclamations contre les héritiers de la marquise de Pompadour. Le citoyen Mony plaida la cause une première fois au tribunal du VI<sup>e</sup> arrondissement, le 16 juillet 1793; le 11 septembre, l'affaire revint devant les magistrats; les citoyens Chaumette, Laurent et Legrand avaient été désignés par la Commune de Paris comme défenseurs officieux, et toute la Commune vint assister à l'audience. Latude obtint 60 000 livres, dont 10 000 lui furent payées en espèces.

A partir de ce moment, sa vie devint plus calme. Mme Legros continuait à l'entourer de ses soins. Les 50 000 livres qui lui restaient dues par les héritiers de la marquise lui furent payées en bonnes métairies sises en Beauce, dont il touchait les revenus.

Hâtons-nous de dire que la France ne trouva pas en Latude un enfant ingrat. La situation critique, dans laquelle le pays se débattait, le peinait profondément. Il cherchait les moyens d'y porter remède, et fit paraître en 1799 un *Projet d'évaluation des quatre-vingts départements de la France pour sauver la République en moins de trois mois;* ainsi qu'un *Mémoire sur les moyens de rétablir le crédit public et l'ordre dans les finances de la France.*

Lorsque les biens ayant appartenu à la marquise de Pompadour furent séquestrés, les métairies données à Latude lui furent enlevées; mais il se les fit restituer par le Directoire. Il fut moins heureux dans une demande de concession de théâtre et de maison de jeu. Il s'en consola. Les secours qu'il ne cessait d'extorquer de droite et de gauche, le revenu de ses métairies, la vente de ses livres, et l'argent que lui rapportait l'exhibition de son échelle, promenée par un imprésario dans les différentes villes de France et d'Angleterre, lui procuraient une large aisance.

La Révolution passa. Latude salua Bonaparte à son aurore, et quand Bonaparte devint Napoléon, Latude s'inclina devant l'empereur. Nous avons une lettre bien curieuse dans laquelle il trace à Napoléon Ier les lignes de conduite qu'il devra suivre pour son bien et celui de la France. Elle commence par ces mots :

Sire,

J'ay été enterré cinq fois tout vivant, et je connais le malheur. Pour avoir un cœur plus compatissant que le général des hommes, il faut avoir souffert de grands maux.... J'ay eu la douce satisfaction, du temps de la Terreur, d'avoir sauvé la vie à vingt-deux malheureux.... Solliciter Fouquet d'Étinville pour des royalistes, c'était le persuader que j'en étais un moi-même. Que si j'ay bravé la mort pour sauver la vie à vingt-deux citoyens,

juge, grand Empereur, si mon cœur peut éviter de s'intéresser pour toi qui est le sauveur de ma chère patrie. »

Nous avons des détails sur la fin de la vie de
Latude par les *Mémoires* de son ami le chevalier
de Pougens et par les *Mémoires* de la duchesse
d'Abrantès. Le chevalier nous dit qu'à l'âge de
soixante-quinze ans, il était encore en bonne
santé, « vif, enjoué, paraissant jouir avec trans-
port des charmes de l'existence. Chaque jour, il
faisait de longues courses dans Paris sans éprouver
la moindre fatigue. On s'étonnait de ne trouver
en lui *aucun vestige* des cruelles souffrances qu'il
avait éprouvées dans les cachots pendant trente-
cinq années de détention[1]. » L'Empire ne lui avait
pas fait perdre de sa faveur. Junot lui faisait une
pension sur des fonds dont il disposait. Un jour,
il le présenta à sa femme, avec Mme Legros, que
Latude ne quittait plus.

« Lorsqu'il arriva , nous dit la duchesse
d'Abrantès, je fus au-devant de lui avec un respect et un attendrissement vraiment édifiants. Je
le pris par la main, je le conduisis à un fauteuil,
je lui mis un coussin sous les pieds; enfin, il aurait

1. Les notes de Théod. Lorin, publiées dans la *Nouvelle
Revue rétrospective* (10 janv. 1898, p. 49-51) confirment ce
témoignage de la manière la plus complète. « Quoique très
âgé, car il est mort à quatre-vingts ans, M. de Latude avait
conservé toute sa force, disons même la verdeur de la
jeunesse. »

été mon grand-père que je ne l'aurais pas mieux traité. A table, je le mis à ma droite. » Mais, ajoute la duchesse, « mon enchantement dura peu. Il ne parlait que de ses aventures avec une loquacité effrayante. »

Agé de quatre-vingts ans, quelques mois avant sa mort, Latude écrit [1] à son protecteur le chevalier de Pougens, membre de l'Institut, qu'il tutoie : « Or je viens te déclarer à haute et intelligible voix que si, d'aujourd'hui, 11 messidor, en dix jours, tu n'es pas rendu dans Paris, avec tout ton bétail (le chevalier de Pougens était dans ses terres, à la campagne), que je partirai le lendemain, que je porterai une faim démesurée et une soif de cocher de fiacre, et quand j'aurai mis vos provisions et votre cave à sec, vous me verrez jouer le second acte de la comédie de *Jocriste* : vous verrez voler les assiettes, les plats, les marmites, les bouteilles — bien entendu vides — et jeter tous les meubles par la fenêtre ! »

Le 20 juillet 1804, Latude rédigea encore une circulaire adressée aux souverains de l'Europe, au roi de Prusse, au roi de Suède, au roi de Danemark, à l'archiduc Charles frère de l'empereur, ainsi qu'au président des États-Unis. A chacun, il envoyait un exemplaire de ses *Mémoires* accompagné du célèbre projet qui avait fait rem-

1. Le 25 juin 1804.

placer par des fusils les hallebardes dont les sergents étaient armés. Il expliquait à chacun de ces souverains que, comme la nation qu'il gouvernait profitait de ce projet enfant de son génie, il était juste qu'il en reçût la récompense.

Jean Henri, dit Danry, dit Danger, dit Jedor, dit Masers d'Aubrespy, dit de Masers de la Tude, mourut à Paris, le 11 nivôse an XIII (1er janvier 1805) [1], à l'âge de quatre-vingts ans.

1. D'une fluxion de poitrine.

---

**Note ajoutée à la deuxième édition.** — Plusieurs des critiques, qui ont bien voulu parler de notre livre, nous ont fait, à propos du chapitre consacré à Latude, un reproche qui est formulé sous la plume de M. E. Lepelletier de la manière suivante : « Latude commit une véritable escroquerie. Elle fut découverte et la Bastille reçut l'inventeur malavisé. Il fut incarcéré à la Bastille le 1er mai 1749, il fut mis en liberté le 7 juin 1777. C'est une pénalité un peu prolongée pour une tentative d'escroquerie. Évidemment Latude, originellement, ne pouvait être considéré comme une victime de la monarchie; mais en prolongeant pendant vingt-huit ans sa détention, l'ancien régime a fait de ce chef d'industrie un véritable martyr politique. L'érudition peut détruire la légende de la Bastille, elle est impuissante à anéantir l'acte d'arbitraire de tous les ministres qui se sont succédé de Louis XV à la Révolution, maintenant dans une rigoureuse captivité un pauvre diable, en somme coupable d'une assez légère peccadille envers la maîtresse du roi. Qui veut trop prouver, ne démontre rien ».

Le nouveau tirage qui est fait de notre volume nous permet de répondre un mot. Nous tenons à dire, avant tout, que nous ne voulons prouver ni démontrer quoi que ce soit. Nous avons essayé de reproduire fidèlement le tableau de la Bastille et celui du 14 juillet, tels que les documents nous les ont montrés. Là se borne notre ambition. Si des documents et des faits cités sort la réhabilitation de l'Ancien régime, tant mieux pour l'Ancien régime, et, peut-être aussi, tant mieux pour nous. Tout en tenant fermement aux progrès réalisés et aux transformations sociales et politiques opérées dans le cours des siècles, un peuple doit être heureux et fier de pouvoir aimer et admirer son passé. Le passé est le sol fécond où une nation plonge ses racines, où elle puise la sève pour les puissantes et brillantes frondaisons de l'avenir.

Pour le cas « Latude » nous tenons cependant à justifier notre « manque de cœur ». Le mot est d'un autre critique que M. Lepelletier. Latude avait imaginé un complot, auquel il avait donné pour manifestation une boîte explosive. En réalité la boîte était inoffensive, le complot n'en fut pas moins pris au sérieux, et Latude lui-même, dans les débuts, fit tous ses efforts pour qu'il en fût ainsi. Il faut songer à l'organisation judiciaire de l'époque. Notre héros ne risquait rien moins que de faire tomber la tête de Maurepas. La justice régulière — non celle des lettres de cachet, — la justice du Châtelet et celle des Parlements, ne plaisantait pas sur le chapitre des « fausses dénonciations de complot ». En 1762, un certain Du Truch de la Chaux, après s'être fait quelques blessures avec un couteau, déclara qu'il avait été mis en cet état par deux hommes qui en voulaient à la vie du roi. Il fut traduit devant le Parlement et *régulièrement* condamné à être pendu (arrêt du 1er février 1762) et *réguliè-rement* exécuté. Son délit était assurément moins grave que celui de Latude, tout en ayant avec lui des points de ressemblance.

Latude s'évada trois fois. Il faut encore tenir compte des idées du temps. En Angleterre, à cette même époque, l'évasion des prisons du roi était punie de mort; et si l'on veut savoir comment elle était punie en Allemagne, il suffit de relire l'histoire du baron de Trenck. Latude refusa la liberté qui lui fut offerte à la mort de la marquise de Pompadour, et quand on le mit dehors, le 7 juin 1777, la première chose qu'il fit, fut de s'introduire chez une dame de qualité et de lui extorquer de l'argent, le pistolet sous la gorge. C'est un délit qui, aujourd'hui encore, serait puni non sans quelque rigueur. Qu'en pense M. Lepelletier qui s'est élevé contre l'indulgence du tribunal de Château-Thierry?

La vérité est que les lettres de cachet sauvèrent Latude, sans doute du gibet, certainement des galères; aussi notre conscience, en songeant à la manière dont il fut traité à la Bastille, porte-t-elle allègrement, à son égard, notre « manque de cœur ».

# VII

## LE 14 JUILLET [1]

Dans le livre remarquable qu'il a publié sous le titre *Paris pendant la Révolution*, et qui a été traduit par M. Paul Viollet, bibliothécaire de l'École

1. On trouvera la bibliographie des relations de la prise de la Bastille dans la remarquable *Bibliographie de l'histoire de Paris pendant la Révolution*, de M. Maurice Tourneux, t. I (Paris, 1890, gr. in-8), p. 155-162. Les meilleures de ces relations sont indiquées dans la *Revue historique*, XLII (1890), p. 299-301. L'écrit de Dusaulx, *de l'Insurrection parisienne et de la Prise de la Bastille*, sera consulté dans l'édition de M. H. Monin, *Mémoires sur la Bastille*; Paris (dans la *Bibliothèque des Mémoires* de Jouaust), 1889, in-16. On étudiera en outre les *Documents inédits sur le mouvement populaire du 14 juillet 1789*, publ. par M. J.-J. Guiffrey dans la *Revue historique*, I (1876), p. 498 et suiv.; ainsi que les documents publiés par M. Lecocq dans l'ouvrage cité plus bas, par M. Fernand Bournon dans son livre, *la Bastille*, p. 197 et suiv., et ceux qui seront prochainement publiés dans la *Revue des Questions historiques*, sous le titre *Nouveaux Documents sur les dernières années de la Bastille*. Enfin on lira le *Procès-verbal des séances et délibérations de l'assemblée générale des Électeurs de Paris, réunis à l'Hôtel de Ville de Paris le 14 juillet 1789...* par M. Duveyrier; Paris, 1790, 3 vol. in-8.

Les livres les plus importants qui ont été écrits sur la

de droit et membre de l'Institut, M. Adolphe
Schmidt écrit : « Tous les événements foncière-
ment révolutionnaires, les journées du 14 juillet,
des 5 et 6 octobre 1789, etc., furent l'œuvre d'une
imperceptible minorité de révolutionnaires hardis
et violents. Si elles réussirent, cela tient uniquc-
ment à ce que la grande majorité des citoyens
s'éloigna du théâtre des événements ou y assista
inerte, attirée par la curiosité et augmentant
ainsi, en apparence, l'importance du mouvement. »
Et plus loin : « Dutard s'exprimait en ces termes,
après la chute de la Gironde : « Si vous parvenez
« à réunir, sur 50 000 modérantisés, seulement
« 3 000, je serai bien étonné, et si, sur ces 3 000, il
« s'en trouve seulement 500 qui soient d'accord et

journée du 14 juillet sont celui de M. Georges Lecocq, *la
Prise de la Bastille et ses anniversaires*, Paris, 1881, pet.
in-8, et celui de M. Jules Flammermont, *la Journée du
14 juillet*, Paris (*Soc. de l'histoire de la Révolution française*), 1892, in-8. Mais le meilleur des récits de la prise de
la Bastille, par la clairvoyance et l'impartialité, est celui de
M. Fernand Bournon, dans *la Bastille*, p. 182 et suiv.

Pour les événements qui ont précédé et suivi le 14 juillet
les pages puissantes de Taine dans ses *Origines de la France
contemporaine, la Révolution*, t. I, sont au premier plan,
puis les livres de M. Gustave Bord et de Victor Fournel, cités
plus loin.

Les troubles des 27 et 28 avril (Affaires Réveillon et Henriot), dont l'étude est si importante pour l'histoire de la prise
de la Bastille, ont été racontés en détail, d'après des documents nouveaux, utilisés de la manière la plus heureuse, par
M. Al. Tuetey, dans l'introduction au t. 1er du *Répertoire
général des sources manuscrites de l'Histoire de Paris pendant la Révolution française*, Paris, 1890, gr. in-8.

« assez courageux pour énoncer leur opinion, je
« serai plus étonné encore. Ceux-là, par exemple,
« doivent s'attendre à être septembrisés. — Douze
« fous, bien en fureur, à la tête de la section sans-
« culottière, écrit Dutard dans un autre rapport,
« feraient fuir les autres 47 sections de Paris. »
Mercier, après la chute de la Gironde, à propos
du régime de la Terreur, s'exprime ainsi :
« 60 brigands couvraient la France de sang et de
« deuil ; 500 000 hommes dans nos murs étaient
« témoins de leurs forfaits et n'avaient pas le cou-
« rage de s'y opposer. »

Pour faire comprendre l'extraordinaire et
invraisemblable événement qui fait l'objet de
cette étude, il faudrait commencer par exposer les
circonstances, décrire le milieu matériel et moral
dans lesquels il s'est produit, et ceci, malheureusement, serait très long. Prenons les deux faits
principaux, voyons quelle en fut la conséquence,
puis venons à la journée du 14 juillet.

Pour gouverner la France, le pouvoir royal
n'avait dans ses mains aucun instrument administratif ou, du moins, des instruments adminis-
tratifs tout à fait rudimentaires. Il régnait par la
tradition et le sentiment. C'étaient l'affection et
le dévouement de la nation qui avaient formé le
pouvoir royal, cette affection et ce dévouement en
faisaient toute la force.

Pratiquement, réellement, quels étaient dans

les mains du roi les moyens de gouvernement?
« Otez les lettres de cachet, observait Malesherbes,
et vous enlevez au roi toute son autorité, car là
lettre de cachet est le seul moyen qu'il possède de
faire exécuter sa volonté dans le royaume. » Or,
depuis plusieurs années, le pouvoir royal avait
renoncé, pour ainsi dire, aux lettres de cachet.
D'autre part, les sentiments d'affection et de
dévouement dont nous parlions s'étaient affaiblis
dans le courant du XVIII<sup>e</sup> siècle, ou, du moins, ils
avaient changé de caractère. C'est ainsi qu'à la
veille de la Révolution le pouvoir royal, qui repré-
sentait en France l'administration tout entière,
était — si l'on veut nous permettre cette expression — en l'air.

Au-dessous du pouvoir royal, les seigneurs
dans les campagnes, le patriciat dans les villes,
formaient le second degré du gouvernement. Les
mêmes observations se répètent. Et il est malheu-
sement certain que, dans la plupart des pays de
France, les seigneurs avaient oublié les devoirs
que leur imposaient leurs privilèges et leur situation. L'ancien attachement des classes labo-
rieuses s'était presque partout altéré, et, sur
bien des points, il avait fait place à des sentiments hostiles.

C'est ainsi qu'à la veille de 89 l'édifice tout entier
ne subsistait plus qu'en apparence : au premier
choc, il devait s'écrouler. Et comme, derrière la

façade fragile, il n'y avait aucune construction pratique, qu'il n'y avait pas cette administration aux rouages variés, nombreux et précis qui, de nos jours, amortit les contre-coups des crises politiques, la première atteinte au pouvoir royal devait fatalement plonger le pays tout entier dans un état de désorganisation et de désordre dont la tyrannie sanguinaire, la tyrannie brutale et écrasante de la Terreur pouvait seule le sauver.

Tel est le premier des deux faits que nous voulions mettre en lumière; voici le second. Depuis l'année 1780, l'état de disette était en France presque permanent. La rapidité et l'ampleur des échanges internationaux qui, de nos jours, nous envoient continuellement les éléments nécessaires à la subsistance depuis les points les plus éloignés du globe, font que nous ne connaissons plus ces terribles crises de famine qui s'abattaient autrefois sur les nations. « La disette, écrit Taine, permanente, prolongée, depuis dix ans, aggravée par les violences mêmes qu'elle provoquait, allait exagérer jusqu'à la folie toutes les passions. » « Plus on approchait du 14 juillet, dit un témoin oculaire, plus la disette augmentait. » « Par suite de la mauvaise récolte, écrit Schmidt, le pain n'avait cessé d'enchérir depuis le commencement de l'année 1789. Cet état de choses fut exploité par les perturbateurs qui voulaient pousser le peuple aux excès; les excès, de leur côté, intimidèrent le commerce. Les affaires cessèrent, de nombreux travailleurs se trouvèrent sans pain. »

Il faudrait encore dire quelques mots du brigandage sous l'ancien régime. Le progrès des mœurs et, surtout, le développement de l'administration l'ont supprimé. L'imagination du lecteur suppléera à ce que nous n'avons pas la place de dire. Il se souviendra de ce que pouvait entreprendre un homme comme Cartouche et de ce qu'était une forêt de Bondy aux portes de Paris.

Ainsi se forma, sur la fin de l'ancien régime, ce que Taine a si heureusement appelé l'anarchie spontanée. Dans les quatre mois qui précédèrent la prise de la Bastille, on peut compter en France plus de trois cents émeutes. A Nantes, le 9 janvier 1789, l'Hôtel de ville est envahi, les boutiques des boulangers sont pillées. Tout cela se fait aux cris de « Vive le roi! » A Bray-sur-Seine, le 1ᵉʳ mai, les paysans armés de couteaux et de bâtons forcent les fermiers à diminuer le prix des grains. A Rouen, le 28 mai, les grains du marché sont pillés. Dans la Picardie, un ancien carabinier se met à la tête d'une bande armée qui envahit les villages et emporte le blé. De toutes parts des maisons sont pillées de fond en comble. A Aupt, M. de Montferrat, qui se défend, est « coupé en petits morceaux ». A la Seyne, la population apporte une bière devant la maison de l'un des principaux bourgeois : on lui dit de se préparer à la mort et qu'on lui fera l'honneur de l'enterrer. Il se sauve, et sa maison est mise au pillage. Parmi des centaines d'autres, nous citons ces faits au hasard.

Les environs immédiats de Paris sont plongés dans la terreur. Les correspondances, encore iné-dites, conservées aux Archives nationales jettent sur ce point la plus vive lueur [1]. Des bandes de vagabonds armés parcourent les campagnes, pil-lent les villages, saccagent les récoltes. Ce sont les « brigands ». L'expression revient sans cesse dans les documents et de plus en plus fréquem-ment à mesure que l'on approche du 14 juillet. Ces bandes armées comptent trois, quatre, cinq cents hommes. A Cosne, à Orléans, à Rambouillet, en tous lieux, ce ne sont que pillages de grains. Dans les différentes localités des environs de Paris, la population s'organise militairement. Les bourgeois armés font des patrouilles contre les « brigands ». De toutes parts les habitants réclament du roi des troupes pour leur protec-tion. Une ville comme Versailles craint d'être envahie par ces bandes de forcenés et supplie le roi de la protéger : les lettres de l'assemblée municipale conservées aux Archives nationales sont des plus instructives.

A ce moment furent rassemblées, aux envi-

_______
1. *Archives nationales*, O¹,643.

rons de Paris, ces troupes dont les orateurs du Palais-Royal exploitèrent dans la suite si habilement la présence, présence qui, il est vrai, les gênait. Ces troupes étaient si peu réunies contre les Parisiens que la correspondance secrète de Villedeuil nous montre la cour ne cessant de recommander de les réserver pour la sécurité des localités avoisinantes, journellement exposées, et pour assurer les convois de vivres, particulièrement les convois de grains, qui étaient dirigés sur Versailles et sur Paris. Les bandes se forment autour de la capitale. Dès les premières semaines de mai, près de Villejuif, une troupe de cinq à six cents vagabonds veut forcer Bicêtre et s'approche de Saint-Cloud. Il en vient de trente, quarante, cinquante lieues ; tout cela flotte autour de Paris et s'y engouffre comme dans un égout. Pendant les derniers jours d'avril, les commis voient entrer par les barrières « un nombre effrayant d'hommes mal vêtus et d'une figure sinistre ». Dès les premiers jours de mai, on remarque que l'aspect de la foule a changé. Il s'y mêle « une quantité d'étrangers venus de tous les pays, la plupart déguenillés, armés de grands bâtons et dont le seul aspect annonçait ce qu'on en doit craindre ». On rencontrait, dit un contemporain, des physionomies « comme on ne se souvenait pas en avoir vu en plein jour ». Pour occuper une partie de ces sinistres sans-travail, dont la présence inquiétait tout le monde, on forma, à Montmartre, des ateliers, où dix-sept à dix-huit mille hommes furent employés à des travaux de fantaisie moyennant vingt sous par jour.

Cependant les Électeurs, choisis pour la nomination des députés à l'Assemblée nationale, se réunissaient. Le 22 avril 1789, le lieutenant de police, Thiroux de Crosne, tout en parlant du calme des opérations électorales, ajoutait : « J'ai continuellement les yeux ouverts sur les boulangers ».

Le 23 avril, de Crosne parle du mécontentement qui se manifeste, parmi certains groupes d'ouvriers du faubourg Saint-Antoine, contre deux manufacturiers, le salpêtrier Dominique Henriot et le fabricant de papiers peints Réveillon. Henriot était connu, non seulement pour son intelligence, mais pour sa bonté : dans les années difficiles il avait sacrifié une partie de sa fortune à la subsistance de ses ouvriers; quant à Réveillon, il était à cette date un des représentants les plus remarquables de l'industrie parisienne. Simple ouvrier à ses débuts, il payait, en 1789, 200 000 livres de salaire annuel à trois cents ouvriers; peu auparavant il avait remporté le prix fondé par Necker pour l'encouragement des arts utiles. Henriot et Réveillon auraient tenu des propos désobligeants pour les ouvriers au cours des récentes assemblées électorales. Ils nièrent d'ailleurs, l'un et l'autre, avoir tenu les propos qui leur étaient attribués, et tout porte à croire que leurs protestations étaient sincères.

Dans la nuit du 27 avril et la journée du 28, des bandes hurlantes envahirent les maisons de Réveillon et de Henriot, qui furent mises à sac. Le commissaire Gueullette, dans son rapport du 3 mai, constate partout une dévastation sauvage et systématique. Il ne reste que les murailles. Ce qui n'a pas été volé a été mis en mille pièces. Les « brigands », c'est l'expression du commissaire, jetèrent une partie du mobilier par les fenêtres, dans la rue, où ils en firent des feux de joie. Une partie de la horde était ivre ; elle ne s'en précipita pas moins dans les caves, où les tonneaux furent défoncés. Quand tonneaux et bouteilles furent vides, les émeutiers s'attaquèrent aux flacons contenant les drogues de teinture ; ils en absorbèrent à grands traits et roulèrent, dans des contorsions atroces, empoisonnés. Quand on pénétra le lendemain dans ces caves elles offraient un horrible coup d'œil, car les misérables en étaient arrivés à se prendre de querelle et à s'égorger entre eux. « Le peuple est monté sur les toits, écrit Thiroux de Crosne, d'où il fait pleuvoir sur les troupes une grêle de tuiles, pierres, etc. ; il fait même rouler des débris de cheminées, des morceaux de charpente, et quoiqu'on ait fait feu à plusieurs reprises et qu'il y ait des personnes tuées, on n'a pas encore pu s'en rendre maître. »

L'émeute ne fut vaincue par les troupes que le soir à dix heures ; elle laissait plus d'une centaine de morts sur la place. M. Alexandre Tuetey a consacré à l'affaire Réveillon des pages remarquables ; il a étudié avec soin les interrogatoires des émeutiers arrêtés. La plupart, dit-il, étaient ivres depuis le matin. Quant à Réveillon, on sait qu'il ne trouva son salut qu'en se réfugiant dans la Bastille. Ce fut le seul prisonnier que la Bastille reçut pendant toute l'année 1789.

Dans la nuit qui suivit ces bacchanales, les agents du marquis du Châtelet, colonel des gardes-françaises, s'étant coulés le long d'un fossé, « voient un gros de brigands » assemblés au delà de la barrière du Trône. Leur chef, monté sur une table, les haranguait.

Et nous les retrouvons encore dans le procès-verbal du commissaire Vanglenne, que cite M. Alexandre Tuetey. « Vanglenne reçut, le 29 avril, les dépositions des boulangers, pâtissiers et charcutiers du Marais dévalisés par de véritables bandes de malandrins, lesquels procèdent par effraction et par violence ; ce sont des affamés, si l'on veut, mais qui ont bien les allures des voleurs de grand chemin. »

Cependant, dans le jardin du Palais-Royal, Camille Desmoulins haranguait les groupes de sans-travail et les déclassés avides, qui se pressaient autour de lui, les yeux fixes et béants,

Desmoulins vocifère : « La bête est dans le piège, qu'on l'assomme!... Jamais plus riche proie n'aura été offerte aux vainqueurs! Quarante mille palais, hôtels, châteaux, les deux cinquièmes des biens de la France seront le prix de la valeur. Ceux qui se prétendent conquérants seront conquis à leur tour, la nation sera purgée! » On comprend que l'alarme dans Paris était devenue aussi vive que dans la campagne; c'était la terreur des « brigands ». Dès le 25 juin fut décidée la création d'une milice bourgeoise qui protégerait la propriété. « La notoriété des désordres, lisons-nous dans les procès-verbaux des Électeurs, et les excès commis par plusieurs attroupements ont déterminé l'Assemblée générale à rétablir sans délai la milice parisienne. » Mais il fallait un certain temps pour l'organisation de cette garde bourgeoise. Le 30 juin, les portes de l'Abbaye, où avaient été enfermés, les uns pour désertion, les autres pour vol, quelques gardes-françaises, furent enfoncées à coups de hache et de maillet. Les prisonniers furent amenés triomphalement au Palais-Royal, où on leur donna une fête dans le jardin. L'étendue des désordres était déjà si grande que le gouvernement, impuissant à les réprimer, dut accorder un pardon général. De ce jour il n'était plus besoin de prendre la Bastille, l'ancien régime était perdu.

L'agitation au Palais-Royal, rendez-vous des

filles publiques, des désœuvrés et des exaltés, devenait ardente. Des motions incendiaires s'y succédaient. Si quelque brave bourgeois s'avisait de protester, il était fouaillé publiquement, jeté dans les bassins, roulé dans la boue.

Le 11 juillet, Necker fut renvoyé du ministère et remplacé par Breteuil. Necker était à ce moment très populaire. Breteuil, qui aurait dû l'être, particulièrement aux yeux des partisans d'un mouvement révolutionnaire, ne l'était pas. De tous les ministres de l'ancien régime et de tous les hommes de son temps, Breteuil était celui qui avait fait le plus pour la suppression des lettres de cachet et des prisons d'État. C'est lui qui avait fait fermer Vincennes, la tour Châtimoine de Caen, qui avait fait décider la démolition de la Bastille, qui avait mis en liberté Latude, et combien d'autres prisonniers! qui avait rédigé et fait respecter, jusque dans les parties les plus reculées du royaume, ces admirables circulaires qui immortaliseront son nom, par lesquelles il ordonnait la mise en liberté immédiate de tous les détenus dont la détention n'était pas entièrement justifiée, et pour l'avenir prescrivait des formalités si rigoureuses que l'on peut dire que le caractère arbitraire des lettres de cachet en était supprimé. Les orateurs du Palais-Royal n'en mirent pas moins dans la conviction de beaucoup de gens que l'entrée de Breteuil au ministère pré-

sageait une « Saint-Barthélemy des patriotes ».
L'agitation devint si vive, et les calomnies contre
la cour et le gouvernement étaient répétées avec
tant de violence, que la cour, pour éviter jusqu'aux apparences d'une « Saint-Barthélemy »
quelconque, ordonna de retirer toutes les troupes
et d'abandonner Paris à lui-même.

Cependant, Camille Desmoulins continuait de
tonner : « Je venais de sonder le peuple. Ma
colère contre les despotes était tournée en désespoir. Je ne voyais pas les groupes, quoique vivement émus et consternés, assez disposés au soulèvement.... Je fus plutôt porté sur la table que je
n'y montai. A peine y étais-je, que je me vis
entouré d'une foule immense. Voici ma courte
harangue que je n'oublierai jamais : « Citoyens!
« Il n'y a pas un moment à perdre. J'arrive de
« Versailles; M. Necker est renvoyé : ce renvoi
« est le tocsin d'une Saint-Barthélemy de patrio-
« tes : ce soir tous les bataillons suisses et
« allemands sortiront du Champ de Mars pour
« nous égorger. Il ne nous reste qu'une ressource,
« c'est de courir aux armes! »

Les Parisiens n'étaient rien moins que rassurés,
mais ce ne sont pas les bataillons suisses et allemands qui leur faisaient peur. L'auteur de la
*Quinzaine mémorable*, tout dévoué au mouvement
révolutionnaire, reconnaît que, durant les journées des 12-14 juillet, tous les gens comme il

faut s'enfermèrent chez eux. Et tandis que les troupes et les honnêtes gens se retiraient, la lie montait à la surface. Durant la nuit du 12 au 13 juillet, la plupart des barrières, où se percevaient les octrois, furent forcées, pillées, incendiées. Des « brigands » armés de piques et de bâtons parcouraient les rues, menaçaient les maisons où les bourgeois s'enfermaient ahuris et tremblants. Le lendemain, 13 juillet, les boutiques des boulangers et des marchands de vin furent mises au pillage. « Des filles arrachent les boucles d'oreille des passantes ; si la boucle résiste, l'oreille est déchirée. » « L'hôtel du lieutenant de police est saccagé, et c'est à grand'peine que Thiroux de Crosne échappe aux bandes armées de torches et de bâtons. Une autre troupe, avec des cris de mort, arrive à la Force, où sont les prisonniers pour dettes ; les prisonniers sont délivrés. Le Garde-Meuble est saccagé. Une bande enfonce, à coups de hache, la porte des Lazaristes, brise la bibliothèque, les armoires, les tableaux, les fenêtres, le cabinet de physique, se précipite dans la cave, défonce les tonneaux et se soûle : vingt-quatre heures après, on y trouva une trentaine de morts et de mourants, hommes et femmes, dont une enceinte de neuf mois. Devant la maison, la rue est pleine de débris et de brigands, qui tiennent à la main, les uns des comestibles, les autres un broc, forcent les passants à boire et versent à tout venant. Le vin coule en talus. » Quelques-uns se sont emparés des habits sacerdotaux, les ont revêtus, et, sous cet accoutrement, dans la rue, crient et gesticulent. Nous lisons, en date de ce jour, dans les procès-verbaux des Électeurs : « Sur l'avis donné au comité que les *brigands* dispersés avaient manifesté quelque intention de se rassembler pour attaquer et piller le Trésor royal et la Caisse d'escompte, le comité a donné l'ordre que ces deux établissements fussent gardés ». Le même jour, on parvint heureusement à désarmer plus de cent cinquante de ces gaillards qui, ivres de vin et d'eau-de-vie, s'étaient endormis dans l'intérieur de l'Hôtel de ville. Cependant, les environs de Paris n'étaient pas plus sûrs que la ville elle-même et, du haut des tours de la Bastille, on voyait les incendies qui, de place en place, étaient allumés.

L'organisation de la milice bourgeoise, contre ces désordres, devenait urgente. Dans la soirée, la plupart des districts s'en occupèrent activement. Douze cents braves citoyens se réunirent au district du petit Saint-Antoine. On y voit rassemblés des bourgeois et des ouvriers, des magistrats et des médecins, des écrivains et des savants, à côté de compagnons paveurs ou menuisiers. Le futur ministre de Louis XVI, Champion de Villeneuve, remplit les fonctions de secrétaire. Ces douze cents citoyens, lisons-nous dans le procès-verbal, « entraînés à se réunir par les alarmes trop bien fondées qu'inspire à tous les citoyens le danger qui semble les menacer tous individuellement, et par la nécessité imminente de prendre des mesures promptes pour en prévenir les effets, considérant qu'une multitude de particuliers, effrayés peut-être par des bruits que des gens mal intentionnés sans doute ont répandus, parcourent, armés et sans ordre, toutes les rues de la capitale, que la garde ordinaire de la ville, ou se confond avec eux, ou reste spectatrice tranquille du désordre qu'elle ne peut arrêter; considérant aussi que déjà la prison de l'Hôtel de la Force a été brisée et ouverte aux prisonniers, que la menace serait de forcer pareillement les prisons qui renferment les vagabonds, gens sans aveu, même les gens repris pour crimes,... en conséquence, les bourgeois réunis décident de s'organiser en milice bourgeoise. Chacun portera, lorsqu'il sera de service, les armes qu'il pourra se procurer, à l'exception, néanmoins, du pistolet qui demeure interdit comme arme dangereuse.... Il se fera toujours deux patrouilles à la fois, et deux autres resteront dans le lieu fixé pour corps de garde. » La plupart des autres districts imitaient, à la même heure, celui du Petit-Saint-Antoine. Ils envoyèrent des délégués à l'Hôte des Invalides pour demander des armes. Les délégués furent reçus par Bezenval, qui aurait bien voulu leur accorder ce qu'ils lui demandaient ; mais il lui fallait des ordres. Il écrit dans ses *Mémoires* que ces délégués étaient fort effrayés, disant que les « brigands » menaçaient leurs maisons du pillage et du feu. L'auteur de la *Quinzaine mémorable* insiste aussi sur cette idée que c'est pour se défendre contre les excès des brigands que fut formée la milice parisienne. Parlant du procès-verbal du Petit-Saint-Antoine, un excellent érudit, M. Charavay, écrit : « Les bourgeois de Paris, moins effrayés des projets de la cour que de ces hommes auxquels on a déjà donné le nom de *brigands*, s'organisent en milice pour leur résister ; c'est là l'unique préoccupation. Le mouvement qui, le lendemain, emporta la Bastille eût peut-être été réprimé par la garde nationale si son organisation eût eu plus de consistance. » On ne saurait mieux dire.

L'Hôtel de ville est envahi, et l'un des Électeurs, Légrand, ne le débarrasse des hordes qui y font un vacarme infernal qu'en ordonnant d'y porter six barils de poudre et en menaçant de faire sauter le monument si on ne se retire.

Pendant la nuit du 13 au 14 juillet, les boutiques des boulangers et les échoppes des marchands de vin sont mises au pillage. L'excellent abbé Morellet, l'un des encyclopédistes, que nous avons vu embastillé sous Louis XV, écrit : « Je passai à mes fenêtres, dans la rue Saint-Honoré, une grande partie de la nuit du 13 au 14 à voir des hommes de la plus vile populace, armés de fusils, de broches, de piques, se faisant ouvrir les portes des maisons, se faisant donner à boire, à manger, de l'argent, des armes. » Mathieu Dumas peint également, dans ses *Souvenirs*, ces vagabonds déguenillés, plusieurs presque nus, d'une physionomie effrayante. Pendant ces deux jours et ces deux nuits, écrit Bailly, Paris courut le risque d'être pillé et ne fut sauvé des bandits que par la garde nationale.

L'allure de ces bandits et l'œuvre de la garde nationale sont décrites dans une curieuse lettre d'un Anglais, le docteur Rigby, à sa femme. « Il était nécessaire non seulement de donner des armes à ceux en lesquels on pouvait avoir confiance, mais de désarmer ceux dont on ne pouvait attendre que peu de protection et qui pouvaient devenir une cause de désordre et de malheur. Pour cela il fallait beaucoup d'adresse. De bonne heure, dans l'après-dînée, nous commençâmes d'apercevoir parmi les gros rassemblements de peuple, où l'on voyait des signes d'irritation qui bientôt eussent dégénéré en excès, çà et là, un homme de bonne mine, portant fusil, avec un air martial. Le nombre de ces derniers alla augmentant peu à peu ; leur intention était évidemment d'apaiser et de désarmer à la fois les bandes irrégulières. Ils eurent accompli leur tâche, pour la plus grande partie, avant le soir. Alors les citoyens régulièrement armés occupèrent presque exclusivement les rues; ils étaient divisés en plusieurs sections, les uns montant la garde sur certains points, les autres faisant des patrouilles, tous sous la conduite de chefs. Quand vint la nuit, on n'aperçut plus que bien peu de ceux qui s'étaient armés la veille au soir. D'aucuns, cependant, avaient refusé de rendre leurs armes, et, durant la nuit, on vit combien les craintes qu'ils avaient inspirées étaient fondées, car ils se mirent à piller. Mais il était trop tard pour le faire impunément. On les découvrit, on les saisit, et nous apprîmes le lendemain matin que plusieurs de ces misérables, pris sur le fait, avaient été exécutés. » La répression des bourgeois fut même énergique. On pendait les brigands aux lanternes, çà et là, puis on les achevait, ainsi suspendus, à coups de fusil.

L'auteur de l'*Histoire autentique*, qui a laissé la meilleure des relations contemporaines de la prise de la Bastille que nous possédions, dit avec raison : « L'émeute commença le 12 juillet au soir ». Il y eut là un ensemble compact de désordres et de brigandages dans lesquels la prise de la Bastille occupe une place plus éclatante, mais avec lesquels elle fait corps et dont on ne peut pas la séparer.

Le matin du 14 juillet, le soleil se leva radieux.

La population était, en grande partie, restée sur pied la nuit. Le jour la retrouva avec ses préoccupations et ses alarmes. Avoir des armes, tel était le désir de tous : les bourgeois et les partisans de l'ordre, afin de se protéger; les brigands, dont une partie venaient d'être désarmés, afin de se procurer ou de retrouver les moyens d'attaque et de pillage. On se précipita aux Invalides, où étaient des dépôts d'armes importants. Ce fut le premier acte violent de la journée. La foule y enleva vingt-huit mille fusils et vingt-quatre canons. Et comme on savait qu'à la Bastille étaient déposées d'autres munitions de guerre, après avoir crié : Aux Invalides! on cria : A la Bastille!

Il faut bien distinguer les deux éléments dont se composa la foule qui se porta sur la Bastille. D'une part, une horde de gens sans aveu, ceux que les documents contemporains ne cessent d'appeler les « brigands », et, d'autre part, les citoyens honnêtes — ils formaient certainement la minorité — qui désiraient des armes pour la constitution de la garde bourgeoise. La seule cause qui poussa cette bande sur la Bastille fut le désir de se procurer des armes. Sur ce point tous les documents de valeur et tous les historiens qui ont étudié l'événement de près sont d'accord. Il n'était pas question de liberté, ni de tyrannie, de délivrer des prisonniers, ni de protester contre l'autorité royale. La prise de la Bastille se fit aux cris de : Vive le Roi! tout comme, depuis plusieurs mois en province, se faisaient les pillages de grains.

Sur les huit heures du matin, les Électeurs à l'Hôtel de ville reçurent quelques habitants du faubourg Saint-Antoine se plaignant de ce que les canons braqués sur les tours de la Bastille menaçaient le quartier. Ces canons servaient aux salves des réjouissances publiques et, par leur disposition, ne pouvaient être redoutables pour les quartiers rapprochés. Les Électeurs envoyèrent quelques-uns des leurs à la Bastille, où le gouverneur, de Launey, reçut les délégués avec la plus grande affabilité, les retint à déjeuner, et, sur leur prière, retira les canons des embrasures. A cette délégation en succéda une autre, composée de trois personnages, sans aucun mandat. En tête marchait l'avocat Thuriot de la Rosière. Ils furent admis comme leurs prédécesseurs. Thuriot parlait haut, « au nom de la nation et de la patrie ». Il fit des sommations au gouverneur et harangua la garnison, composée de quatre-vingt-quinze invalides et de trente soldats suisses. Un millier d'individus se pressaient autour de la Bastille avec des vociférations. La garnison jura de ne pas faire feu si elle n'était pas attaquée. De Launey dit que, sans ordres, il ne pouvait que retirer les canons des embrasures. Il fit, en outre, boucher ces embrasures par des planches. Thuriot sortit et se rendit à l'Hôtel de ville. La foule devenait de plus en plus menaçante.

« L'entrée de la première cour, dit M. Fernand Bournon dans le beau récit qu'il a fait de cet événement, celle des casernes, était libre; mais de Launcy avait fait rentrer la garnison dans l'enceinte des tours et relever le pont-levis de l'avancée, par lequel on passait dans la cour du gouvernement et qui, en temps ordinaire, était abaissé durant le jour. Deux hommes intrépides s'élancèrent par escalade sur le toit du corps de l'avancée; l'un était un soldat nommé Louis Tournay, le nom de l'autre est inconnu. Ils brisèrent à coups de hache les chaînes du pont-levis, qui tomba. »

Il a été dit dans un ouvrage récent, où un encombrant appareil d'érudition masque avec peine le défaut de jugement et de critique, que Tournay et son compagnon opérèrent sous le feu de la garnison. La garnison ne tira pas, dans ce moment, un seul coup de fusil, se contentant d'engager les assiégeants à se retirer. « Pendant que M. de Launey et ses officiers, lisons-nous dans l'*Histoire authentique*, s'en tiennent aux menaces, ces deux vigoureux champions parviennent à briser les portes et à baisser le grand et le petit pont de l'avancée; puis la horde des brigands s'avance en foule dans la cour du gouvernement et se précipite vers le second pont pour s'en emparer en faisant une décharge de mousqueterie sur la

17

troupe. C'est alors, pour la première fois, que, s'apercevant du tort qu'il avait eu de laisser opérer si tranquillement au premier pont, M. de Launey ordonna aux soldats de faire feu, ce qui fait fuir et se retirer en désordre cette canaille ayant plus de brutalité que de bravoure; et c'est ici qu'on a commencé à calomnier le gouverneur; que, transportant les temps, on a prétendu qu'il avait fait porter des paroles de paix; que le peuple s'était avancé dans cette confiance, et que beaucoup de citoyens avaient été massacrés. » Cette prétendue trahison de de Launey, immédiatement colportée dans Paris, fut l'un des événements de la journée. Elle est démentie, non seulement par toutes les relations des assiégés, mais par les assiégeants eux-mêmes, et repoussée aujourd'hui par tous les historiens.

Un nommé Cholat, marchand de vin, aidé d'un nommé Baron, dit la Giroflée, avait installé une pièce d'artillerie dans la grande allée de l'Arsenal. Ils firent feu, mais le recul de la pièce blessa assez grièvement les deux artilleurs, et ils en furent les seules victimes. Comme ces moyens ne suffisaient pas à renverser la Bastille, les assiégeants en imaginèrent d'autres. Une jolie jeune fille, Mlle de Monsigny, fille du capitaine de la compagnie d'invalides de la Bastille, avait été rencontrée dans la cour des casernes. Quelques forcenés s'imaginèrent que c'était Mlle de Launey. Ils la traînèrent sur le bord des fossés, et, par gestes, firent comprendre à la garnison qu'ils allaient la brûler vive si la place ne se rendait. Ils avaient renversé la malheureuse enfant, évanouie, sur une paillasse, à laquelle, déjà, ils avaient mis le feu. M. de Monsigny voit le spectacle du haut des tours, il veut se précipiter vers son enfant et est tué par deux coups de feu. Ce sont des ruses pour le siège des places fortes auxquelles Duguesclin ne songeait pas. Un soldat, Aubin Bonnemère, s'interposa avec courage et parvint à sauver la jeune fille.

Un détachement de gardes françaises, survenant avec deux pièces de canon, que l'Hôtel de ville avait laissé emmener, donna au siège une apparence plus sérieuse. Il ne faudrait cependant pas que le nom de gardes françaises fît illusion et que l'on comparât les soldats des armées permanentes sous l'ancien régime à ce qu'ils sont aujourd'hui. Le régiment des gardes françaises, en particulier, était tombé dans un état de désorganisation et de dégradation profond. Les simples soldats avaient l'autorisation d'exercer en ville un métier dont le produit s'ajoutait à leur solde. Il est certain que, pour la plupart, ce métier était celui de souteneur. « Presque tous les soldats aux gardes appartiennent à cette classe, lisons-nous dans l'*Encyclopédie méthodique*, et beaucoup même ne s'engagent dans ce corps que pour vivre aux dépens de ces malheureuses filles. »

Les nombreux dossiers relatifs aux gardes françaises conservés dans les Archives de la Bastille donnent à cette affirmation la confirmation la plus précise[1]. Nous voyons, par exemple, que les parents du graveur Nicolas de Larmessin demandent une lettre de cachet pour que leur fils soit enfermé dans une maison de force, où ils payeront sa pension, « ayant menacé de s'engager dans les gardes françaises ».

Des quinze canons placés au haut des tours ne partit pas un coup de feu durant le siège. Dans l'intérieur du château, trois canons, chargés à mitraille, défendaient le dernier pont-levis; le gouverneur n'en fit partir qu'un et qu'une seule fois. Ne voulant pas massacrer la foule, de Launey résolut de faire sauter la Bastille et de s'ensevelir sous ses ruines. Les invalides Ferrand et Béquart se précipitèrent sur lui pour l'empêcher de mettre son projet à exécution. « La Bastille n'a pas été prise de vive force, dit Elie, de qui le témoignage ne peut être suspecté de partialité en faveur des défenseurs de la place; elle s'est rendue, avant d'être attaquée, sur la parole que j'ai donnée, foi d'officier français, qu'il ne serait fait aucun mal à personne si on se rendait. »

On sait comment la parole donnée fut tenue, malgré les efforts héroïques d'Elie et de Hulin,

1. Se reporter à la table du catalogue au mot « Gardes françaises ».

auxquels la postérité doit un éclatant hommage.
Reprochera-t-on à la foule ces crimes atroces?
C'était une horde sauvage, la lie de la populace.
De Launey, qui avait été tout confiance et bonté,
fut massacré dans des circonstances odieuses.
« L'abbé Lefèvre, dit Dusaulx, fut spectateur invo-
lontaire de ses derniers moments : « Je l'ai vu
« tomber, m'a-t-il dit, sans pouvoir le secourir;
« il se défendit comme un lion, et si dix hommes
« seulement s'étaient conduits de même à la Bas-
« tille, elle n'aurait pas été prise ». Ses bourreaux lui séparèrent la tête du tronc, peu à peu,
à coups de canif. L'opération fut faite par un
garçon cuisinier, nommé Desnot, « qui savait,
comme il le dit ensuite avec orgueil, travailler
les viandes ». Il faut lire la déposition de cette
brute. M. Guiffrey l'a publiée dans la *Revue historique*. Pour se donner du cœur, Desnot avait
avalé de l'eau-de-vie mêlée de poudre, et il ajouta
que ce qu'il avait fait était dans l'espoir d'obtenir
une médaille.

« Nous apprîmes ensuite, poursuit Dusaulx, la
mort de M. de Losme-Salbray, déplorée de tous
les gens de bien. » De Losme avait été, durant le
temps qu'il avait exercé les fonctions de major
de la Bastille, le bon ange des prisonniers; nous
savons par des détails touchants jusqu'où il portait la bonté et la délicatesse. Au moment où la
foule l'écharpait, passait le marquis de Pelle-

port, qui avait été détenu à la Bastille pendant plusieurs années; il s'élança pour le sauver : « Arrêtez, s'écria-t-il, vous allez tuer le meilleur des hommes ». Mais il tomba grièvement blessé, ainsi que le chevalier de Jean qui s'était joint à lui pour arracher l'infortuné aux mains de la populace. L'aide-major Miray, le lieutenant des invalides Person et l'invalide Dumont furent massacrés. Miray était conduit à la Grève, où la foule devait l'exécuter. Frappé de coups de crosse, de coups de couteau et de coups de poing, il se traînait, râlant. Il expira « tué à coups d'épingle », avant d'être arrivé au lieu du supplice. Les invalides Asselin et Béquart furent pendus. C'est Béquart qui avait empêché de Launey de faire sauter la Bastille. « Il est percé de deux coups d'épée, lisons-nous dans le *Moniteur*, et frappé d'un coup de sabre, qui lui abat le poignet. On porte en triomphe dans les rues de la ville cette même main à qui tant de citoyens doivent leur salut. » « Après avoir passé l'arcade de l'Hôtel de ville, dit Restif de la Bretonne, qui a laissé sur la journée du 14 juillet une page si curieuse, je rencontre des cannibales; l'un, je l'ai vu, réalisait un horrible mot, prononcé depuis; il portait au bout d'un *taille-cime* les viscères sanglants d'une victime de la fureur, et cet horrible bouquet ne faisait frémir personne. Plus loin je rencontre les invalides et les Suisses prisonniers :

de jeunes et jolies bouches, j'en frémis encore,
criaient : « Pendez, pendez! »

D'autre part, on massacrait le prévôt des marchands, Flesselles, accusé d'une trahison non moins imaginaire que celle de Launey. On égorgeait Foulon, un vieillard de soixante-quatorze ans, qui avait, dit Taine, dépensé l'hiver précédent soixante mille francs pour donner de l'ouvrage aux pauvres. On assassinait Berthier, l'un des hommes distingués de l'époque. A Foulon on coupait la tête; à Berthier on arrachait le cœur de la poitrine pour le promener à travers Paris — le trait est délicieux — dans un bouquet d'œillets blancs. Car la gaieté s'épanouissait. Une pique portait la tête de Launey au Palais-Royal, puis au pont Neuf, où on lui faisait saluer trois fois la statue de Henri IV, avec ces mots : « Salue ton maître ». Au Palais-Royal, deux des vainqueurs s'étaient joyeusement mis à table pour dîner à un entresol. Comme nous y mettons des fleurs, ils avaient placé sur la table une tête coupée et des entrailles sanglantes, mais comme la foule, en bas, les leur réclamait, ils les lancèrent gaîment par la fenêtre.

Ceux qui étaient demeurés devant la Bastille s'étaient précipités au butin. Ainsi qu'au pillage des maisons Réveillon et Henriot, et du couvent des Lazaristes, le premier mouvement des vainqueurs fut de s'élancer à la cave. « Cette canaille,

écrit l'auteur de l'*Histoire authentique*, était tellement aveuglée qu'elle se porta en foule dans le
logement de l'État-major, en brisa les meubles,
les portes, les croisées. Pendant ce temps, leurs
camarades, prenant ces pillards pour des gens de
la garnison, tiraient sur eux. »

Nul ne songeait aux prisonniers, mais on s'était
emparé des clés que l'on portait triomphalement
dans Paris. On dut enfoncer les portes des chambres où logeaient les détenus. Les malheureux,
épouvantés du vacarme, étaient plus morts que
vifs. Ces victimes du pouvoir arbitraire étaient
exactement au nombre de sept. Quatre faussaires,
Béchade, Laroche, La Corrège et Pujade : ces
quatre individus avaient falsifié des lettres de
change au détriment de deux banquiers parisiens ; tandis que leur procès était régulièrement
instruit au Châtelet, ils étaient à la Bastille, où
ils conféraient journellement avec leurs avocats.
Puis le jeune comte de Solages, qui s'était rendu
coupable de crimes monstrueux, méritant la mort ;
il était conservé à la Bastille par égard pour sa
famille, qui payait sa pension. Enfin deux fous,
Tavernier et de Whyte. On sait combien, depuis le
siècle dernier, la science a fait des progrès dans l'art
de soigner les fous. Jadis on les enfermait. Tavernier et de Whyte ne tardèrent pas à être trans-
férés à Charenton, où ils furent assurément moins
bien traités qu'ils ne l'avaient été à la Bastille.

Tels sont les sept martyrs qui furent glorieuse-
ment promenés dans les rues, aux acclamations
d'un peuple attendri.

Les assiégeants comptèrent quatre-vingt-dix-
huit morts. Une partie provenaient de ce que les
assaillants s'étaient tiré les uns sur les autres.
Plusieurs s'étaient tués en tombant dans les fossés.
Sur ce chiffre, dix-neuf seulement étaient mariés,
et cinq seulement avaient des enfants. Ce sont
des indications intéressantes.

On ne songea pas plus à enterrer les vainqueurs
que les vaincus. Le mercredi 15, à minuit, la présence des cadavres des officiers de la Bastille,
gisant encore place de Grève, fut signalée aux
commissaires au Châtelet. M. Fernand Bournon
a publié, dans son bel ouvrage, le sinistre procès-
verbal qui fut alors dressé dans la nuit. C'est
l'harmonieux couronnement de la grande journée :
« Nous, commissaires susdits, avons donné acte
audit sieur Houdan de sa déclaration, et, étant
ensuite descendus dans la cour du Châtelet (où
les cadavres venaient d'être transportés), nous y
avons trouvé sept cadavres du sexe masculin, le
premier sans tête, vêtu d'un habit, veste, culote
et bas de soie noire, avec chemise fine, n'ayant
point de souliers ; le second aussi sans tête, vêtu
d'une veste de drap rouge, culote de nankin à
boutons d'uniforme et bas de soie fond bleu et
petites mouches noires ; le troisième aussi sans

tête, vêtu d'une chemise, une culote et des bas de fil blanc ; le quatrième aussi sans tête, vêtu d'une chemise ensanglantée, culote et bas noirs ; le cinquième vêtu d'une chemise, d'une culote bleue et de guêtres blanches, portant cheveux bruns, paraissant âgé de quarante ans et ayant le poignet en partie coupé et de fortes contusions à la gorge ; le sixième vêtu d'une culote et de guêtres blanches, ayant de fortes contusions à la gorge ; et le septième, vêtu d'une chemise, culote et bas de soie noire, entièrement défiguré. »

Cependant, la plupart des triomphateurs, le premier moment d'ivresse passé, se cachaient comme s'ils avaient fait un mauvais coup. Le désordre dans la ville était extrême. « Les commissaires des quartiers, écrit l'ambassadeur des Deux-Siciles, voyant le péril où se trouvaient les habitants devant ce nombre énorme d'hommes armés et même de brigands et d'individus sortis de prison les jours précédents, formèrent des patrouilles de garde nationale. Ils proclamèrent la loi martiale, ou, pour mieux dire, cette loi se publia toute seule, que quiconque avait volé ou mis le feu à une maison serait pendu. En effet, il ne s'est pas passé une journée sans que cinq et même dix individus aient subi cette peine. Nous devons à ce salutaire expédient notre existence et la sûreté de nos maisons. »

Plus d'un vainqueur de la Bastille fut pendu de

la sorte, à grand tort et dommage, car, deux jours plus tard, son front glorieux eût été chargé de lauriers et de fleurs.

On a dit que la Bastille avait été prise par le peuple de Paris. Le nombre des assiégeants s'éleva à un millier tout au plus, parmi lesquels, comme l'a déjà fait observer Marat, beaucoup de provinciaux et d'étrangers. Quant aux Parisiens, ils étaient, comme toujours, venus en assez grand nombre voir ce qui se passait. C'est encore le témoignage de Marat. « J'ai assisté à la prise de la Bastille, écrit d'autre part le chancelier Pasquier; ce que l'on a appelé le « combat » ne fut pas sérieux, la résistance fut complètement nulle. On tira quelques coups de fusil auxquels il ne fut pas répondu, et quatre ou cinq coups de canon. On sait les conséquences de cette prétendue victoire qui a attiré tant de faveurs sur la tête des prétendus vainqueurs; la vérité est que ce grand combat n'a pas un instant effrayé les nombreux spectateurs qui étaient accourus pour en voir le résultat. Parmi eux se trouvaient beaucoup de jolies femmes : elles avaient, afin de s'approcher plus aisément, laissé leurs voitures à quelque distance. J'étais appuyé sur l'extrémité de la barrière qui fermait, du côté de la place de la Bastille, le jardin longeant le jardin de Beaumarchais. A côté de moi était Mlle Contat, de la Comédie-Française; nous restâmes jusqu'au dénouement, et je lui donnai le bras jusqu'à sa voiture. Jolie autant qu'on peut l'être, Mlle Contat joignait aux grâces de sa personne un esprit des plus brillants. »

Dès le lendemain, tout avait changé. La Bastille avait été « emportée dans un assaut d'un quart d'heure » héroïque et formidable. Les canons des assaillants y avaient ouvert une brèche. Les murailles, il est vrai, étaient encore debout, intactes; mais cela ne faisait rien, les canons y avaient ouvert une brèche, tout de même. Les sept prisonniers délivrés avaient été une désillusion, la meilleure volonté du monde ne pouvait y voir que des fous et des gredins; on en inventa un huitième, le célèbre comte de Lorges, vieillard, héros et martyr; ce comte de Lorges n'existait pas, cela ne faisait rien non plus : c'était un vieillard admirable et touchant. On parlait des instruments de torture qui avaient été découverts : « Un corselet de fer, inventé pour retenir un homme par toutes les articulations et le fixer dans une immobilité éternelle »; — c'était une armure de chevalier du moyen âge, tirée du magasin d'armes anciennes qui se trouvait à la Bastille. On découvrit également une machine « non moins destructive, qui fut exposée au grand jour, mais personne ne put en deviner ni le nom ni l'usage direct »; c'était une imprimerie clandestine saisie chez un nommé François Lenormand, en 1786. Enfin, on arriva, en creusant dans le bastion, aux ossements des protestants qu'on y avait enterrés autrefois : les idées de l'époque ne permettaient pas de déposer leurs restes dans la terre bénite du cimetière; le spectacle d'exécutions secrètes, au fond des cachots de la Bastille, se dressa dans toutes les imaginations, et Mirabeau fit retentir ces terribles paroles : « Les ministres ont manqué de prévoyance, ils ont oublié de manger les os! »

Les listes des vainqueurs de la Bastille furent d'une construction laborieuse. Grand nombre de ceux qui avaient été dans la bagarre ne se souciaient pas de se faire connaître : on eût pu voir pendre des têtes ceintes de lauriers. Il est vrai que ces déserteurs de la gloire furent rapidement remplacés par une foule de braves gens qui — du moment où il fut admis que les vainqueurs étaient des héros, méritant honneurs, pensions et médailles — furent persuadés qu'ils étaient, eux aussi, montés à l'assaut, et des premiers. La liste définitive comprit huit cent soixante-trois noms.

Victor Fournel a raconté dans un livre charmant [1] l'épopée burlesque et lamentable des hommes du 14 juillet. Il faut le lire. Il y a là une foule d'épisodes délicieux que l'on ne peut

---

1. *Les hommes du 14 juillet. Gardes françaises et vainqueurs de la Bastille*, par Victor Fournel. Paris, 1890, in-12.

résumer. Ces fondateurs de la liberté ne brillèrent guère, dans la suite, ni par les services qu'ils rendirent à la République, ni par leur fidélité aux principes immortels. Les Hulin — celui-ci s'était cependant noblement conduit en essayant de sauver de Launey, — les Palloy, les Fournier l'Américain, les Latude, combien d'autres! furent les plus serviles valets de l'Empire, et ceux d'entre eux qui survécurent, les serviteurs les plus empressés de la Restauration. Sous l'Empire, les vainqueurs de la Bastille essayent de se faire décorer de la Légion d'honneur en masse. On les voit quémander des pensions jusqu'en 1830, et — à cette date, après quarante-trois ans — ils étaient encore quatre cent un vainqueurs. Les vainqueurs reparaissent en 1848. On parle encore de pensions aux vainqueurs de la Bastille dans le budget de 1874! — tirons l'échelle, l'échelle de Latude.

C'est le côté amusant de leur histoire. Elle eut un côté douloureux : leurs rivalités avec les gardes françaises, qui leur reprochaient de leur avoir volé leur gloire, et avec les *volontaires de la Bastille*. Les héros connurent l'opprobre et la calomnie. Puis il y eut dans leur propre corps des dissensions sanglantes. Il y eut les vrais vainqueurs et d'autres qui, tout en étant des vrais vainqueurs, n'étaient cependant pas des vrais; il y eut les « mouchards », toujours parmi les vainqueurs, et les « patriotes ». Le 1er juillet 1790, on trouva deux vainqueurs assommés près du jardin de Beaumarchais, devant le théâtre de leurs exploits. Le lendemain, rixe violente entre quatre vainqueurs et des soldats. Au mois de décembre, deux autres sont assassinés près du Champ de Mars. Dans les premiers jours de 1791, deux sont blessés, et on en découvre un troisième, la corde au cou, dans un fossé, près de l'école militaire. Ce sont bien les mœurs nocturnes des barrières.

Reste à expliquer ce revirement d'opinion incroyable, cette légende, la plus inattendue, qui transforma en grands hommes les « brigands » d'avril, juin et juillet 1789.

La première raison se trouve expliquée dans ce passage, charmant et vrai, de *Rabagas* [1] :

CARLE.

Mais alors à quoi distingue-t-on une émeute d'une révolution?

BOUBARD.

L'émeute, c'est quand le populaire est vaincu..., tous des canailles. La révolution, c'est quand il est le plus fort : tous des héros!

Dans la nuit du 14 au 15 juillet, le duc de la Rochefoucauld-Liancourt fit réveiller Louis XVI

---

1. *Rabagas*, comédie en cinq actes de VICTORIEN SARDOU. Paris, 1872, in-18.

pour lui annoncer la prise de la Bastille. « C'est donc une révolte, dit le roi. — Sire, répondit le duc, c'est une révolution. »

Le jour où le pouvoir royal, faible et irrésolu, avait abandonné Paris à l'émeute, il avait abdiqué. Les Parisiens essayèrent de s'organiser en milice bourgeoise pour fusiller les brigands. Le mouvement sur la Bastille fut, de la part de ces derniers, un trait de génie, instinctif sans doute, mais un trait de génie. Le peuple à présent sentait ses maîtres, et, comme il fait toujours, il salua le nouveau régime avec adulation. « De ce moment, dit un député, il n'y eut plus de liberté, même dans l'Assemblée, la France se tut devant trente factieux. »

Ce qui facilita au peuple son enthousiasme pour les vainqueurs, ce sont précisément toutes ces légendes auxquelles les meilleurs esprits ajoutaient foi, sincèrement, — ces légendes sur les horreurs de la Bastille et les cruautés du pouvoir arbitraire. Depuis cinquante ans, elles s'étaient répandues par le royaume et avaient pris corps. Les pamphlets de Linguet et de Mirabeau, le récent succès, succès prodigieux, des *Mémoires de Latude*, avaient donné à ces histoires un regain de force et de vitalité. Obligé de s'incliner devant l'émeute triomphante, on jugea préférable — car ainsi la conscience se taisait — de la saluer en libératrice. Aussi bien, ce mouvement d'opinion

fut-il sincère. Et les mêmes districts qui, le
13 juillet, s'armaient contre les brigands, après la
crise, pouvaient s'écrier : « Les districts applau-
dissent à la prise d'une forteresse qui, regardée
jusqu'à présent comme le siège du despotisme,
déshonorait le nom français sous un roi populaire ! »

M. George Duruy, publiant les *Mémoires de
Barras*, a bien expliqué la transformation de l'opinion. « Dans les *Mémoires*, la prise de la Bastille
n'est l'objet que d'une brève et banale mention.
Barras n'a retenu et ne nous transmet qu'un seul
détail. Il a vu sortir des cachots « les victimes de
« l'arbitraire sauvées enfin de la question, des tor-
« tures et des oubliettes ». Une pareille pauvreté
d'information est d'autant mieux faite pour nous
surprendre que, non seulement Barras a été spectateur de l'événement, mais qu'il en avait composé, en 1789 même, une relation que l'on a
retrouvée. Or, autant le passage des *Mémoires* est
insignifiant, autant la relation de 1789 (par ce
même Barras) est intéressante. L'impression que
laissent ces pages, écrites sous le coup des événements, est, il faut bien le dire, que la célèbre
prise de la Bastille ne fut, en somme, qu'une horrible et sanguinaire saturnale. Rien d'héroïque
dans ce premier récit. Point de « victimes de l'arbitraire » arrachées à la « question, aux oubliettes »,
mais, en revanche, de véritables actes de canniba-

lisme accompli par les vainqueurs. Voilà ce que Barras a vu et ce qu'il consigne sur les pages où, à cette époque de sa vie, il note au jour le jour les événements dont il a été le témoin. Trente ans s'écoulent. Barras a siégé sur les bancs de la Montagne. Il est resté le révolutionnaire immuable. Il rassemble ses souvenirs en vue de *Mémoires* qu'il a l'intention de publier. A cette époque, la version révolutionnaire de la prise de la Bastille est officiellement établie. Il est admis désormais que la Bastille est tombée sous une poussée d'héroïsme du peuple de Paris, que sa chute a révélé d'horribles mystères d'iniquité. Cette légende, qui a si profondément dénaturé l'événement, a été contemporaine de l'événement lui-même, fruit spontané de l'imagination populaire. Et Barras, ayant à parler de la prise de la Bastille dans ses *Mémoires*, la retrouve dans ses papiers, la lit, j'imagine, avec une sorte de stupeur. Eh quoi! la prise de la Bastille n'a été que cela! — et, résolument, il l'écarte. »

Dans les provinces, l'émeute eut un violent contre-coup. « Ce fut immédiatement, écrit Victor Fournel, une panique étrange, extraordinaire, fantastique, qui passa sur la plus grande partie de la France comme un vent de folie, et que beaucoup d'entre nous ont entendu raconter à nos grands-pères sous le nom de *Journée des brigands*.

ou *Journée de la peur*. Elle éclata, en tous lieux, dans la seconde quinzaine de juillet 1789. Tout à coup, on ne sait d'où, un bruit effrayant fondait sur la ville ou le village : les brigands sont là, à nos portes ; ils s'avancent par troupes de quinze ou vingt mille, brûlant les moissons en herbe, ravageant tout. Des courriers tout poudreux apparaissent, semant la terrible nouvelle. Un cavalier passe au galop, inconnu de tous, hagard, échevelé : « Alerte, aux armes, les voilà ! » Des habitants accourent : rien n'est plus vrai ; ils les ont vus, les bandits ne sont plus qu'à une lieue ou deux. Le tocsin sonne, on s'arme, on se range en bataille, on va à la découverte. Finalement, on ne trouve rien, mais les alarmes renaissent. Les brigands se sont détournés ; il faut rester en armes. » Dans les provinces frontières, il s'agit des ennemis de l'extérieur. Les Bretons et les Normands tremblent devant la descente des Anglais ; en Champagne, en Lorraine, on craint une invasion allemande.

À côté de ces scènes de panique, il faut placer les coups de force, les assassinats, pillages, incendies qui désolèrent subitement toute la France. Gustave Bord, dans un livre qui répand sur ces faits un jet de lumière [1], en donne le tableau sai-

1. *La prise de la Bastille et les conséquences de cet événement dans les provinces jusqu'aux journées des 5 et 6 octobre 1789*, par Gustave Bord. Paris, 1882, in-12.

sissant. Les châteaux sont envahis, et quand on peut s'emparer du propriétaire, on lui rôtit la plante des pieds. A Versailles, la foule se précipite sur le bourreau qui allait exécuter un parricide, le criminel est délivré; les délibérations de l'Assemblée municipale peignent l'état de terreur où la ville est plongée. Dès le 23 juillet, l'intendant de Champagne mande que le soulèvement est général dans sa généralité. A Rennes, à Nantes, à Saint-Malo, à Angers, à Caen, à Bordeaux, à Strasbourg, à Metz, la foule se livre à de petites prises de la Bastille plus ou moins accompagnées de pillages et d'assassinats. Des bandes armées vont couper les bois, rompent les chaussées, pêchent dans les étangs. C'est la désorganisation complète.

Rien ne fait mieux comprendre ce qu'avait été le gouvernement de l'ancien régime : ce gouvernement était tout en traditions. Nulle part une organisation concrète pour faire exécuter une volonté et maintenir l'ordre. La France était une fédération de mille et mille républiques, avec, pour seul lien, le regard que tous les citoyens dirigeaient sur la couronne. D'un coup de vent la couronne a été jetée à terre. Et, parmi la nation entière, c'est le désordre, l'effarement. Tous les excès deviennent possibles, les moyens de les réprimer font défaut. Le dévouement au roi était, sous l'ancien régime, tout le gouvernement, toute l'administration, toute la vie nationale. Et c'est ainsi que devinrent nécessaires la domination de la Terreur et l'œuvre législative de Napoléon.

# TABLE DES MATIÈRES




Coulommiers. — Imp. P. BRODARD. — 506-98.

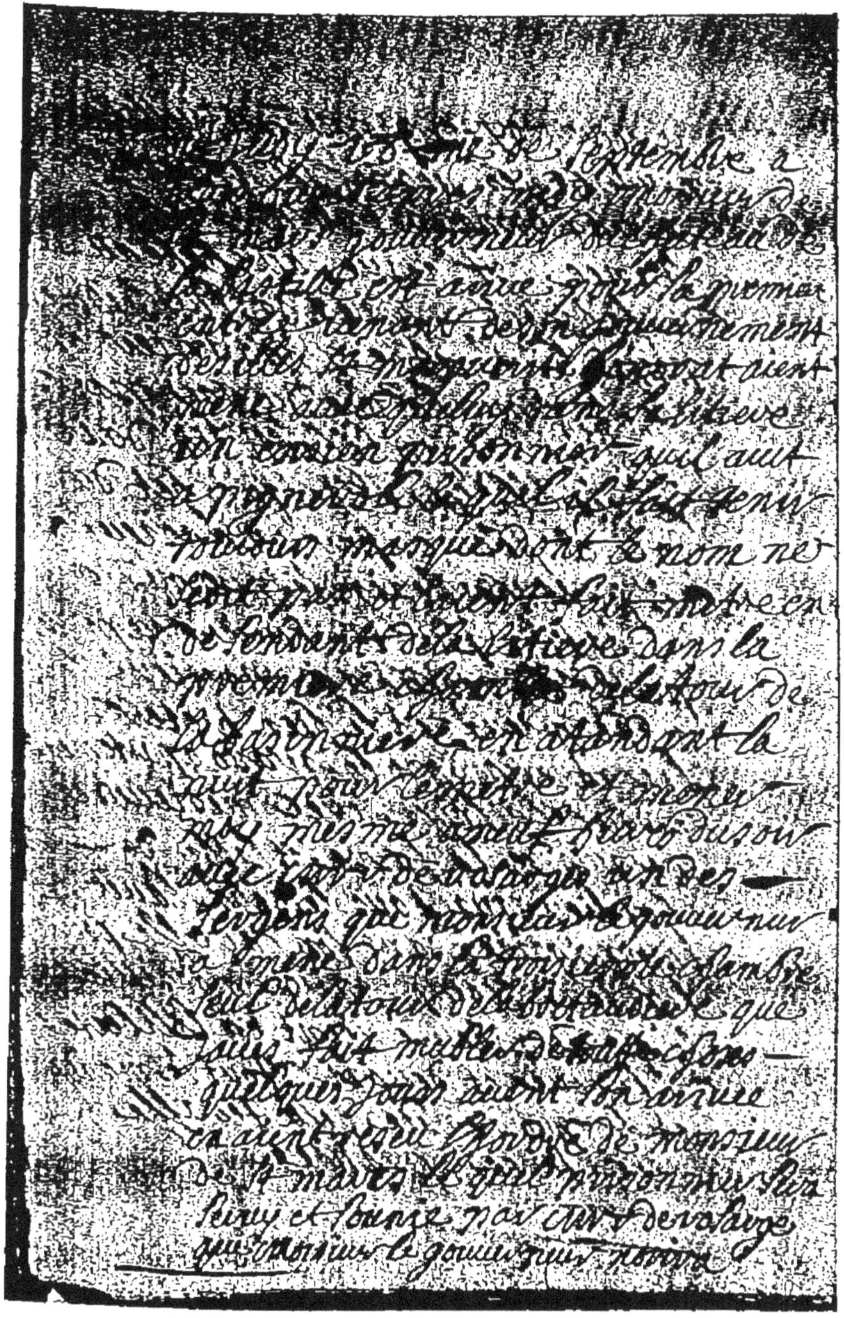



*Entrée du prisonnier masqué, dit le Masque de fer, à la Bastille* (18 septembre 1698), notice du Journal d'Et. Du Junca, lieutenant de roi. *Bibliothèque de l'Arsenal, ms. 5133, f. 37 v°.* — Voy. ci-dessus p. 86.

Du mesme jour lundy 19 ma de novembre 1703 le prisonnier inconneu tousiours masqué d'un masque de velours noir que monsieur de St Mars gouverneur a mené auec luy en venant des illes Ste marguerite quil gardoit depuis longtamps lequel se trouuant hier un peu mal en sortant de la messe il est mort se iourd'huy sur les dix heures du soir sans auoir eu une grande maladie il ne se put pas moins il a esté assisté par nostre aumonier le jour d'auant qui l'a confessé et nostre aumonier l'a exhorté un moment auant que de mourir et ce prisonnier inconneu gardé depuis si longtamps a esté enterré le mardy a quatre heures de l'apres midy 20 me novembre dans le cemetiere St paul nostre paroisse sur le registre de mortuel on lui a donné un nom aussy inconneu que monsieur de Rosarges major et Arreil cirurgien qui ont signé sur le registre

*Mort du prisonnier masqué à la Bastille (19 novembre 1703), notice du Journal d'Et. Du Junca, lieutenant de roi. Bibliothèque de l'Arsenal, ms. 5134, f. 80 v°. — Voy. ci-dessus, p. 87.*

Je 19.me Marchioly. agé de quarante cinq ans ou
enuiron est decedé dans La bastille, du quelle corpse
a eté inhumé dans le cimetiere de s.t Paul sa paroisse
le 20 me. du present en presence de Monsieur Rosage
majeur de la bastille et de M.r Reglhe chirurgi en
majeur de la bastille qui ont signeé

Rosarge .e.                    Reilhe




*Acte d'inhumation du prisonnier masqué* dans le cimetière
Saint-Paul, à Paris (20 novembre 1703), reproduit d'après le fac-
similé inséré dans la 6e édition de l'*Homme au masque de fer*
par Marius Topin (Paris, libr. Didier, 1883, in-18). L'original, qui
était conservé dans les Archives de la Ville de Paris, a été détruit
par l'incendie de 1871. — Voy. ci-dessus p. 89.

*Couvercle de la boîte explosive envoyée par Danry (Latude) à la marquise de Pompadour.* La partie du texte un peu effacée porte : « Je vous prie, Madame, d'ouvrir le paquet en particulié ». Au dessous, la mention et la date de l'interrogatoire de Danry, avec sa signature et celle du lieutenant de police, Berryer. Original à la *Bibliothèque de l'Arsenal,* Archives de la Bastille, 11693. — Voy. ci-dessus, p. 160.

*Commencement d'une lettre écrite par Danry (Latude), étant
prisonnier dans le donjon de Vincennes, au lieutenant de roi,
Rougemont, commandant du donjon. La lettre est écrite avec du
sang sur du linge. Original à la* Bibliothèque de l'Arsenal*, Archives
de la Bastille 11693. — Voyez ci-dessus p. 175.*

# BIBLIOTHÈQUE VARIÉE, IN-16, A 3 FR. 50 LE VOLUME BROCHÉ
## Histoire et documents historiques

BOISSIER, de l'Académie française : *Cicéron et ses amis* ; 10e édition. 1 vol.
— *La religion romaine d'Auguste aux Antonins* ; 4e édition. 2 vol.
— *Promenades archéologiques : Rome et Pompéi* ; 5e édition. 1 vol.
— *Nouvelles Promenades archéologiques : Horace et Virgile* ; 3e édition. 1 vol.
— *L'Afrique romaine*, promenades archéologiques en Algérie et en Tunisie. 1 vol.
— *L'opposition sous les Césars* ; 3e édit. 1 vol.
— *La fin du paganisme* ; 2e édition. 2 vol.

BOISSIÈRE : *L'Algérie romaine* ; 2e édit. 2 vol.

BOULAY DE LA MEURTHE (Le comte) : *Le Directoire et l'expédition d'Égypte*. 1 vol.
— *Les dernières années du duc d'Enghien* (1801-1804). 1 vol.

BRUNET (L.), député : *La France à Madagascar* ; 2e édition. 1 vol.

CHARMES, de l'Institut : *Études historiques et diplomatiques*. 1 vol.

CHERBULIEZ (V.), de l'Académie française : *L'Espagne politique* (1868-1873). 1 vol.
— *Profils étrangers* ; 2e édit. 1 vol.
— *Hommes et choses d'Allemagne*. 1 vol.
— *Hommes et choses du temps présent*. 1 vol.

CRUPPI (J.) : *Un avocat journaliste au XVIIIe siècle : Linguet*. 1 vol.

DAUDET (E.) : *Histoire des conspirations royalistes du Midi sous la Révolution* (1790-1793). 1 vol. avec 2 cartes.

DU CAMP (M.), de l'Académie française : *Les convulsions de Paris* ; 7e édit. 4 vol.
— *Souvenirs de l'année 1848* ; 2e édit. 1 vol.

DURUY (V.), de l'Académie française : *Introduction générale à l'histoire de France* ; 4e édition. 1 vol.

FUSTEL DE COULANGES, de l'Institut : *La cité antique* ; 15e édition. 1 vol.
Ouvrage couronné par l'Académie française.

GAUTHIEZ (P.) : *L'Arétin* (1492-1556). 1 v.

GEBHART (E.), professeur à la Faculté des lettres de Paris : *Les origines de la Renaissance en Italie*. 1 vol.
Ouvrage couronné par l'Académie française.
— *L'Italie mystique* ; 2e édition. 1 vol.
— *Moines et papes*. 1 vol.

GUIRAUD : *Fustel de Coulanges*. 1 vol.

HANOTAUX (G.) : *Études historiques sur le XVIe et le XVIIe siècle en France*. 1 vol.

HEIMWEH (J.) : *La question d'Alsace*. 1 vol.

HERVÉ (E.) : *La crise irlandaise depuis la fin du XVIIIe siècle*. 1 vol.

JUSSERAND (J.) : *Les Anglais au moyen âge*. 2 vol :
La vie nomade et les routes d'Angleterre au XIVe siècle. 1 vol.
L'épopée mystique de William Langland. 1 vol.

LAMARTINE : *Histoire des Girondins*. 6 vol.
— *Histoire de la Restauration*. 8 vol.

LANGLOIS ET SEIGNOBOS : *Introduction aux Études historiques*. 1 vol.

LARCHEY (L.) : *Les cahiers du capitaine Coignet* (1799-1815). 1 vol.
— *Journal du canonnier Bricard* (1792-1802). 2e édition. 1 vol.

LAVISSE (E.), de l'Académie française : *Études sur l'histoire de Prusse* ; 4e édition. 1 vol.
— *Essais sur l'Allemagne impériale* ; 2e édition. 1 vol.

LEGER : *Russes et Slaves*. 2 vol.
— *Le Monde slave*. 1 vol.

LEROY-BEAULIEU (A.) : *Un homme d'État russe* (Nicolas Milutine), d'après sa correspondance écrite (1855-1872). 1 vol.
— *La Révolution et le libéralisme*. 1 vol.

LUCE (S.), de l'Institut : *La jeunesse de Bertrand Du Guesclin* (1320-1364) ; 3e édition. 1 vol.
Ouvrage qui a obtenu le grand prix Gobert.
— *Jeanne d'Arc à Domremy* ; 2e édit. 1 vol.
— *La France pendant la guerre de Cent ans* ; 2e édit. 2 vol.

MAULDE-LACLAVIÈRE (de) : *Les mille et une nuits d'une ambassadrice de Louis XIV* ; 2e édition. 1 vol.

MÉZIÈRES (A.), de l'Académie française : *Vie de Mirabeau*. 1 vol.
— *Morts et vivants*. 1 vol.

MONTÉGUT (Ed.) : *Le maréchal Davout*. — *La duchesse et le duc de Newcastle*. 1 vol.

MOUY (Ch. de) : *Discours sur l'histoire de France*. 1 vol.

PICOT (G.), de l'Institut : *Histoire des États généraux* ; 2e édition. 5 vol.
Ouvrage qui a obtenu le grand prix Gobert.

PRÉVOST-PARADOL : *Essai sur l'histoire universelle* ; 5e édition. 2 vol.

REINACH (Joseph) : *Études de littérature et d'histoire*. 1 vol.

ROUSSET (C.), de l'Académie française : *Histoire de la guerre de Crimée* ; 2e édit. 2 vol.

SAINT-SIMON : *Scènes et portraits*. 2 vol.

THOMAS (E.) : *Rome et l'empire*. 1 vol.

WALLON, de l'Institut : *La Terreur, études critiques sur l'histoire de la Révolution française* ; 2e édition. 2 vol.
— *Jeanne d'Arc* ; 7e édition. 2 vol.
Ouvrage couronné par l'Académie française.

pant de minuties, et négligeant les devoirs
importants,... tel était le personnage. »

Abandonné par Besenval, au lieu d'en imposer à ses invalides par son énergie et de tenir
bon, jusqu'à la famine, derrière ces murailles,
où ricochent les projectiles des assiégeants qui
ne lui ont tué qu'un homme, de Launey perd la
tête, fait mine de mettre le feu à la poudrière,
capitule et ouvre ses portes à des gens, dit Chateaubriand, « qui ne les eussent jamais franchies, s'il les avait tenues closes ».

Que ce malheureux eût fait son devoir et
Besenval le sien, tout changeait de face.

Est-ce à dire que la Révolution eût avorté? —
Loin de là! — Elle était légitime, désirable et
irrésistible, sous la poussée généreuse de tout
un peuple. Mais elle eût pris une autre voie et
eût triomphé à meilleur compte, avec moins de
ruines et moins de sang! — Les conséquences
du 14 Juillet sont désastreuses. Ces seuls
mots : « La Bastille est prise! » sont, dans la
France entière, le signal des plus affreux désordres. Il semble que ces vieux murs entraînent dans leur chute toute autorité, tout respect, toute discipline; et que ce soit la brèche

www.ingramcontent.com/pod-product-compliance
Lightning Source LLC
Chambersburg PA
CBHW051235050726
47594CB00001B/171